ネイル大全

小笠原弥生

成美堂出版

はじめに

ポリッシュで、ジェルネイルで。

爪のおしゃれを楽しむことは、いまではすっかり当たり前のこととなりました。そして、ネイルサロンに通うだけでなく、自分で爪を彩り、おしゃれを楽しむ人も増えてきました。

ネイルの道具もひと昔に比べて扱いやすく便利になっていたり、お手頃価格のものが登場したりして、ますますネイルのおしゃれは一般的になってきています。

その一方で、きれいに仕上がらない、持ちが悪い、爪に亀裂が入りやすくなったなどのトラブルに悩む人も多く見られるようになりました。

その原因は、ネイルケアが行き届いていないことにあります。ネイルサロンではカラーリングやアートを施す際、ネイルケアを省くことはありません。なぜなら、地爪をきちんと整えることは、カラーやアートが美しく仕上がるだけでなく、長持ちすることにつながるからです。ネイルケアを定期的に行うと、地爪が健やかに成長し、カラーを施さなくても十分美しい細く

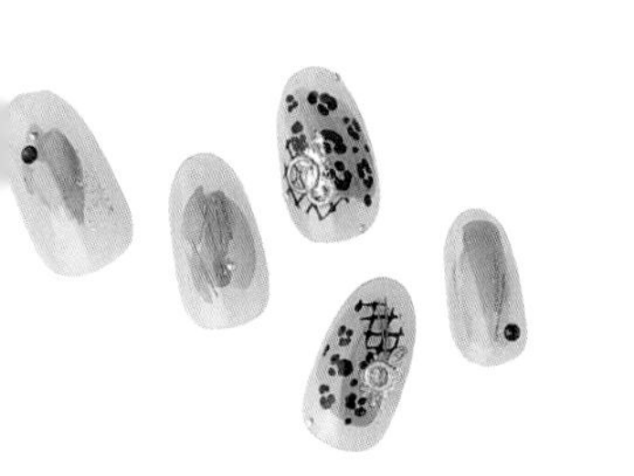

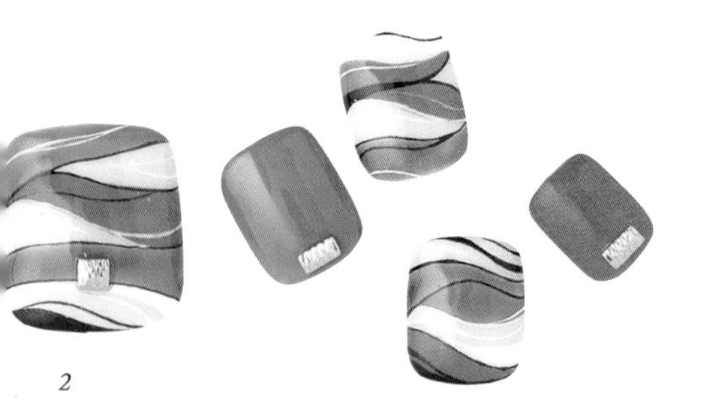

すんなりとした指先を作ることもできるのです。

　爪のおしゃれというと、カラーリングやアートにばかり目が向きがちですが、実は正しいネイルケアと、ケアの時間がとても大切です。本書では、そのための正しい知識と技術をマスターできるように、爪の基礎知識、ネイルケアの方法を丁寧に紹介しました。

　カラーリングやアートの基本テクニックについては、ポリッシュとジェルネイルの両方の方法で解説。ネイルアートは簡単なデザインから、頑張ってチャレンジしたくなるようなデザインまでハイセンスなものをたくさん揃えました。仕事の関係上、地爪で過ごさなければならない人でも爪のおしゃれを楽しめるよう、ペディキュアのデザインページも充実させています。

　この本を通じて一人でも多くの方が爪を彩る楽しみを深め、地爪をより健康に美しくケアする喜びを知っていただくことを、心から願っております。

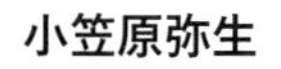
小笠原弥生

Contents

Part.2
ポリッシュ
カラーリング
Polish Coloring

Part.3
ジェルネイル
Gel Nail

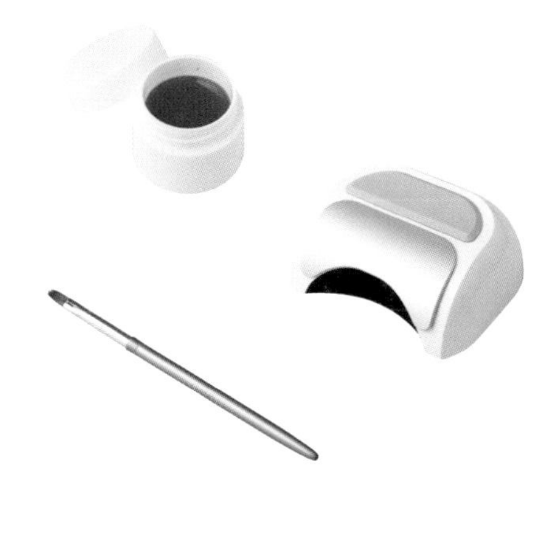

Contents

Part.4

基本的なネイルアート

Basic Nail Art

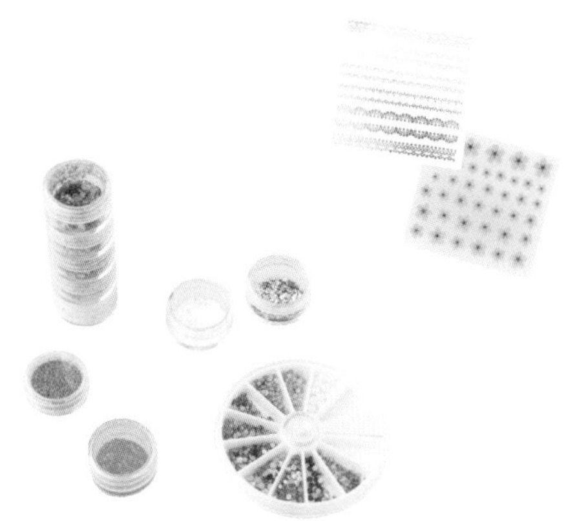

Part.5

カラー別ネイルアート集

Nail Art Designs

PINK

BEIGE

PASTEL

CHIC

VIVID

RED

Part.6
ペディキュア
Pedicure

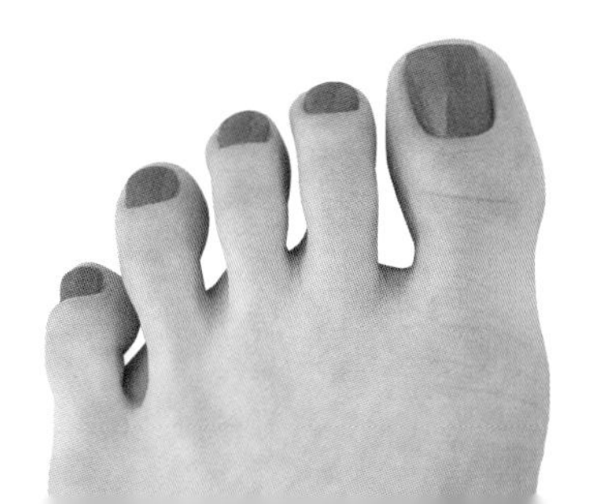

本書の使い方

「やりたいこと」が確実にマスターできます

☑ 美しい地爪をつくりたい
→Part.1 ネイルケア

折れる、亀裂が入るなどのトラブルを起こしにくい、健康的で美しい爪をつくるにはネイルケアが欠かせません。まずは正しいケア方法を覚えましょう。

☑ カラーリングをマスターしたい
→Part.2 ポリッシュカラーリング
→Part.3 ジェルネイル

ネイルのカラーリングにはポリッシュとジェルを使った2つの方法があります。自分の好きな方法を選び、正しい手順をマスターしましょう。

☑ ネイルアートを知りたい
→Part.4 基本的なネイルアート

爪を彩るネイルアートの基本的な方法、細かいテクニックを覚えれば複雑なアートに発展させることができます。まずは基本のテクニックから始めましょう。

☑ ペディキュアを楽しみたい
→Part.6 ペディキュア

手の爪より自由に遊べるペディキュア。フットのネイルケアとカラーリングをマスターしましょう。

プロのアートテクニックが学べます

→Part.5 カラー別ネイルアート集ではさまざまなアートを紹介しています。
ベースの色から好きなデザインを選び、挑戦してみてください。

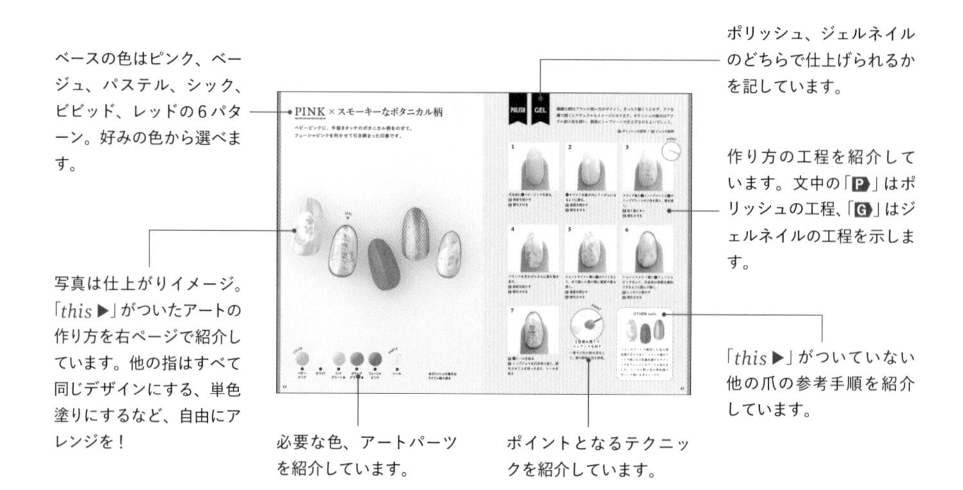

Part.1

ネイルケア

Nail Care

爪を美しく彩るには、まず地爪が健康で美しいことが大前提です。そのために必要なのがネイルケア。きちんとした爪のケアを行うことで爪はもっと健康的に、美しくなります。

ネイルケアの道具

爪を手入れするための道具には、長さと形を整える、不要な角質を取り除き整える、爪の表面を磨いて自然な光沢を出すなど、目的に応じて多様なものがあります。本書で使用するネイルケアの道具を紹介します。

エメリーボード

爪の長さと形を整えるときに使う薄手の金属製または紙製のヤスリ。

バッファー

爪の表面の凹凸をなめらかにして整えるために使う。裏表で粗さが異なり、粗いもので凹凸をとり、目の細かいもので仕上げる。

シャイナー

粗いA面、細かいB面の両面を使用することで爪に光沢を与える。

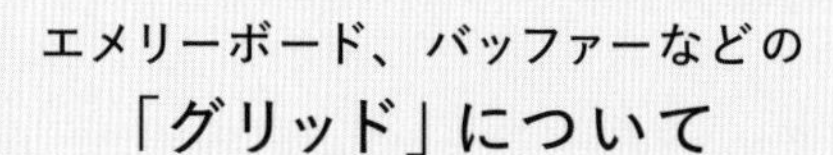

エメリーボード、バッファーなどの「グリッド」について

エメリーボード、バッファー、ファイル（→P.46）は、目の細かさを表す「グリッド（G）」という単位によって種類がわけられます。グリッドの数字が大きいほど目が細かく、数字が小さいほど目が粗くなります。使用目的や爪の状態で最適のグリッド数を選びましょう。

地爪の長さや形を整える	**エメリーボード**	150 ～ 240G
爪の表面や形を整える	**ファイル**	80 ～ 240G
サンディングやバリを整える	**バッファー**	100 ～ 280G

ダストブラシ

爪を整えたときなどにでるダストを取り除くためのブラシ。

タオル

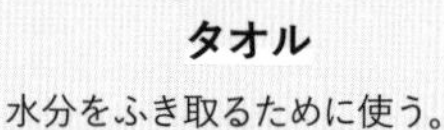

水分をふき取るために使う。

ガーゼ

水分を含ませて使う。

コットン

ポリッシュリムーブや手指消毒などに使う。

消毒剤

手指消毒に使う。

フィンガーボウル

指先を浸し、爪の周りの皮膚を柔らかくするときのお湯を入れる容器。

水入れ

ガーゼを湿らせるための水を入れる容器。

キューティクルリムーバー

キューティクルなどを柔らかくするために爪の周りに塗る。

キューティクルオイル

保湿のために爪の周りに塗る。

メタルプッシャー

柔らかくしたキューティクルを押し上げるときに使う。

ウッドスティック

先端にコットンを巻きつけて、メタルプッシャーの代わりに使う。

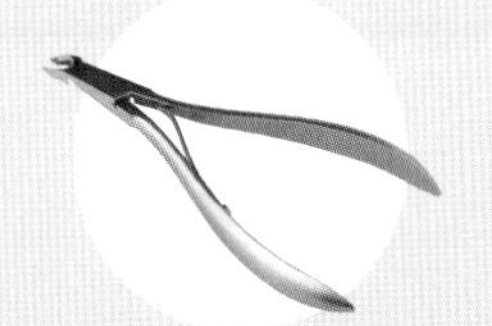

キューティクルニッパー

不要なルースキューティクル(→P.12)やささくれを取り除くときに使う。

グルー

ネイル用の接着剤。割れた爪のリペアのほか、ネイルチップを装着するときにも使う。

NAIL CARE / **BASICS**

爪の基礎知識

普段から爪に負担をかけないように、爪の仕組みや各部位の名称や役割、
理想の形や長さなどの基本的な知識を覚えましょう。

そもそも爪って?

爪の主成分はケラチンという繊維状のタンパク質で、さらに微量の水分、脂質、カルシウムなどを含んでいます。爪はキューティクル(甘皮)の下の部分にある、神経と血管が通っている「ネイルマトリクス(爪母)」というところで作られ、指先に向けて伸びていきます。爪が伸びる早さは年齢や季節、健康状態によって変化しますが、健康な成人の場合はおよそ1日に0.1ミリです。

爪の構造

正しく安全にケアを行うために、爪の構造や各部位の名称を覚えましょう。

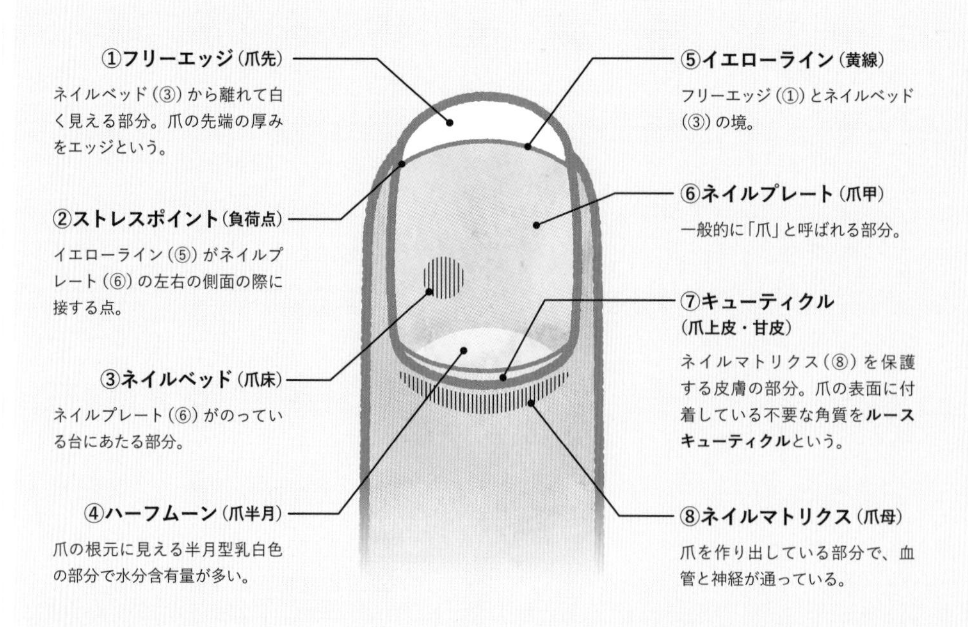

爪の形

爪のカットは一般的に5つのスタイルがあり、自分の生活に適した形と理想的な長さに整えるのがベター。10本すべての爪を同じ長さ、形に仕上げることで指先が美しく見えます。

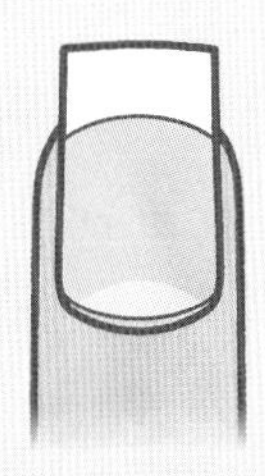

スクエア

爪の先端にカーブをつくらず、ほぼ直角に整えたストレートな形。強度があり、折れにくい一方で服などに引っ掛けやすい点も。

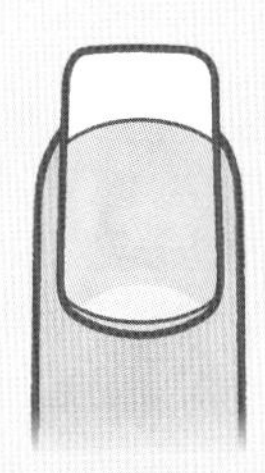

スクエアオフ

スクエアの角を削り、丸みをもたせた形。強度がありつつ柔らかな印象もある。落ち着いたイメージに仕上がる。

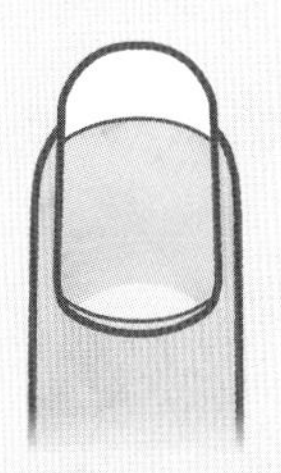

ラウンド

とくに爪が小さい人や平らな人向き。サイドはストレートに、爪の先端は円の一部のようなカーブで、角のない形。

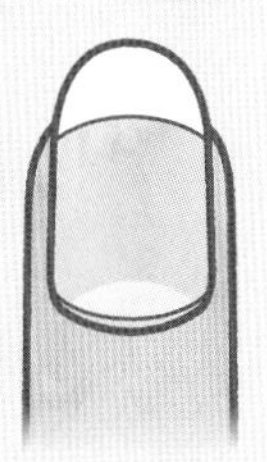

オーバル

とくに大きな爪の人や女性らしく見せたい人向き。ラウンドよりさらに先端の丸みを深く、卵型に整えた女性らしく人気のある形。

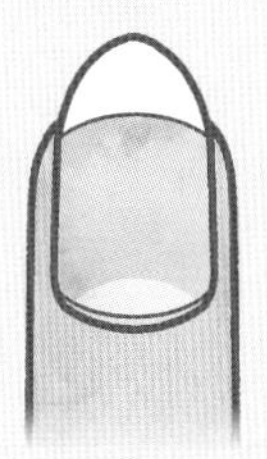

ポイント

オーバルより爪の先端の丸みをさらにシャープにとがらせた形。ストレスポイントに負荷がかかり亀裂が入りやすいので注意が必要。

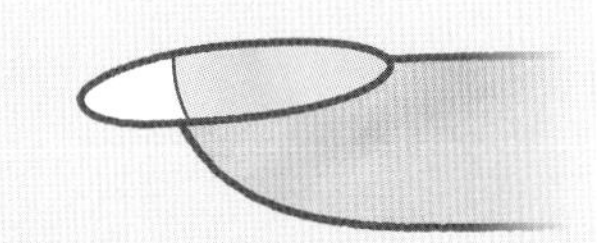

爪の構造について

一般的に爪と呼ばれている部分は、正式にはネイルプレート（爪甲）と呼び、トッププレート（表爪）、ミドルプレート（中爪）、アンダープレート（腹爪）の3層が重なった構造になっています。乾燥や誤ったネイルケアにより層がはがれたものを「二枚爪」といいます（14ページ参照）。

ネイルケアの基本

ネイルケアには爪を美しく整えるだけでなく、爪を健やかに保つという目的があります。
ポリッシュやジェルによるカラーリングやネイルアートも、爪の本来の美しさがあってこそ。
きちんとしたネイルケアを行うためにも、その意味と効果を知りましょう。

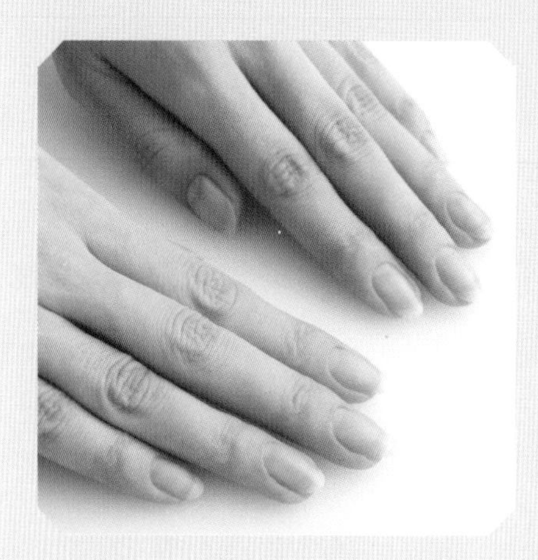

●爪の成長を促し、美しく整える

キューティクルには爪をつくりだすネイルマトリクスを保護する大切な役割がある一方、不要な角質、ルースキューティクルを生み出します。爪にへばりついたルースキューティクルを取り除けば見た目が美しくなるだけでなく、爪が美しく成長します。

●爪の潤いを保ち、トラブルを防ぐ

ネイルケアには爪と周辺を保湿する効果があります。これにより爪の乾燥による割れ爪、二枚爪といったトラブルだけでなく、ささくれなどの皮膚トラブルも防ぎます。

主な爪のトラブルと原因

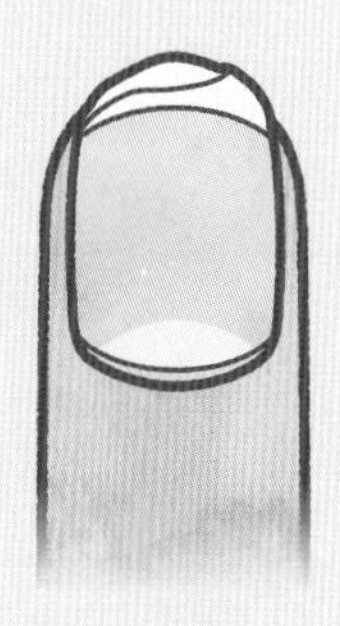

二枚爪

爪を整えるときエメリーボードでなく爪切りを使うと、三層に重なっている爪の層が乱れ、はがれたりする。また、乾燥により爪の先端がはがれることもある。

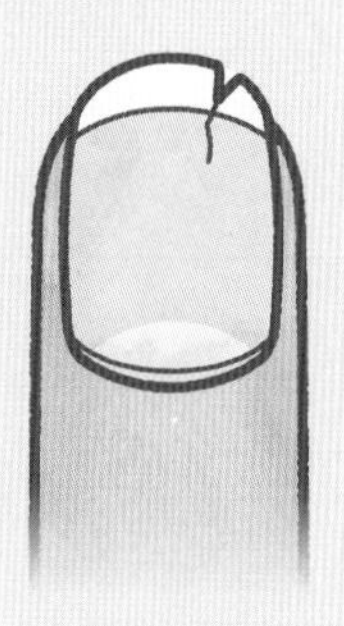

欠け、割れ

爪の乾燥がひどいと、ちょっとした衝撃で爪が折れる、割れる、亀裂が入るということに。

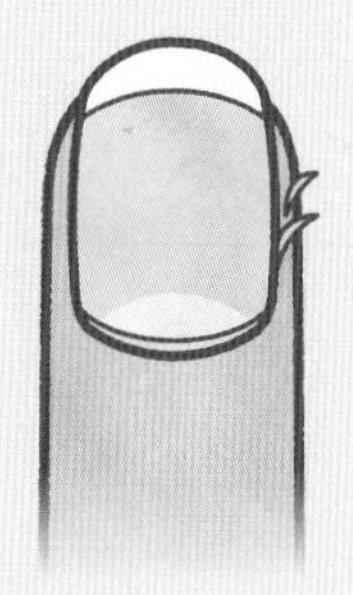

ささくれ

キューティクルの周りケアをしていないことや、指先の乾燥でささくれができる。

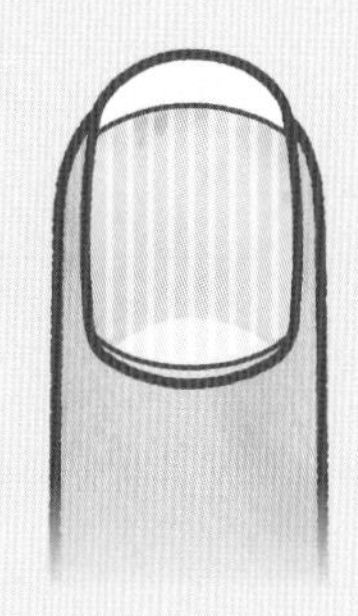

縦じわ

ネイルプレートに縦線が浮かび上がる。乾燥や加齢が原因。

正しいネイルケアで美しい指先を手に入れましょう

形が悪い、表面がなめらかではないなどの爪のトラブルや悩みは、正しいケアを行うことで解消できます。しかも、正しいネイルケアを続けることで、ネイルベッドの長い、理想的な地爪に成長します。

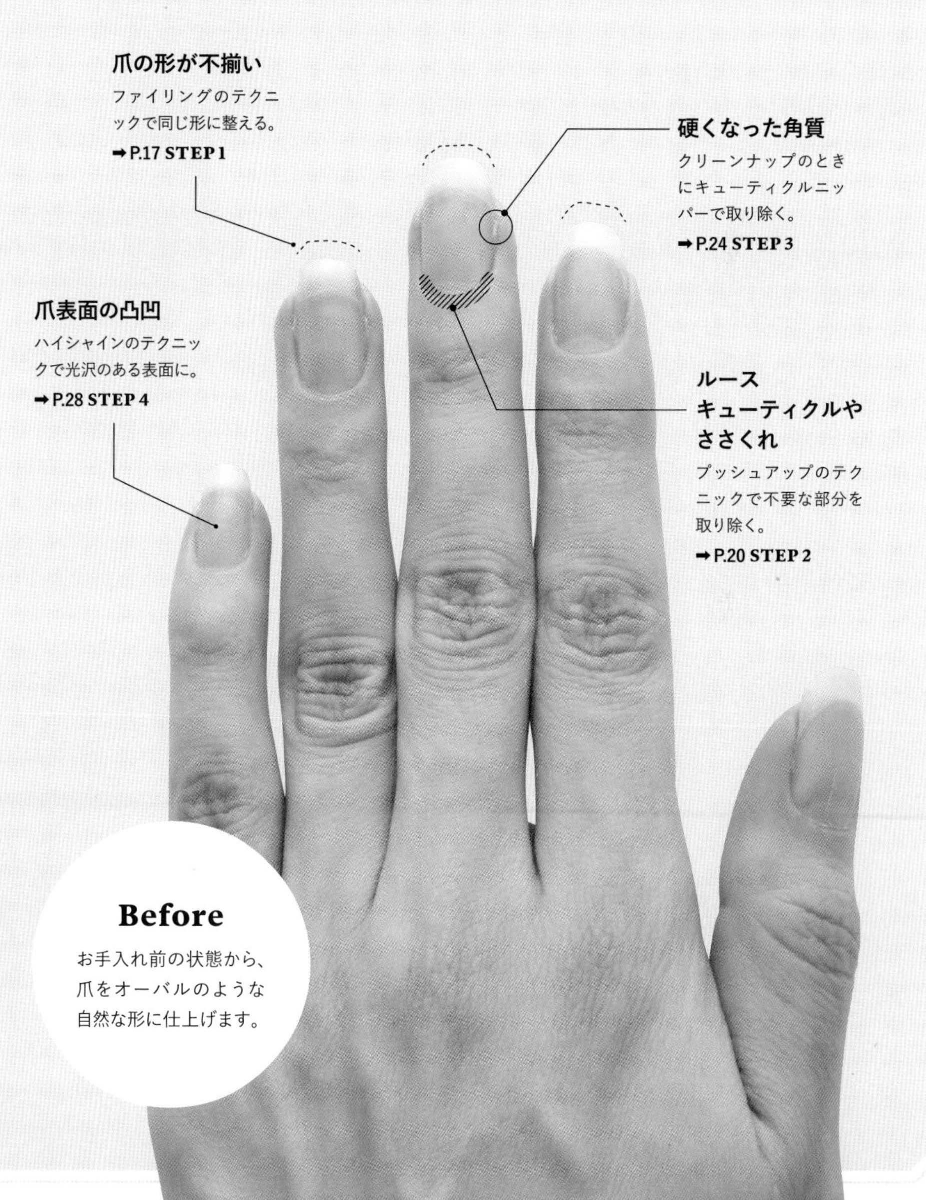

NAIL CARE / **PROCESS**

ネイルケアの方法

ネイルケアを行うためには正しい手順で進めることが重要です。
同時に、エメリーボードなどを動かす方向、メタルプッシャーを当てる角度など、
道具を正しく扱うことも欠かせません。まずはその手順から覚えましょう。

STEP 1
ファイリング

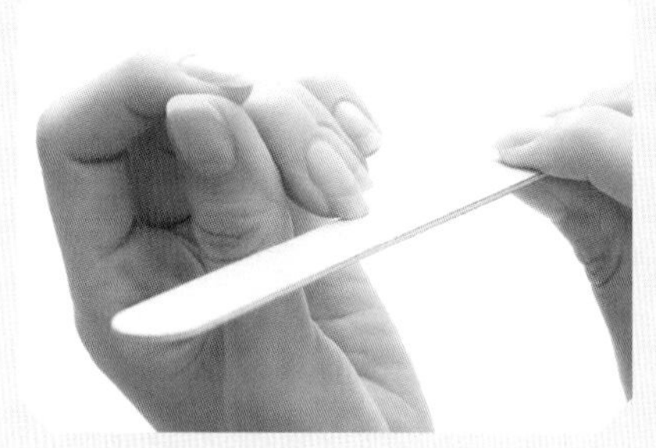

エメリーボードを使って地爪の形を整えます。爪を傷めないために、エメリーボードの当てる角度、動かす方向に注意しましょう。

STEP 2
プッシュアップ

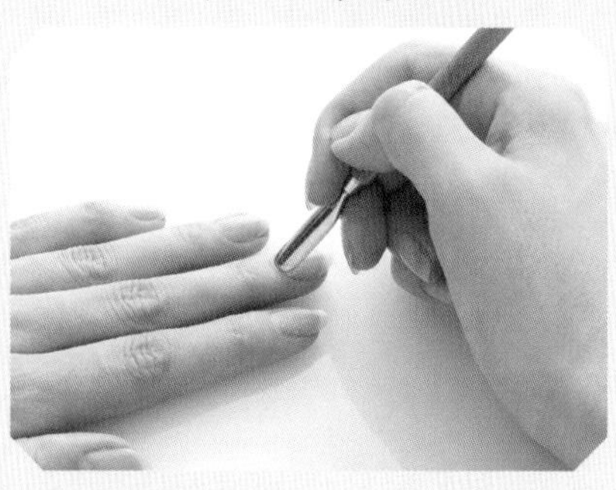

メタルプッシャーやコットンを薄く巻いたウッドスティックでキューティクル付近をやさしく押し上げます。

STEP 3
クリーンナップ

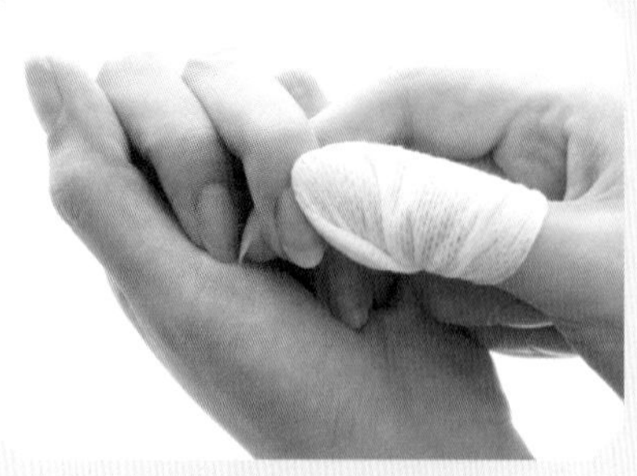

不要なルースキューティクルや余分なキューティクルをカットし、キューティクルとネイルプレートの境界を美しく整えます。

STEP 4
ハイシャイン

地爪にツヤがほしいときなどに、爪の表面を磨いてツヤを出します。カラーリングをしなくても地爪を健康的に見せるテクニックです。

NAIL CARE

STEP 1 ファイリング

すべての爪の長さを揃えるとともに、同じ形に整えるステップです。エメリーボードを強く動かしたり往復がけをすると二枚爪などの原因になるので注意しましょう。

●エメリーボードの持ち方

親指、人差し指、中指の３本指で右端を軽く上から持つようにする。

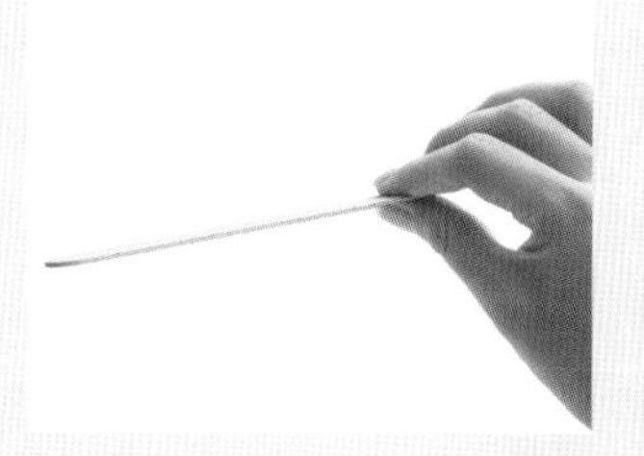

3本の指先でエメリーボードの右端をはさむようにして持つ。

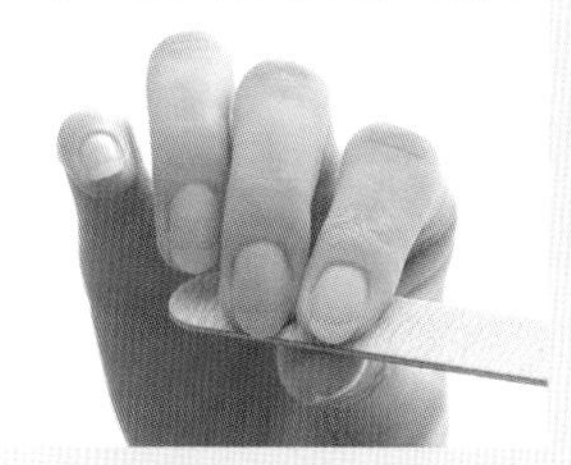

薬指や小指は添えるようにする。

長さを整える ①

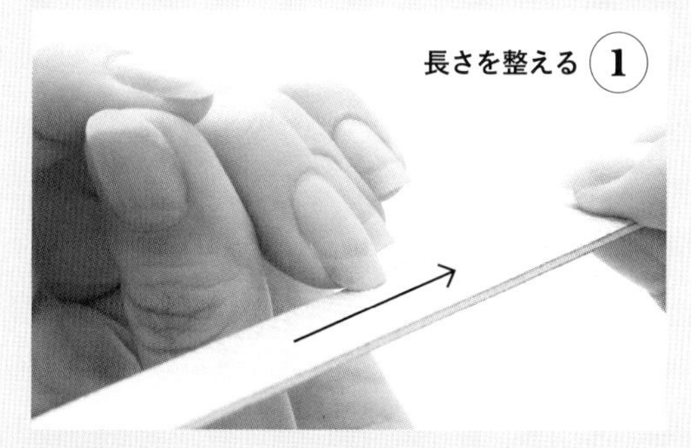

エメリーボードを爪の先端の断面にぴったりと当て、一方向に動かす。エメリーボードのグリッド（目の粗さ）は、地爪の厚みや状態に応じて決める。

サイドを整える ②

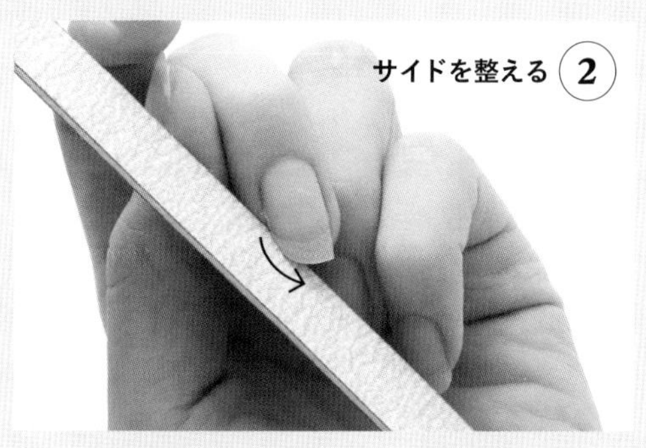

爪のサイドにエメリーボードを当て、爪先に向かうようにしてエメリーボードを動かす。①のラインとつなげるように丸みを整え、オーバルにする。このときもエメリーボードを往復させないよう注意。

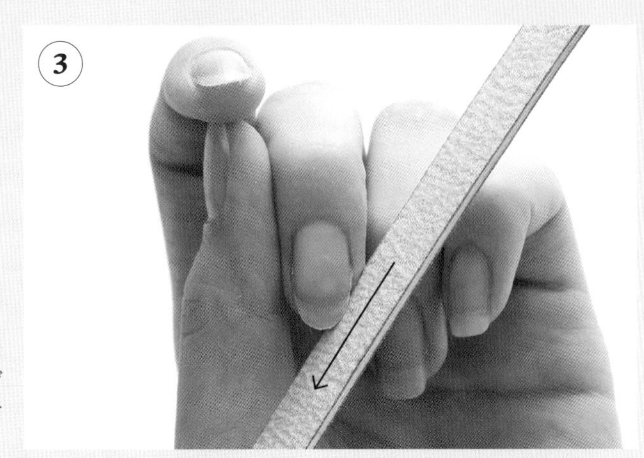

逆のサイドも同様にしてエメリーボードを爪先に向かうように削り、②のラインと繋げるようにして丸みを整え、オーバルにする。

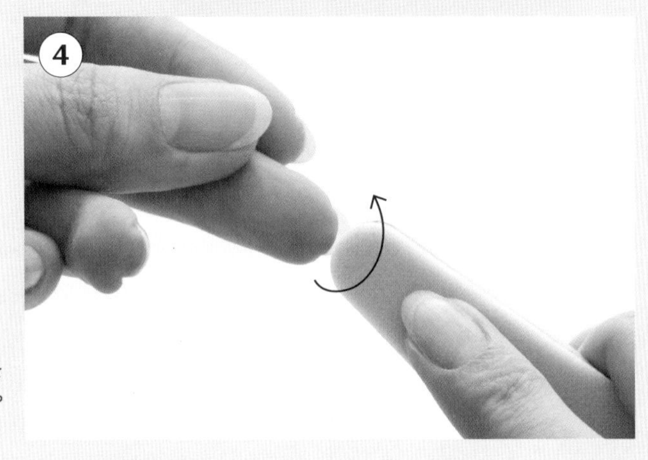

爪の裏側の削り残し（バリ）をバッファーの先端を使ってやさしく取り除く。

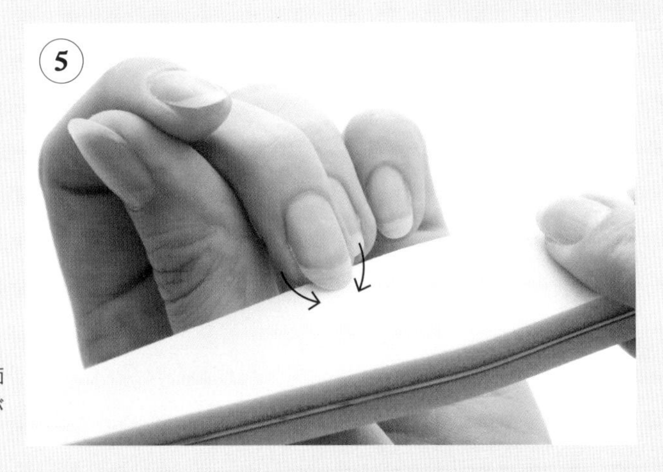

バッファーで爪の先端の断面がスムーズになるように、バリをやさしく取り除く。

ダストブラシでダストを取り除く。

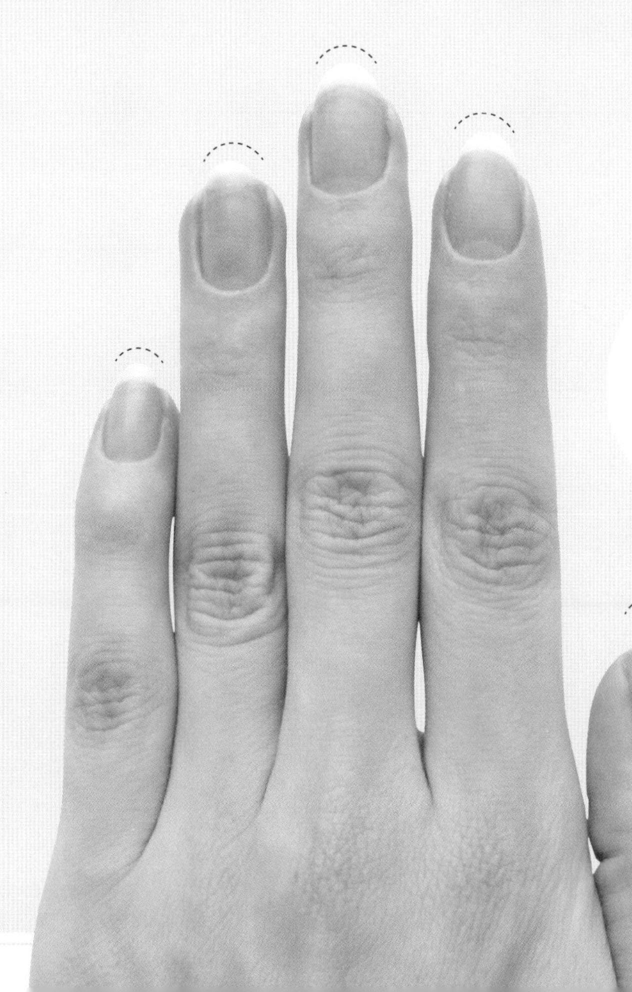

Finish!

すべての爪が同じ長さ・同じ形に整えられました。

NAIL CARE

STEP 2 プッシュアップ

柔らかくしたキューティクルをメタルプッシャーまたはコットンを薄く巻いたウッドスティックでやさしく押し上げます。とてもデリケートな部分なので、やりすぎないようにしましょう。

プッシュアップの準備

乾いた状態でキューティクル（爪上皮・甘皮）に触れると、不要な力が入って皮膚を傷つけることがあります。それを防ぐため、最初にキューティクルを柔らかくして処理しやすい状態に整えます。

1 フィンガーボウルにお湯を入れ、しばらく指先を浸す。

2 タオルで水分をしっかりとふき取る（タオルドライ）。

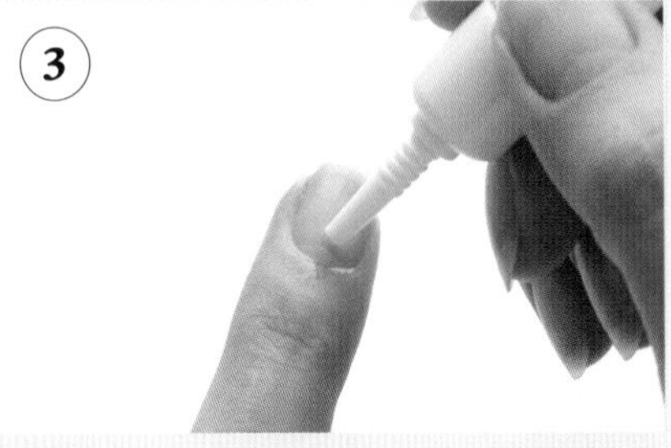

3 キューティクルリムーバーをキューティクル付近に少量塗る。

●注意

キューティクルリムーバーはアルカリ性のため、皮膚を乾燥させてしまいます。指先や爪の根元などになじませたりすりこんだりすると、肌や爪が乾燥してトラブルの原因になります。ケアが終わったら、キューティクルリムーバーは洗い流してください。

メタルプッシャーを使ってプッシュアップする

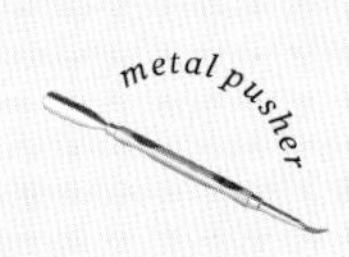

メタルプッシャーはキューティクルを押し上げるための専用道具です。効果的に除去できる反面、金属製なので扱い方にコツがあります。持ち方・角度・動かし方に注意しましょう。

●3本の指で軽く握って持つ

ペンを持つように人差し指、中指、親指の3本の指で軽く握る。慣れないうちはメタルプッシャーを持つ手をテーブルなどに置き、安定した状態で行うようにしましょう。

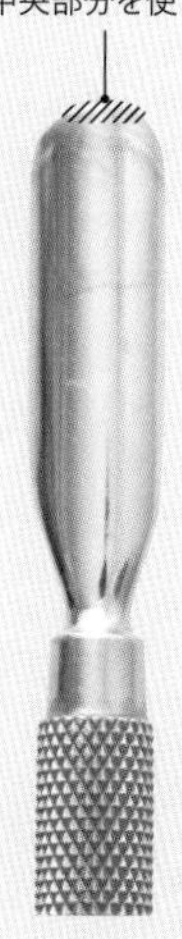

メタルプッシャーはエッジではなく表面の中央部分を使う。

●45度の角度をキープする

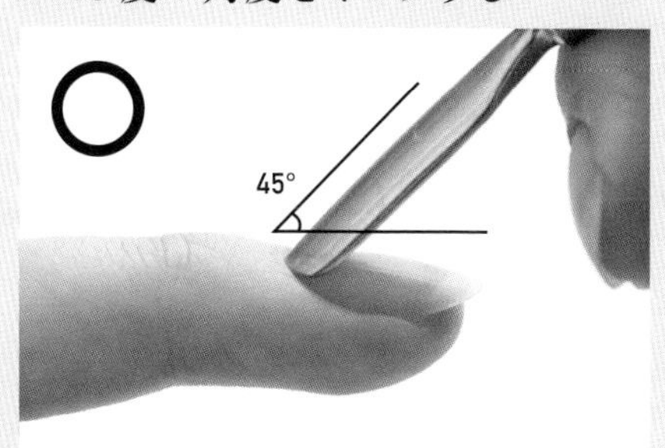

爪に対して約45度の角度でメタルプッシャーを軽く立て、力を入れすぎないように、やさしく当てます。

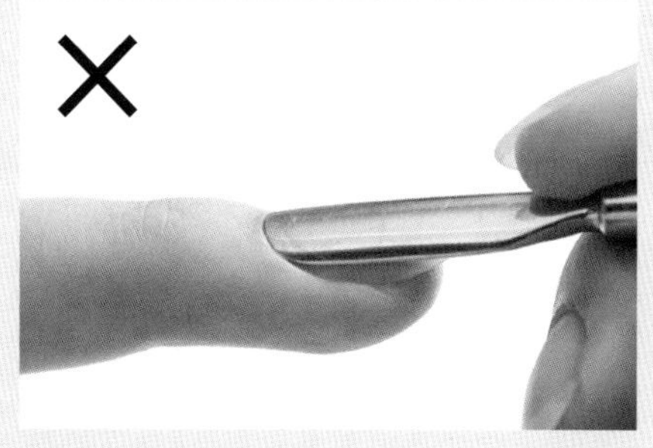

寝かせすぎるとメタルプッシャーのエッジがキューティクルの奥まで入りすぎて痛みを感じるだけでなく、ネイルプレートやネイルマトリクスを傷めてしまうこともあるので注意しましょう。

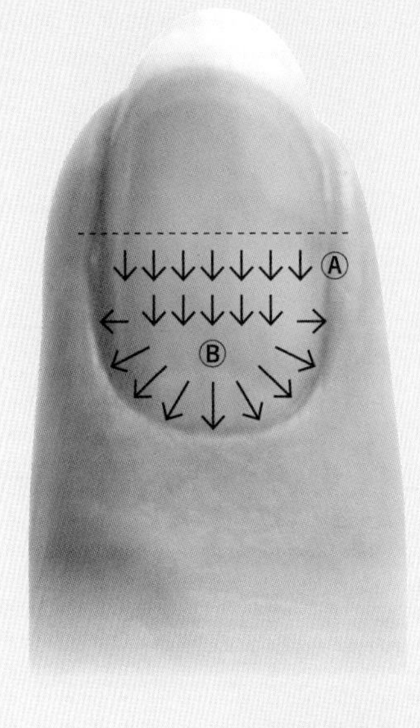

●メタルプッシャーの動かし方

キューティクルリムーバーを塗ったら、メタルプッシャーを使ってプッシュアップします。メタルプッシャーは左写真の矢印のように軽く動かし、爪の表面をこすりすぎないのがコツです。爪の表面に付着している角質を除去するときはすべらせるように動かし（Ⓐ）、キューティクルの付近は放射状にやさしく押し上げます（Ⓑ）。

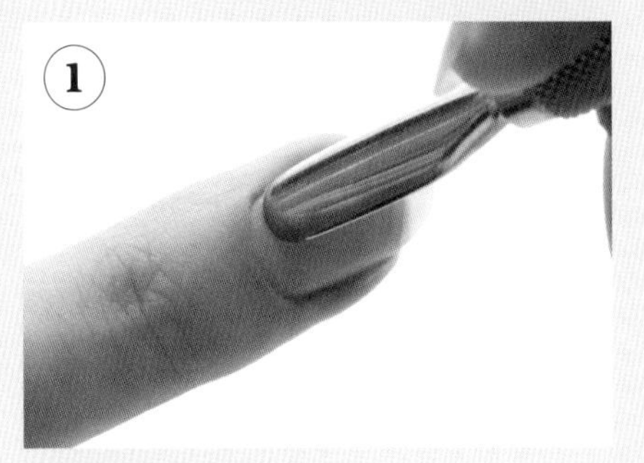

爪の表面は強くこすらないよう、メタルプッシャーの表側でやさしく押す。

爪の根元や下部を強く押しすぎないよう、注意する。

爪のコーナーは角質がたまりやすいので、念入りにやさしくていねいに行う。

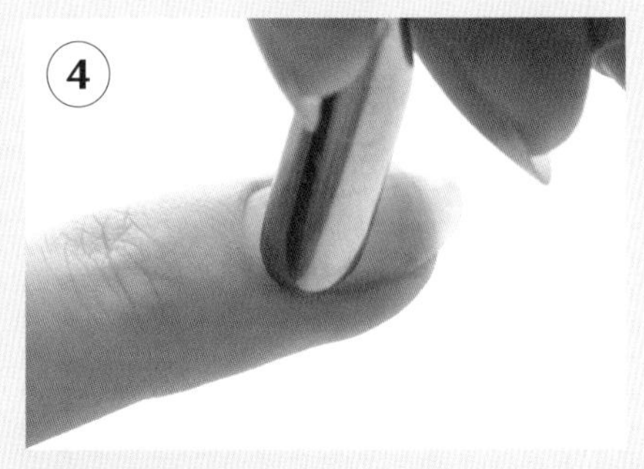

反対側も同様に行う。キューティクルリムーバーが乾いたら、メタルプッシャーの先端を湿らせて行う。

ウッドスティックでプッシュアップする

メタルプッシャーがない場合はウッドスティックに薄くコットンを巻きつけてプッシュアップします。コットンは厚すぎても薄すぎても使いにくいので、適量を巻くようにしましょう。

1

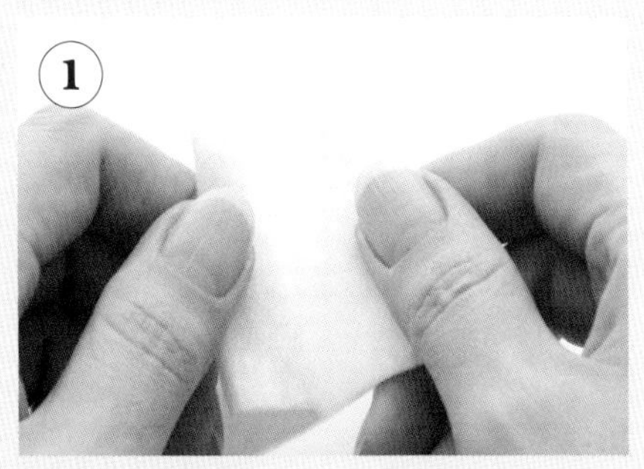

コットンは表面でなく、内側の柔らかい部分を使う。

2

柔らかい部分にウッドスティックを当て、軽く回しながら薄くからめとる。

3

コットンを巻きつけたウッドスティックを手のひらの上で転がし、しっかりと巻きつける。

4

コットンがぴったりと薄く巻きつけられた、この状態が理想的。

5

キューティクルリムーバーが乾いてしまったら、水分を含ませてやさしく押し上げる。

6

P.22のメタルプッシャーと同様にやさしくキューティクルを押し上げる。

NAIL CARE

STEP 3
クリーンナップ

プッシュアップのあとのルースキューティクルをガーゼで湿らせ、キューティクルニッパーで取り除くのがクリーンナップです。やさしく行うようにしましょう。

ガーゼの準備

ガーゼクリーンでは親指に巻きつけたガーゼを使います。ガーゼがたるまないようしっかりと巻きつけて固定するのがポイント。正しい扱い方を覚えましょう。

適当な大きさのガーゼを用意する。

ガーゼ中央あたりに親指をおき、ガーゼをかぶせる。

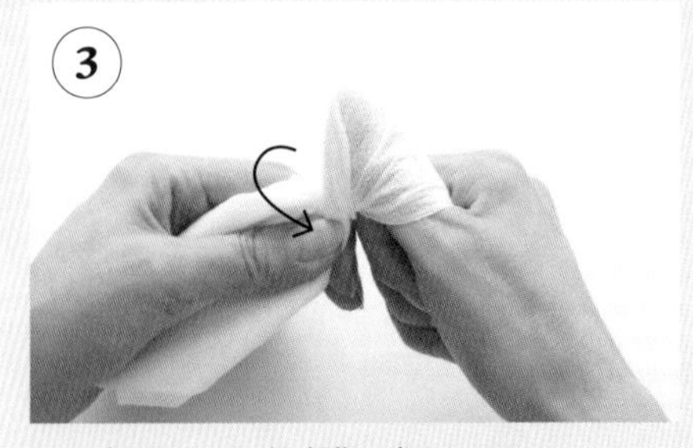

ガーゼをねじりながら親指に巻きつける。

手のひらに余分なガーゼをしっかりまとめる。

ガーゼクリーン

指に巻きつけたガーゼに水を含ませ、キューティクルの周りに水分を与えながらプッシュアップの際に出た不要なルースキューティクルをふき取るのがガーゼクリーンです。こすり取るのではなく、やさしく行うのがコツです。

ガーゼを巻きつけた親指の先端を水を張った容器に少しつけて湿らせる。

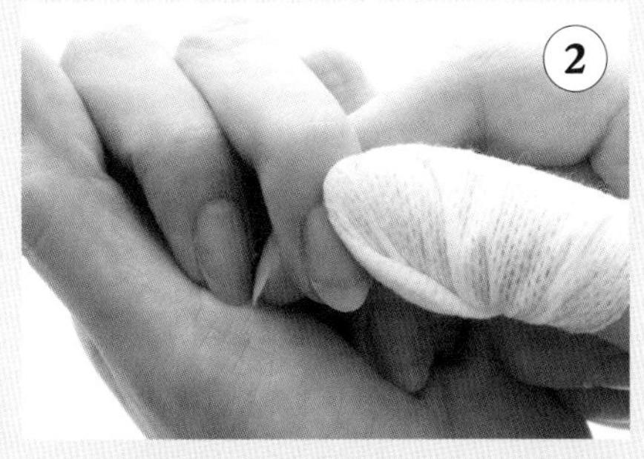

爪の表面に残った余分な角質をやさしくふき取る。

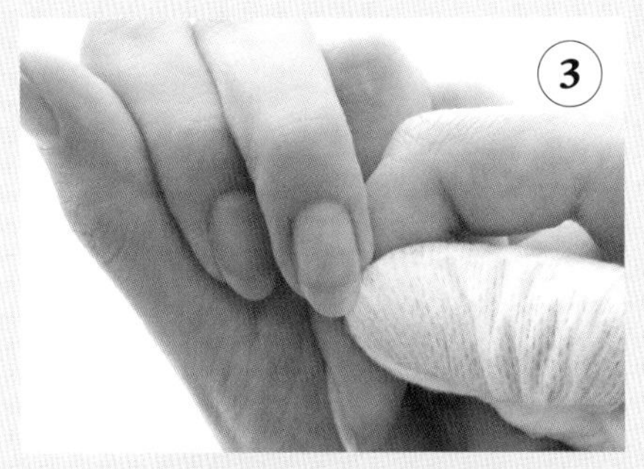

爪の裏側の汚れや、ファイルしたあとで残ったバリをガーゼの先端でやさしくふき取る。

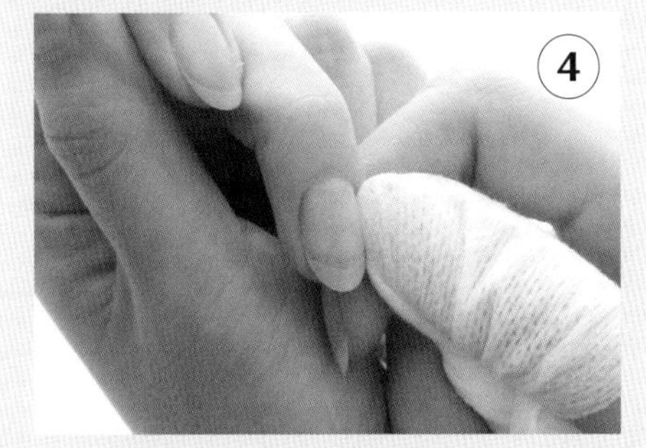

爪のサイドも忘れずにガーゼを使ってきれいにする。

ネイルケアの注意点

キューティクルの下にはネイルマトリクス（爪母）という生きた細胞があり、ここで爪は作られます。ケアの際にこの部分を強く押しすぎたりすると爪に線や凹みができる原因となるので、やさしく扱ってください。キューティクルをやさしくプッシュアップし、その下の不要な角質（ルースキューティクル）を取り除くことで爪自体が美しく見え、ポリッシュやジェルの持ちがよくなります。

ルースキューティクルをカットする

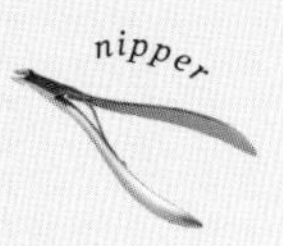

ガーゼクリーンのあとキューティクルニッパーでルースキューティクルを取り除きます。持ち方や動かし方、カットしすぎないことがポイントです。

●ニッパーの持ち方

キューティクルニッパーの片方のハンドルの先を親指の付け根に当て、もう片方に人差し指、中指、薬指を添える。

そのまま軽く握り、親指で支える。

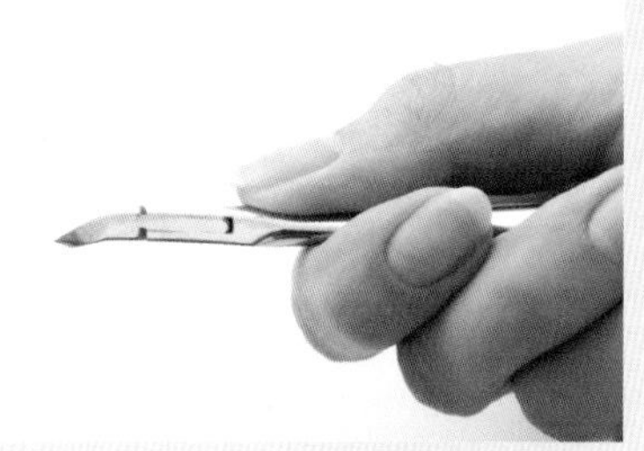

キューティクルニッパーの刃先が下を向くようにして持つ。

●ガーゼとニッパーの同時持ち

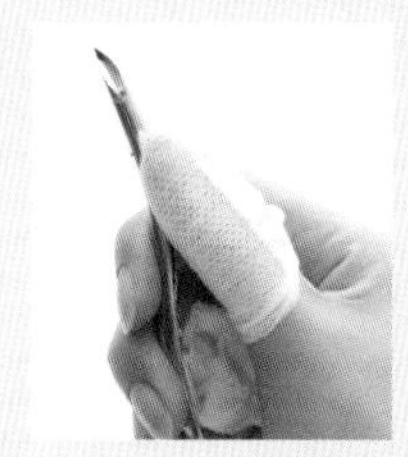

親指にガーゼを巻きつけてからニッパーを持ち、クリーンナップとルースキューティクルのカットを同時に行う方法もあります。ニッパーの扱いに慣れてきたら、挑戦してみましょう。

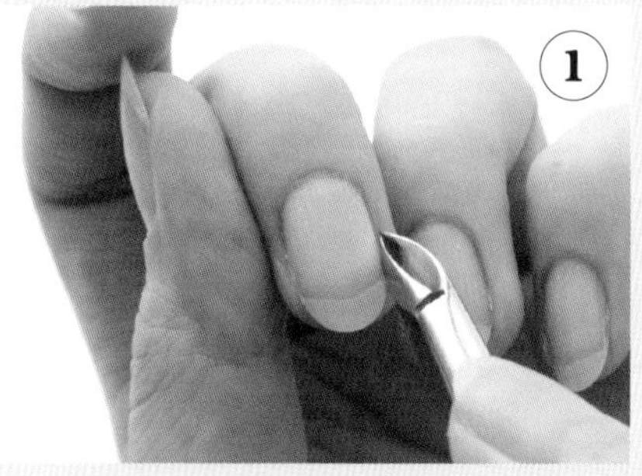

ニッパーを細かく動かして、サイドから余分なルースキューティクルを除去する。

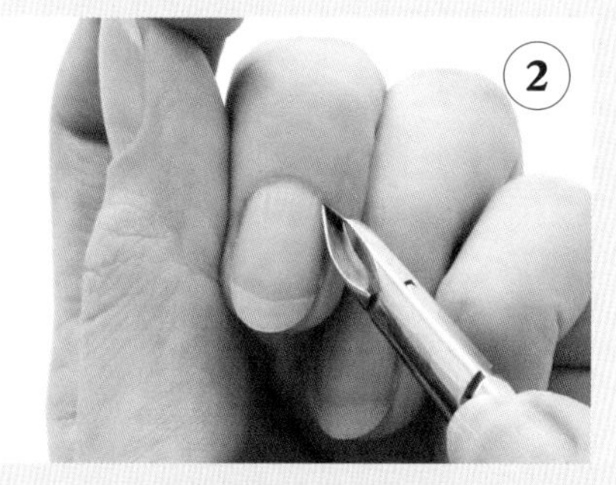

爪のコーナーも丁寧に除去する。軽く濡らしたガーゼでキューティクル周りを湿らせながら行う。

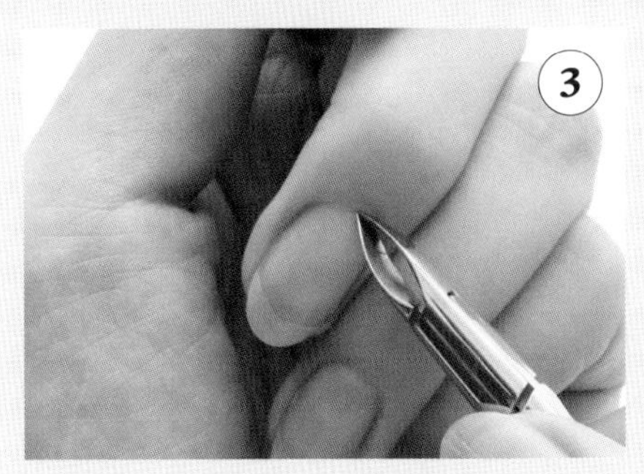

爪の根元も同様に行う。爪が作られている部分なので、傷つけないように注意。

爪の根元を処理したら、このまま反対側のコーナー、サイドも同様に行う。

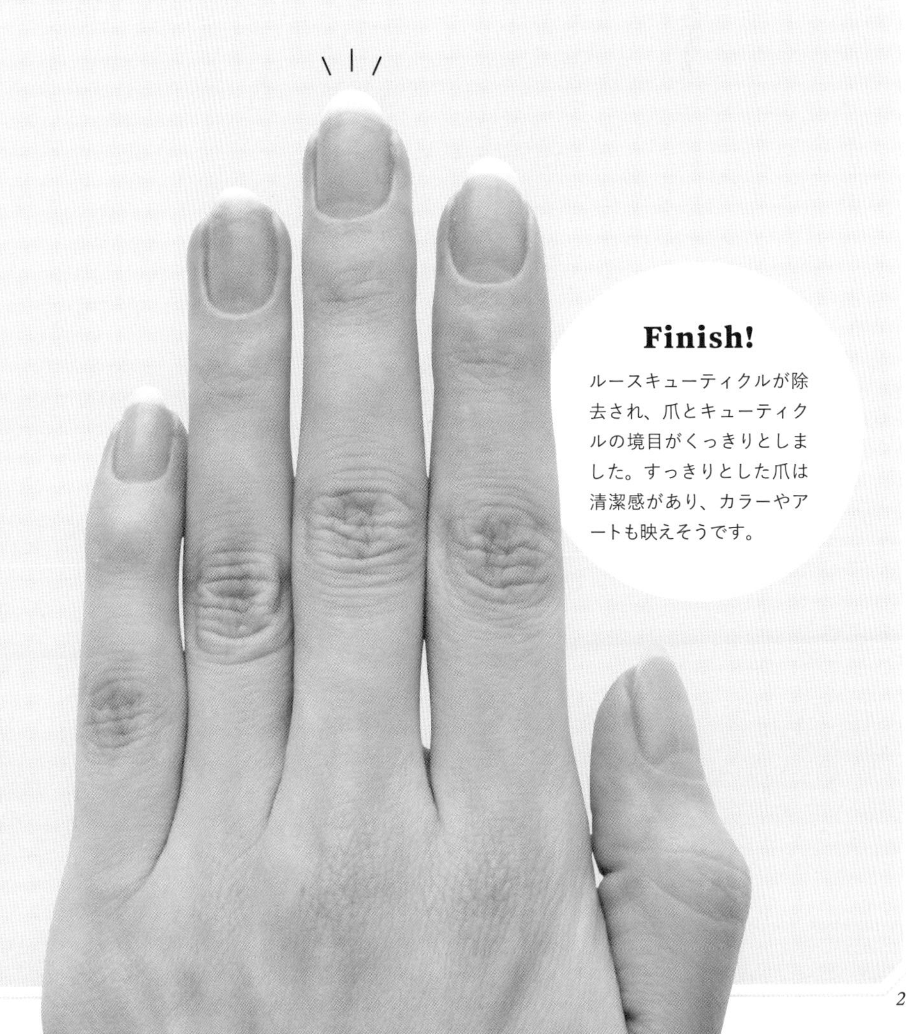

Finish!

ルースキューティクルが除去され、爪とキューティクルの境目がくっきりとしました。すっきりとした爪は清潔感があり、カラーやアートも映えそうです。

NAIL CARE

STEP 4
ハイシャイン

ポリッシュやジェルのカラーリングをしなくても、美しくケアされた爪の表面に光沢があるだけで、清潔感のある美しい指先になります。月に一度くらいの目安で行うようにしてください。

ハイシャイン

シャイナーを使って爪の表面をスムーズに磨き上げる方法です。

シャイナーのA面（粗い面）を使い、往復がけをして爪の表面全体をこする。

続いてB面（細かい面）を使ってさらに輝きを出す。圧をかけすぎると摩擦熱が起きやすいので注意。

Before

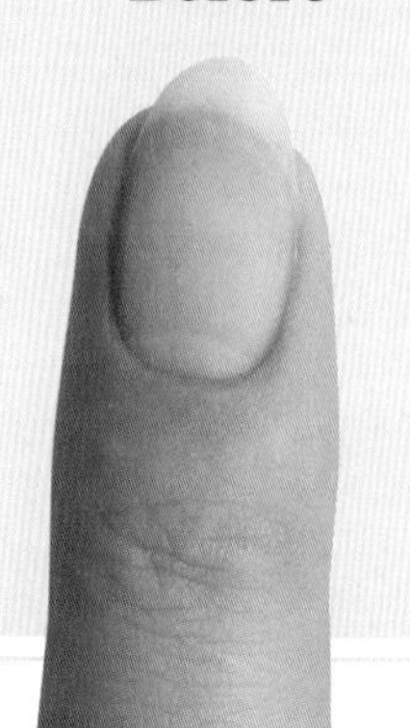

After

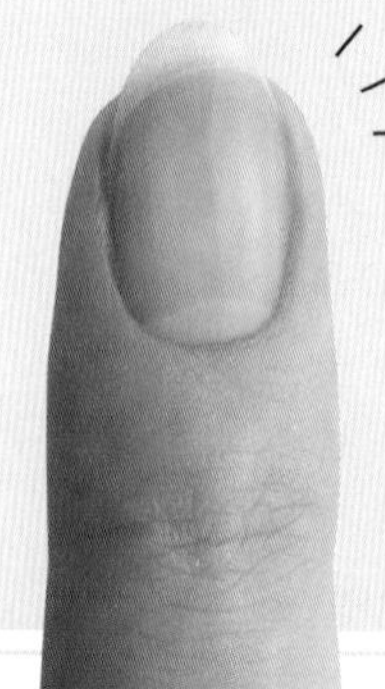

ハイシャインをした爪としなかった爪を比べると一目瞭然。自然なツヤが健康的。

オイルバッファー＋ハイシャイン

オイルをつけてバッファーで爪表面を整えたあと、爪にハイシャインをすると凹凸が目立たなくなり、より早く、美しい光沢が出ます。爪の表面の凹凸が気になるときは、この方法がおすすめです。

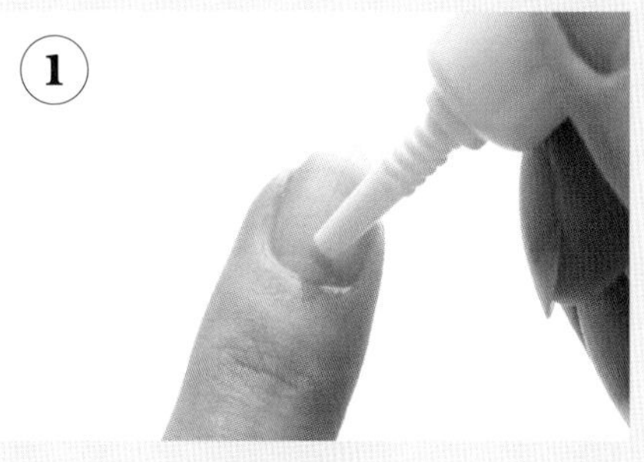

キューティクルエリアにネイルオイルをごく少量つける。

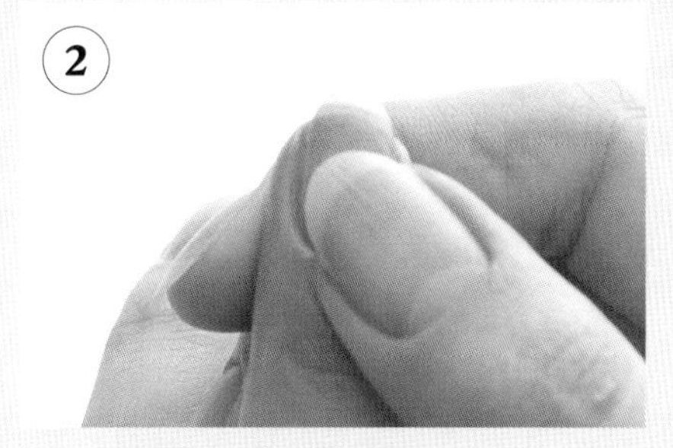

指先で爪表面によくなじませる。

220G以上のバッファーで軽く表面を整える。

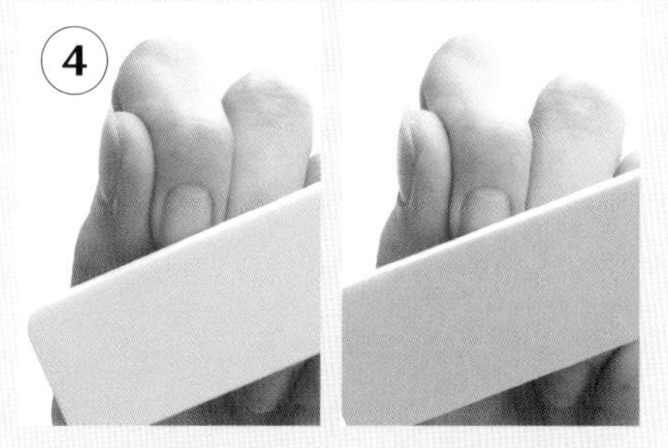

左ページと同様に、シャイナーのA面、B面を順に使い、爪の表面を磨く。

Finish!

カラーリングやジェルネイルを休むときでも、きちんとキューティクルをケアしてハイシャインをすれば健康的に美しく！　地爪で過ごしたいときにおすすめです。

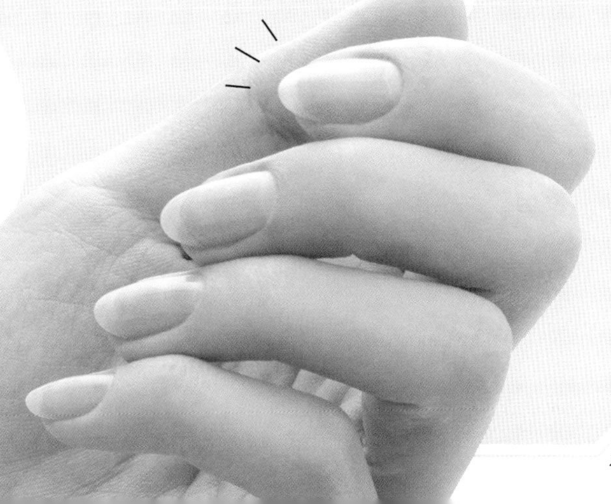

爪に亀裂が入ったときの修復方法

爪に亀裂が入ってしまった…。そんなとき、修復する方法を覚えておけば、
短くカットする必要はありません。ここではよりしっかりと補強ができる
ジェルを使った修復方法を紹介します。

Before

爪が割れて亀裂が入った状態。このままでは服にひっかけてしまうだけでなく、割れた部分が深くなり、深爪になってしまいそう。

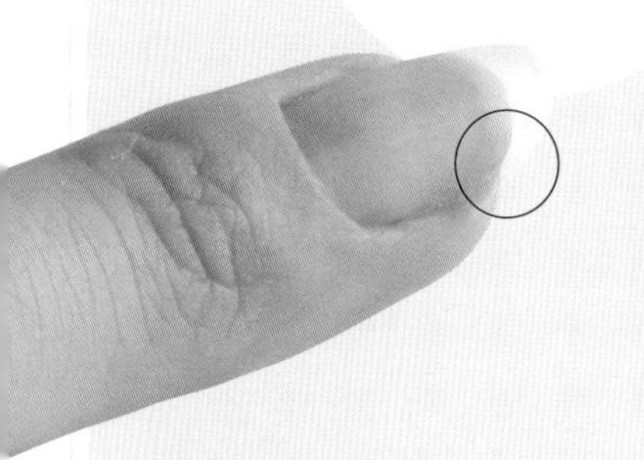

1

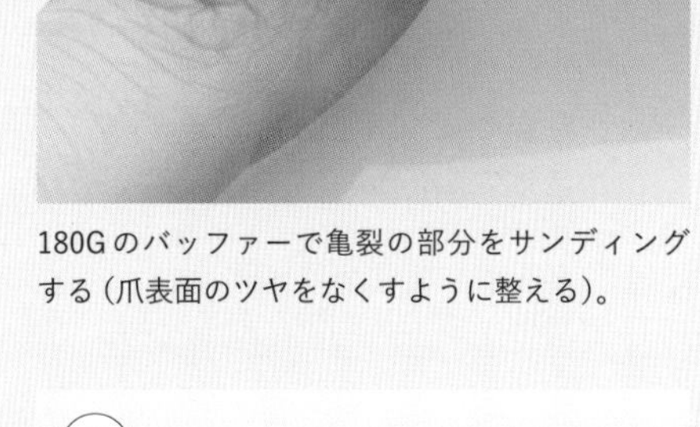

180Gのバッファーで亀裂の部分をサンディングする（爪表面のツヤをなくすように整える）。

2

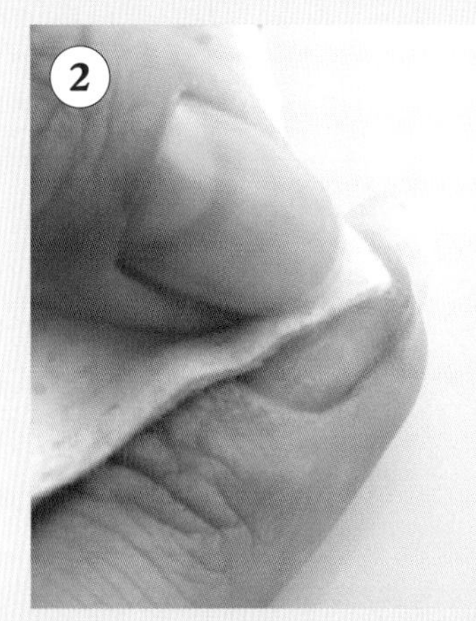

不織布に消毒剤を含ませ、爪の表面を清潔な状態にする。

3

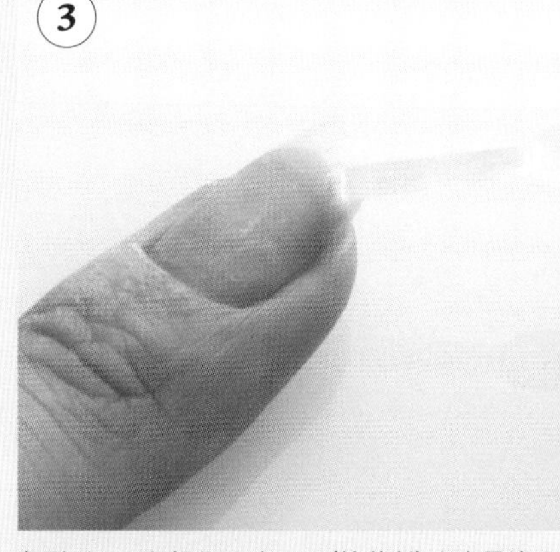

亀裂が入った部分にグルー（接着剤）を少量塗る。皮膚に付かないように注意する。少し置いて乾かす。

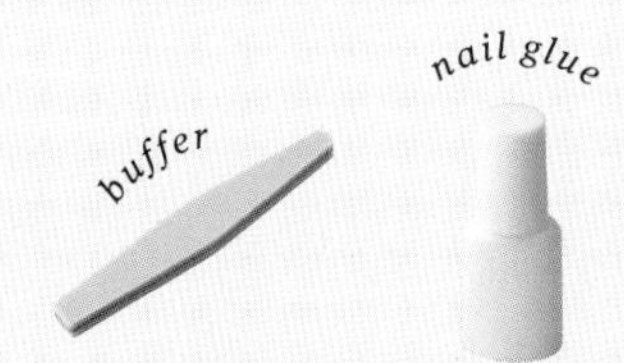

クリアジェル
爪の補強、イクステンションに使用する粘度の高い透明なジェル。

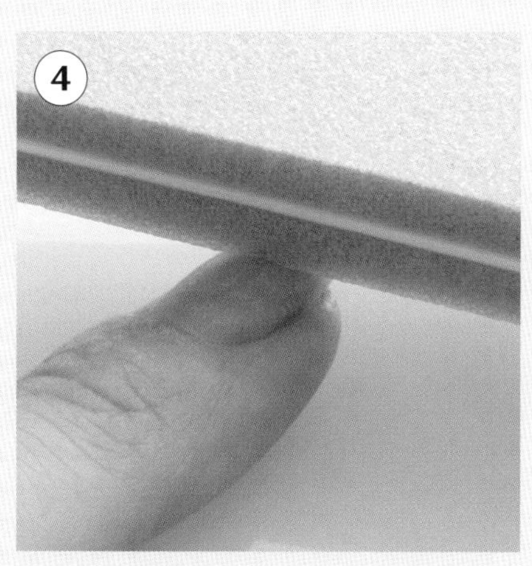

180Gのバッファーで、乾いたグルーの表面を軽く整え、ダストを取り除き、表面を消毒剤で清潔にする。

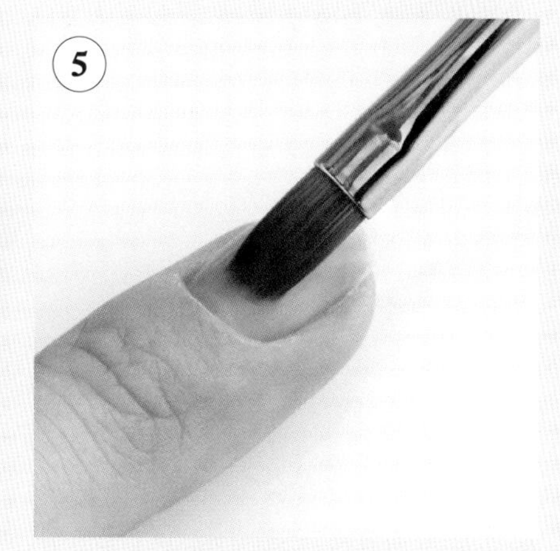

ベースジェルを塗り、硬化させてからクリアジェルをブラシに少量とって塗り、表面が滑らかになったのを確認し、ライトで硬化させる。

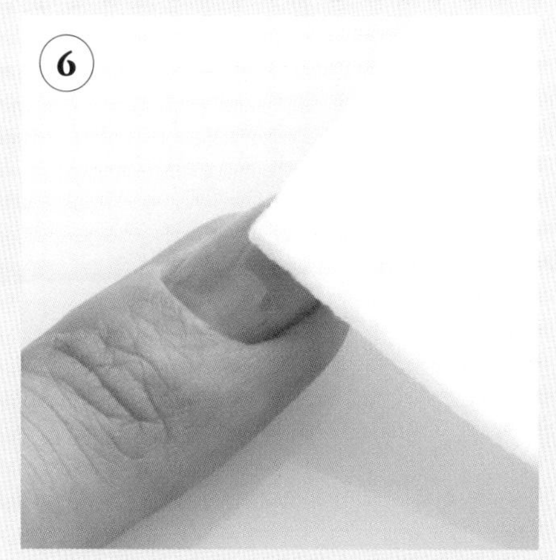

コットンにクレンザーを含ませ、未硬化のジェルをふき取る。

Finish!
亀裂がカバーされ、ほとんど目立たなくなりました。

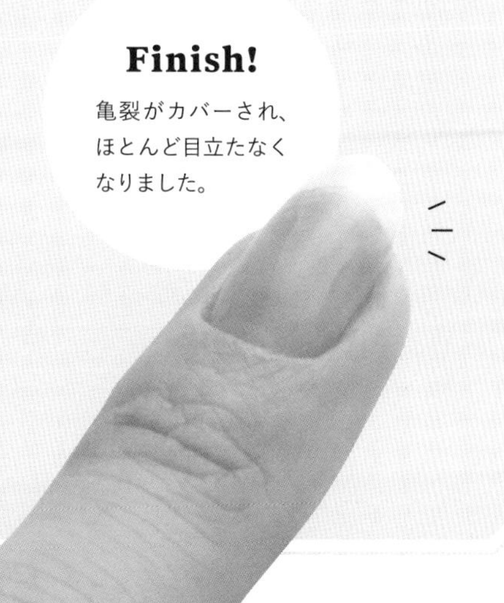

プロが教える

Nail Column

ネイル＆ハンドをもっと美しく

毎日スキンケアを行う素肌のように、爪や手にも手入れが必要です。
効果的なケアで美しい手と爪を作りましょう。

ネイルケアにはキューティクルオイル

１日に数回、キューティクルオイルをつけて爪を保湿するのがケアの基本です。ジェルネイルをしたときもキューティクルオイルで手入れすることで持ちがよくなります。

キューティクルオイルは爪の表側だけでなく、爪の裏側にも少量つけるとより効果的なケアができます。さらに爪や指先のマッサージを行うことで血行が促され、地爪の成長や健康が維持できます。もっとも効果的なのはキューティクルオイルでマッサージをしてから眠ること。毎日の習慣にするのがおすすめです。

こまめな保湿がハンドケアのコツ

水や冷たい空気、洗剤、紫外線など、手を乾燥させ、荒れさせる要因は日常生活にたくさんあります。ハンドクリームをこまめに塗って、しっかり保湿しましょう。

月に１～２度、肌にやさしいスクラブ剤を使って手肌の不要な角質をオフするのがオススメ。先に手肌を濡らしてからやさしくマッサージするのがコツです。角質ケアをしたあとは、忘れずにハンドクリームで保湿してください。はじめにキューティクルオイルを塗ったあと、ハンドクリームで手全体を保湿することで、季節に関係なく手肌を美しく保つことができます。

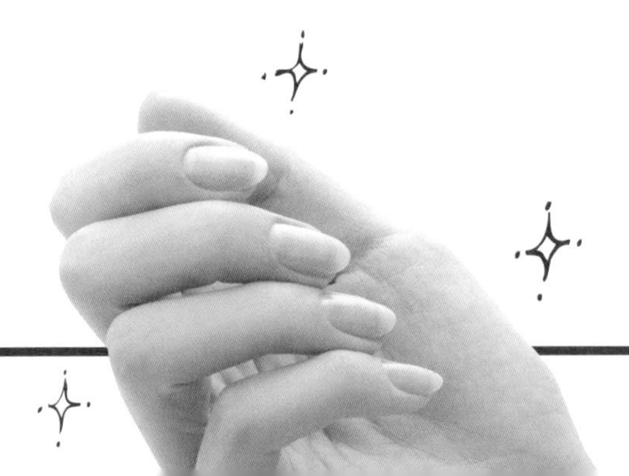

Part.2

ポリッシュ
カラーリング

Polish Coloring

爪を彩るテクニックには、ポリッシュカラーリングとジェルカラーリングの２つがあります。まず、特別な器具がなくても手軽に楽しめるポリッシュカラーリングの方法から紹介します。

Polish

ポリッシュカラーリングの道具

ポリッシュカラーリングの道具はとてもシンプル。
ドラッグストアで手に入るものもたくさんあります。カラーの持ちをよくして
美しい仕上がりにしてくれるベースコートやトップコートは必ず使いましょう。

ベースコート

ポリッシュカラーリングの際、最初に爪に塗るアイテム。地爪のコンディションを整える下地のような役割を果たすほか、カラーポリッシュの密着性を高め、発色をよくし、地爪への色素沈着を防ぐ。

カラーポリッシュ

ベースコートの次に塗る着色剤の顔料を含んだポリッシュ。ネイルカラーとも呼ばれる。真珠のような輝きのあるもの、キラキラと光るラメが入っているもの、ツヤのないマットなものなど、種類が豊富。

トップコート

アートを仕上げたあとに塗るコート剤。光沢を与える、色持ちをよくする、傷から守る、変色を防ぐなどさまざまな効果がある。速乾性のあるタイプ、マットに仕上がるタイプなど種類はさまざま。

ポリッシュカラーリングのメリットとデメリット

メリット

ポリッシュの魅力はなんといってもその手軽さ。休日だけネイルのおしゃれを楽しみたい、目的に応じてカラーを変えたいなど、TPOに合わせてオンオフが簡単にできるのが、最大のメリットです。

デメリット

カラーがはがれやすく長持ちしないだけでなく、塗ったあとなかなか乾かないため、仕上がるまで時間がかかります。また、ポリッシュリムーバーによる地爪や皮膚へのダメージも、デメリットのひとつです。

プレプライマー

地爪の水分や油分を除去し、カラーポリッシュの定着をよくするために使用する。

消毒剤

手指の消毒をするほか、プレプライマーがない場合、不織布に含ませて油分除去する。

不織布

消毒剤を含ませて油分除去する際に使用する。

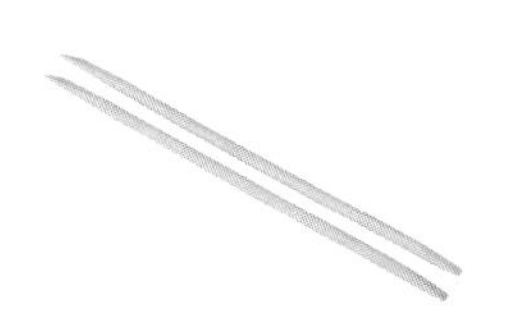

ウッドスティック

カラーポリッシュがはみ出た部分を修正するときなどに使用。

コットン

ウッドスティックにまきつける、ポリッシュリムーバーを含ませるなどで使用する。

キューティクルオイル

カラーポリッシュを塗った後に爪の生え際に塗り、キューティクル周りの乾燥を防ぐ。

ポリッシュリムーバー

カラーポリッシュをオフする際に使用する溶解剤。

ポリッシュリムーバーについて

ポリッシュカラーリングに不可欠なポリッシュリムーバー。配合成分の力でポリッシュを溶かし、容易に落とすことができます。代表的な溶解成分のアセトンは地爪や肌の水分・油分を奪い、乾燥させてしまいます。そのため爪が割れる、二枚爪になるなどのトラブルを招きがちです。ごしごしこすらないようにオフするのがポイントです。

Polish

ポリッシュの基礎知識

特別な道具も必要なく、気軽に始めることができるポリッシュカラーリング。
きれいに塗るテクニックを身につける前に、基礎知識を覚えましょう。

ポリッシュとは?

爪にカラーを塗ることを「マニキュア」と呼ぶことがありますが、正確にはマニキュアという言葉が指しているのは、ネイルケアを含む爪の手入れ全般のこと。対してポリッシュとは有機溶剤に着色した、爪に塗るアイテムを指します。

ポリッシュの種類

ポリッシュはその仕上がりによっていくつかの種類があり、
塗りやすさも異なります。

種類		特徴
レギュラーカラー(クリーム)		もっとも一般的なポリッシュで、光沢のある仕上がり。
シアー		色みがごく薄く、透明感のある仕上がり。塗りムラが目立ちにくいので、初心者でも扱いやすい。
パール		真珠のような光沢のある仕上がり。ブラシの跡が目立ちやすく、ムラになりやすい。
ラメ		ラメの粒が入り、キラキラと輝きのある仕上がり。ムラが目立ちにくい一方で、オフしにくいというデメリットも。
メタリック		細い粒子が入り、パールよりも金属的な輝きのある仕上がり。塗りムラが目立ちにくい。

ポリッシュカラーリングの手順

ポリッシュを使って爪を彩ることを、ポリッシュカラーリングといいます。美しく仕上げるには、地爪の水分や油分を除去し、ベースコート、カラーポリッシュ、トップコートの順に塗っていきます。それぞれの工程の役割を覚えましょう。

Step.1 油分除去 ➡P.38

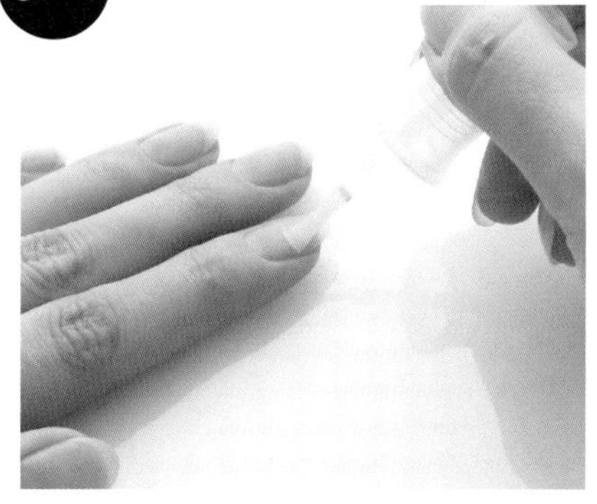

最初に地爪の水分や油分を除去する。これによりカラーポリッシュが定着しやすくなる。

Step.2 ベースコート ➡P.39

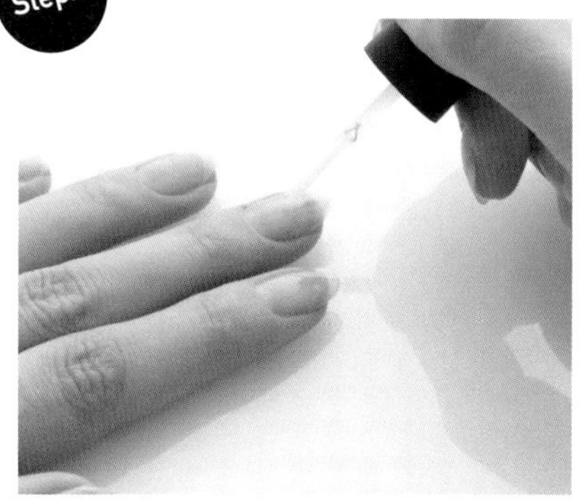

油分や水分を除去した地爪にベースコートを塗る。カラーポリッシュの発色をよくし、色素沈着を防ぐ効果もある。

Step.3 カラーポリッシュ ➡P.40

ムラを防ぎ、発色をよくするため、二度塗りするのがコツ。

Step.4 トップコート ➡P.42

カラーポリッシュの上に重ねて塗る。カラーの持ちをよくする、光沢を保つなどの効果がある。

Polish

ポリッシュ カラーリングの方法

ポリッシュカラーリングを始めましょう。きれいに塗るだけでなく、
長持ちさせるためにはひとつひとつのプロセスを丁寧に行うことが大切です。

油分除去

Oil Removal

地爪の水分や油分を落とし、ポリッシュが密着しやすい状態に整えます。

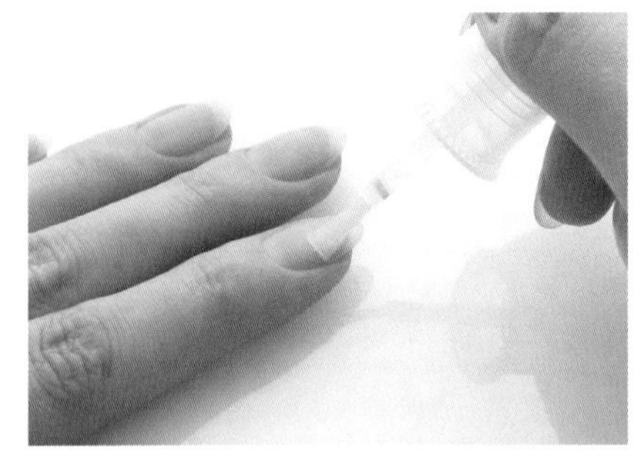

地爪にプレプライマーを塗り、爪表面の油分を取り除く。

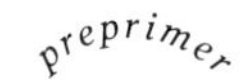

クリームやオイルでケアしたあとは爪に油分がついているので、油分除去をきちんと行う。

●プレプライマーを使わない方法

プレプライマーがない場合は、消毒剤で代用することができます。

不織布に消毒剤を含ませ、爪の表面をふいて油分を取り除く。

or

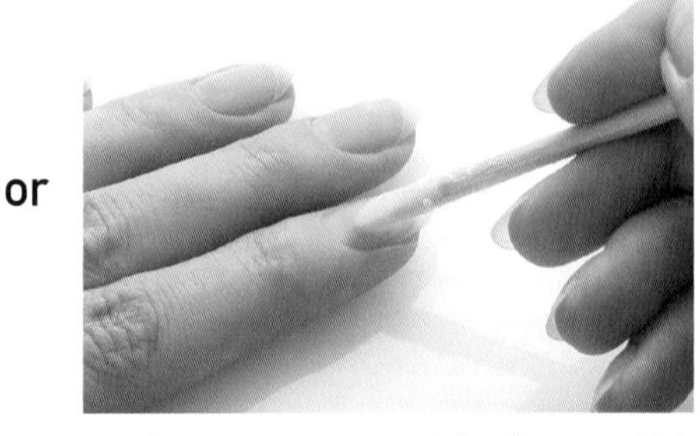

ウッドスティックにコットンを薄く巻きつけ、消毒剤を含ませて爪の表面をふいて油分を取り除く。

ベースコート

Basecoat

カラーポリッシュを密着させるベースコートは、
爪の先端や裏側までしっかり塗ります。

1

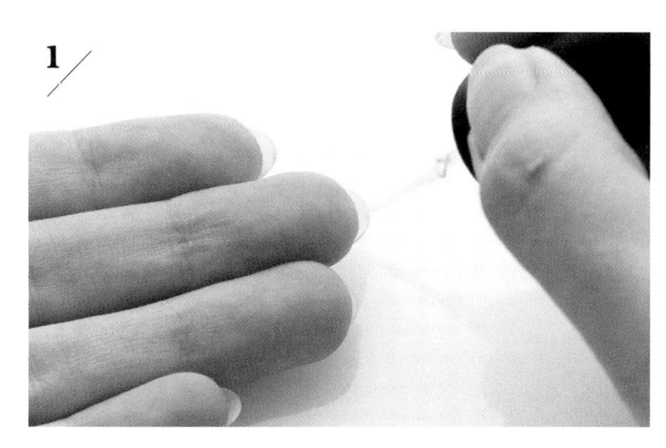

地爪の裏からエッジ（断面）にベースコートを塗る。これにより、はがれにくくなる。最初に5本のエッジに塗ってから表面を塗るとスムーズ。

2

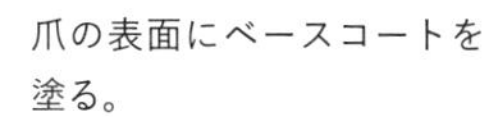

爪の表面にベースコートを塗る。

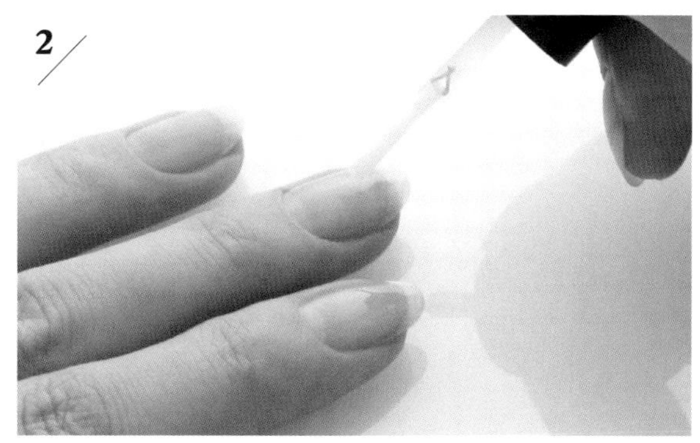

3

ベースコートが皮膚についてしまったときは、ウッドスティックで取り除く。

カラーポリッシュ

Color Polish

カラーポリッシュはサイドの塗り残しや、
色ムラがないように塗ります。
二度塗りをするのが基本なので、
１度目に塗ったときに薄づきや多少ムラができても大丈夫です。

1／

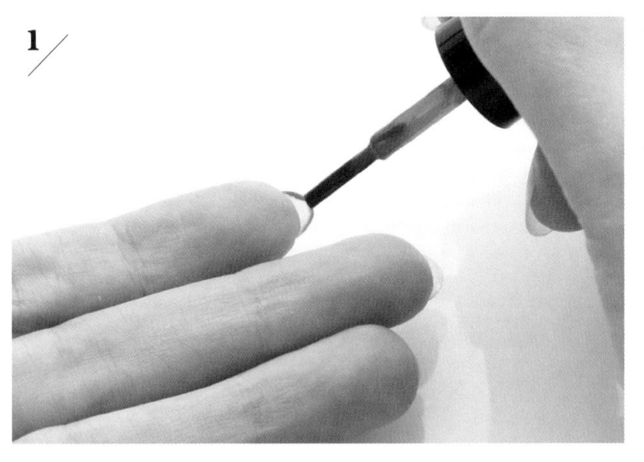

地爪の裏からエッジ（断面）にカラーポリッシュを塗る。これにより、カラーがはがれにくくなる。ベースコート同様、最初に５本のエッジに塗ってから表面を塗るとスムーズ。

2／

爪表面にカラーポリッシュを塗る。キューティクルにつかないように注意しながら塗る。

3

はみ出した部分や皮膚に付着した部分を、ウッドスティックで取り除く。

4

カラーポリッシュは二度塗りが基本。1度目と同じように爪の表面にカラーポリッシュを塗る。

5

はみ出た部分や皮膚に付着したカラーポリッシュをウッドスティックで取り除く。

Step.4 トップコート

Topcoat

トップコートは爪表面に光沢を与え、
美しい仕上がりにするだけでなく、
カラーポリッシュを長持ちさせる効果もあります。
速乾性のもの、マットに仕上がるものなどさまざまな種類があります。

1

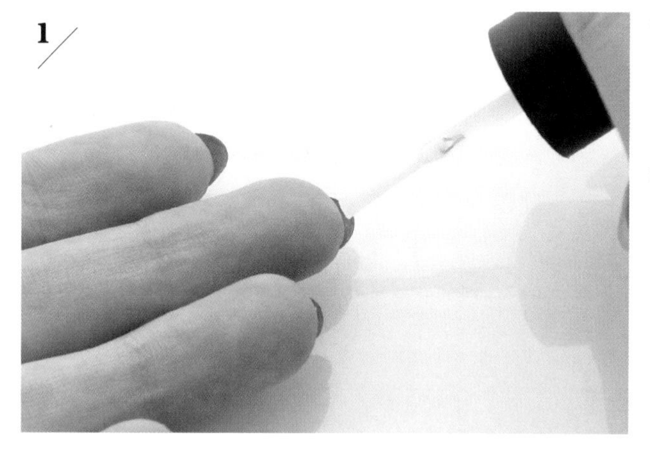

地爪の裏からエッジ（断面）にトップコートを塗る。これにより、カラーが長持ちする。ベースコート、カラーポリッシュと同様に5本のエッジを塗ってから表面を塗る。

2

ベースコート、カラーポリッシュと同様に爪表面にトップコートを塗る。

3

トップコートが皮膚に付着した場合は、ウッドスティックで取り除く。

4

トップコートが乾くまで（約10〜15分）触らないようにする。表面が乾いたら、爪の生え際にキューティクルオイルを塗る。

Finish!

種類にもよるが、ポリッシュは全体が完全に乾くまで2時間くらいかかります。その前にこする、ぶつけるなどの衝撃があると表面がよれてしまうことも。完全に乾くまでは注意が必要です。

Polish

カラーポリッシュの落とし方

ポリッシュリムーバーを使えば簡単に落とせるのがポリッシュのメリットです。
ラメ入りなど落ちにくいものでも、力を入れてこすらないようにしましょう。

1

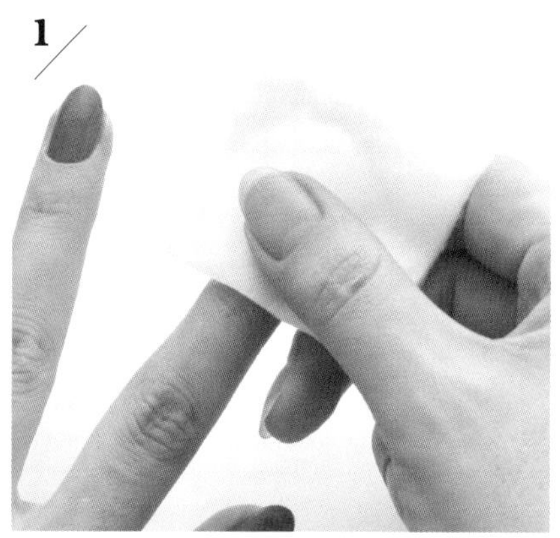

ポリッシュリムーバーをたっぷりと含ませたコットンを爪の上に置き、ポリッシュが溶けるまで少し待ってからやさしくふき取る。このとき、力をいれてごしごし落とさないよう注意。

2

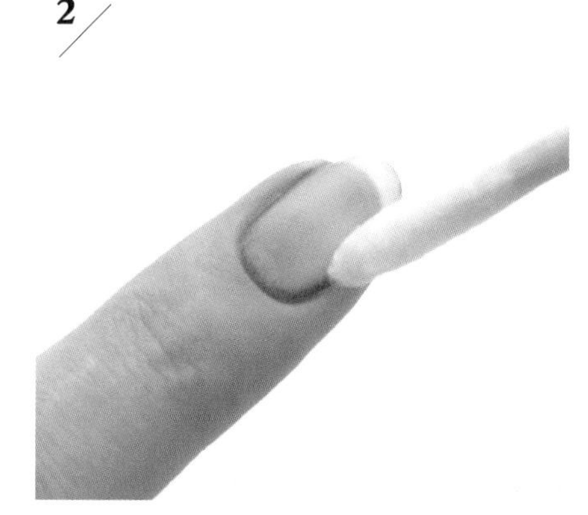

キューティクル付近やサイドラインなどの細部は、コットンを巻きつけたウッドスティックにポリッシュリムーバーを適量含ませて取り除く。

3

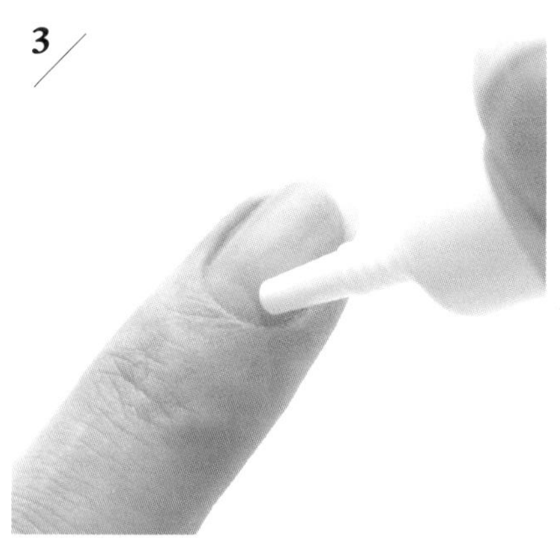

カラーポリッシュをオフしたら、保湿のためキューティクルオイルを爪の生え際につけ、保湿する。

Finish!

すっきりときれいに
オフできました。

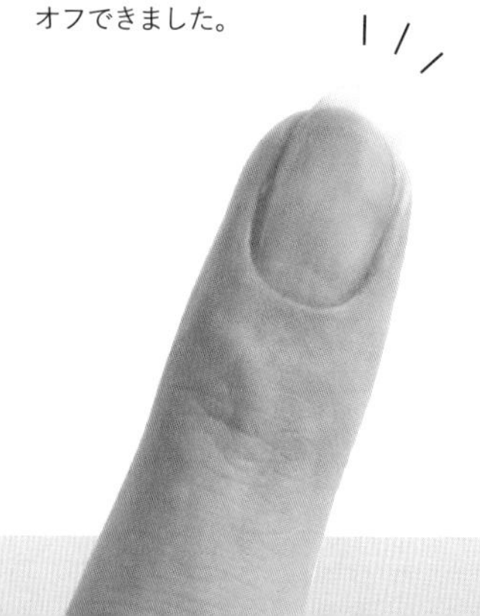

Part.3

ジェルネイル

Gel Nail

ネイルサロンだけではなく、セルフで楽しむことも一般的になってきたジェルネイル。トラブルにならず、美しく、しかも長持ちさせるためのテクニックを紹介します。

ジェルネイルの道具

ジェルネイルの道具はネイルケアやポリッシュカラーリングと共通するものが
いくつかありますが、専用の道具も必要です。

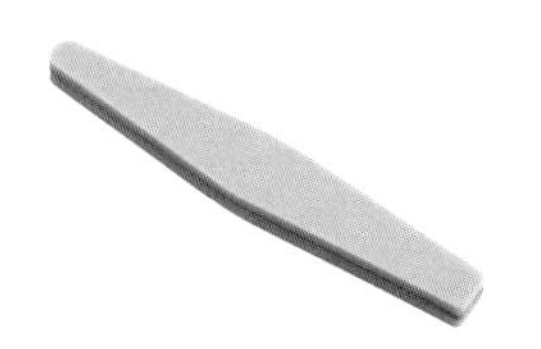

バッファー

プレパレーション（→P.50）の際に地爪のツヤを取るときに使う。

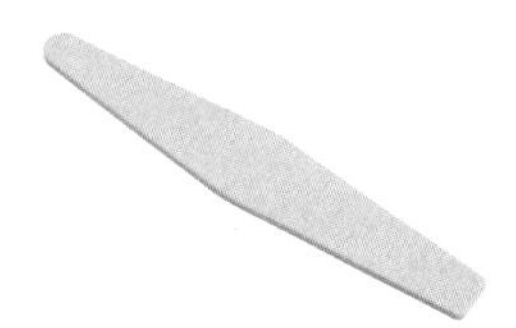

ファイル

ジェルネイルをオフする際に使用する。

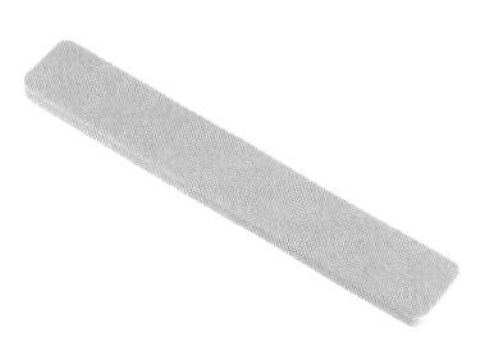

シャイナー

ジェルをオフした後、爪にツヤを与えるために使用する。目の粗いA面、細かいB面がある。

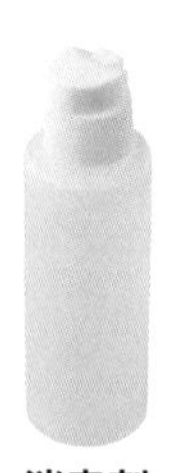

消毒剤

自分の手指や道具を消毒するときに、コットンに含ませて使用する。

プレプライマー

プレパレーションの際、地爪の油分を除去するために使用する。

不織布

カラーを変えた際、ブラシをふき取る、未硬化のジェルをふき取るときに使用する。

ベースジェル

カラージェルの密着性を高め、発色をよくするため、爪表面に塗る。

カラージェル

色素を含んだジェル。写真のジャータイプとブラシオンジェルタイプがある。

トップジェル

ツヤと持ちを高める仕上げジェル。ふき取り不要のノンワイプトップジェルもある。

ライトについて

ジェルには光重合開始剤が含まれていて、特定の波長の光を吸収し、硬化します。ライトにはUV（紫外線）とLED（発光ダイオード）の2種があります。LEDライトはUVライトに比べて硬化時間が短く濃い色もしっかり硬化します。消費電力が少ないという特徴があるため、LEDライトが人気です。本書でもLEDライトを使用しています。※ライトを使う際の注意点は150ページをご覧ください。

クリアジェル

爪の補強、イクステンションに使用する粘度の高い透明なジェル。

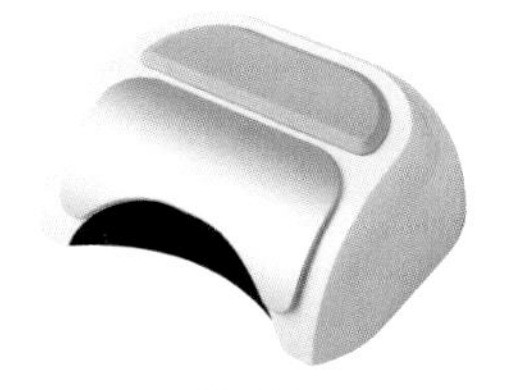

ライト

ジェルを硬化させるために使用。UVライト、LEDライトの2種類がある。

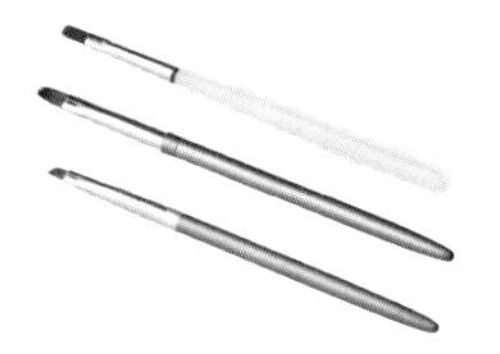

ジェルブラシ

ジャータイプのジェルを塗るときに使う。塗る範囲によって筆先の幅や長さを選ぶ。

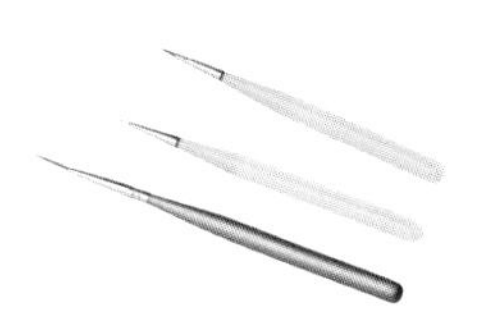

アート用ブラシ

細かい柄などを描くためのブラシ。筆先が細く長いタイプは細い線を描くのに適している。

ウッドスティック

ジェルを塗った際、はみ出した部分や指に付着した部分を取り除くために使う。

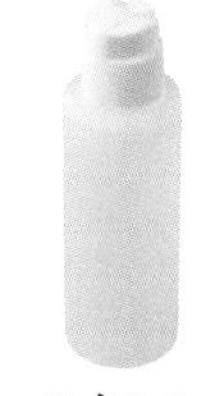

ジェルクレンザー

プレパレーションや未硬化のジェルをふき取るときに使用する。

ジェルリムーバー

ジェルネイルを落とす際に使用する専用のリムーバー。

コットン

ジェルリムーバーを含ませて使う。

アルミホイル

ジェルをオフする際に使う。

ジェルネイルの基礎知識

つややかな光沢が美しく、カラーやアートの持ちもいいジェルネイルは
ポリッシュにないメリットや魅力がたくさんあります。

ジェルネイルとは？

透明のジェルや色素を含んだカラージェルを爪に塗り、LEDライトまたはUVライトで硬化させて仕上げるネイルをジェルネイルといいます。使用するジェルブランドにより、工程や硬化時間、使用するライトの種類が異なる場合があるので、必ず確認しましょう。

ジェルネイルの特徴

ジェルネイルは、ポリッシュカラーリングに比べて持ちがよく、塗りたてのようなツヤが続きます。

種類	用途別にベースジェル、カラージェル、トップジェル、クリアジェル、マットジェル、ノンワイプトップジェルがある。カラージェルは質感別にラメジェル、グリッタージェルなどがある。
塗り方	アレルギーや浮きの原因になるため、皮膚につかないように、また、必要以上に厚くなりすぎないよう均一に塗る。
硬化	UVまたはLEDのどちらで硬化するジェルなのかを確認し、秒数を守って硬化させる。また、硬化が不十分にならないよう、ライトの中の手の位置に注意が必要。
硬化後	表面に残った未硬化のジェルは、使用したジェルに合うジェルクレンザーなどを使ってふき取る（ノンワイプジェルを使った場合はふき取り不要）。
保管	ジェルは日光に当たると硬化する性質があるため、フタをしっかり閉め、温度変化の少ない冷暗所で保管する。

ジェルネイルの手順

ジェルネイルは爪の表面の下準備をしたあとでベースジェル、カラージェル、トップジェルの順番に塗り、塗り終わるごとにライトを当て硬化させながら仕上げるのが特徴です。それぞれの工程の手順と意味を覚えましょう。

Step.1 プレパレーション ➡P.50

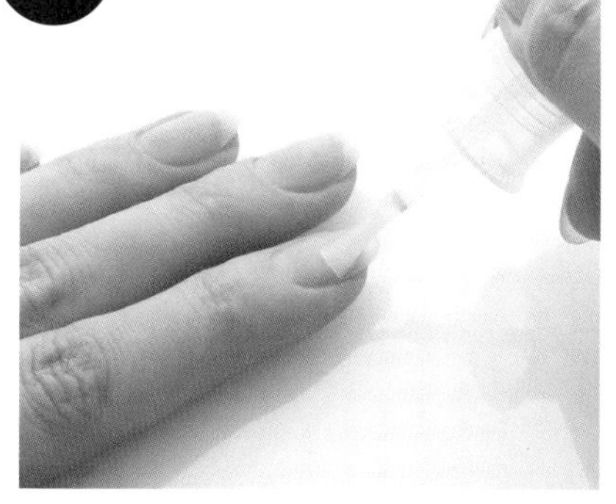

必要であれば表面をサンディング（爪表面のツヤをなくすように整えること）したあと爪表面の油分を除去し、ジェルが密着しやすいようにする。

Step.2 ベースジェル ➡P.52

カラージェルの密着性を高め、地爪を守り発色をよくするため、爪表面に塗り、ライトを当てて硬化させる。

Step.3 カラージェル ➡P.53

カラージェルを塗り、ライトを当てて硬化させる。

Step.4 トップジェル ➡P.56

仕上げに全体をコーティングするために塗り、ライトを当てて硬化させる。表面に残った未硬化のジェルをふき取って完成。

Gel Nail

{ ジェルネイルの方法 }

ジェルネイルのプロセスは複雑なように思えるかもしれません。
1ステップずつしっかりとマスターすればPart. 4で紹介するアートもスムーズです。

プレパレーション

Preparation

プレパレーションとは「準備する」という意味で、
ジェルネイルを仕上げるための大切な下準備を指します。
きちんと行えば美しく仕上がるだけでなく、
ジェルも長持ちする、とても大切なステップです。

1／

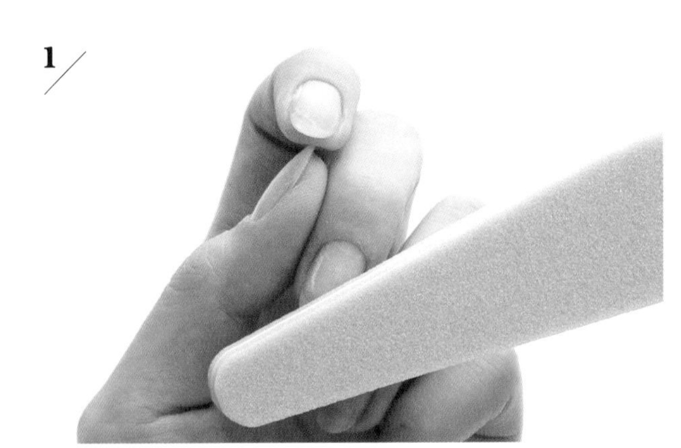

必要であれば爪の表面にムラなく180Gのバッファーをかけ、表面の状態を整える（サンディング）。※このプロセスが不要なジェルブランドもあります。

2／

ダストブラシでダストをきれいに取り除く。

●サンディングについて

爪の表面を削りすぎると、3層になっている爪の一番上の層が薄くなり、トラブルを招きます。爪表面のツヤがなくなる程度に削りましょう。

自然なツヤのある地爪
の状態。

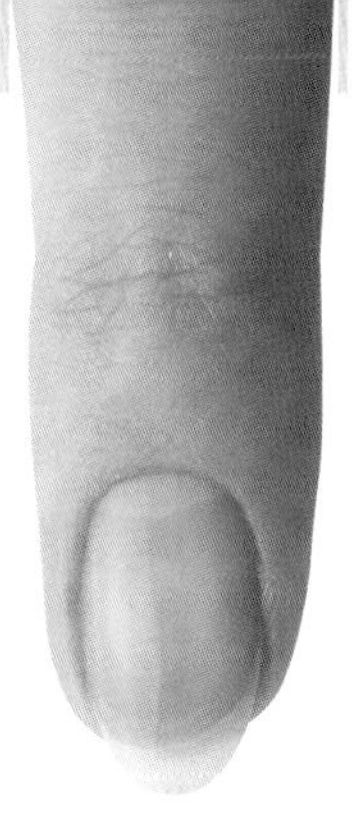

サンディングをして、
ジェルが密着しやすい
状態に整えられた爪。

Before **After**

3

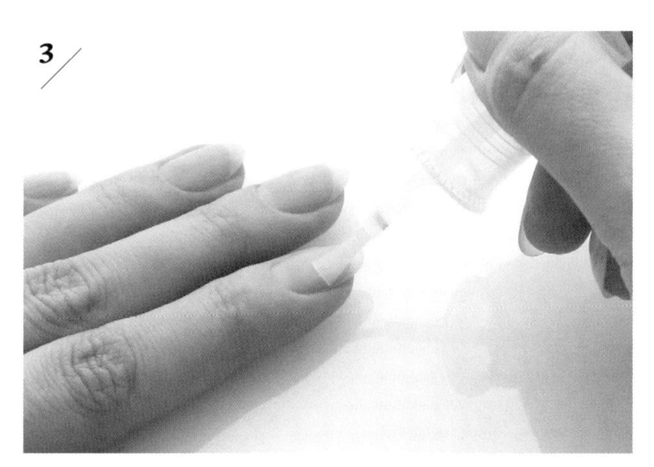

プレプライマーを塗り、爪表
面の水分と油分を除去する。

●プレプライマーを使わない方法

プレプライマーがない場合は、消毒剤で代用できます。

不織布に消毒剤を含ませ、爪の表面をふいて油分
を取り除く。

or

ウッドスティックにコットンを薄く巻きつけ、消毒
剤を含ませて爪の表面をふいて油分を取り除く。

Step.2

ベースジェル

Base Gel

ベースジェルには、地爪を守り、
カラージェルによる色素沈着を防ぎ、カラージェルの密着性を高める
という効果があります。爪のサイド、エッジ（断面）にもきちんと塗ることで
硬化によるジェルの収縮やリフト（浮き）を防ぎ、持ちをよくします。

1

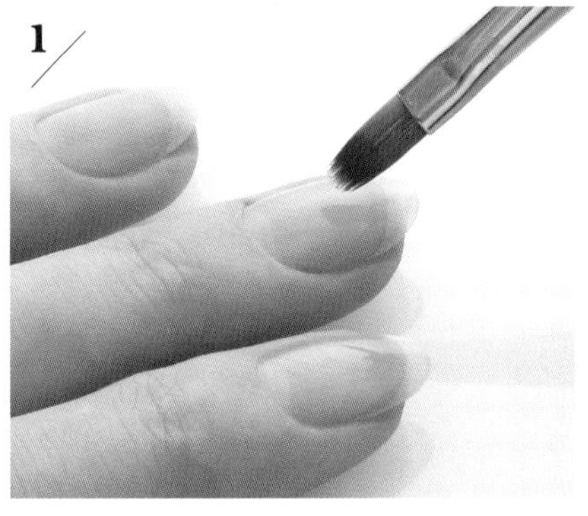

ブラシに適量をとり、爪全体にベースジェルを塗る。アレルギーや浮きの原因になるので皮膚に付かないように注意する。

2

爪のエッジには、ブラシの側面で軽く触れるようにして塗る。

3

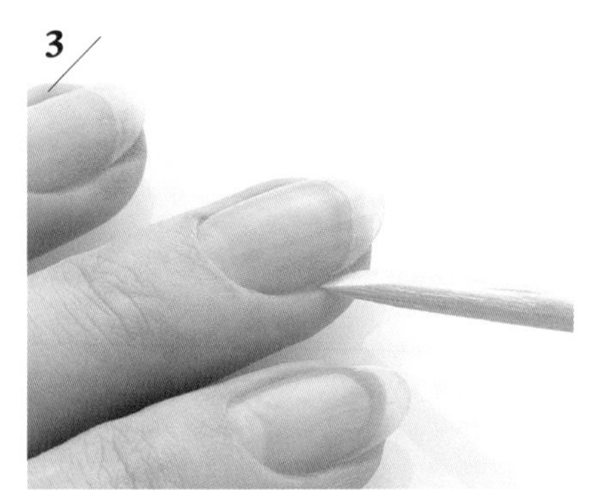

ウッドスティックではみ出した部分を取り除く。

4

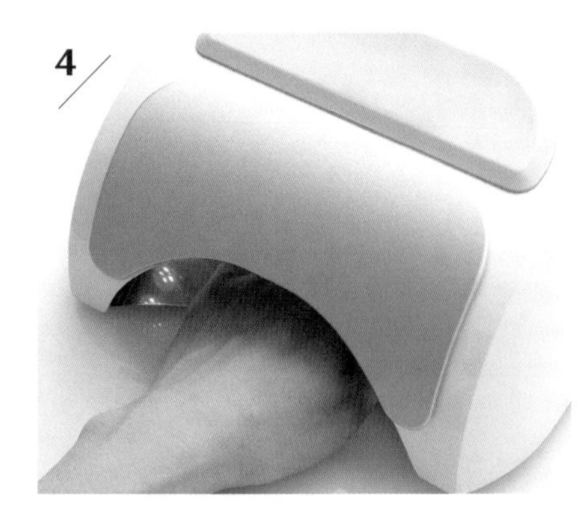

ライトに手を入れて硬化させる。

color gel

Step.3

カラージェル

Color Gel

カラージェルを塗る時のポイントは、
爪全体に適量を均一に塗ること。通常二度塗りするので、
１度目にできたムラは気にせず、厚塗りを避けて
薄く塗ることが大切です。

1／

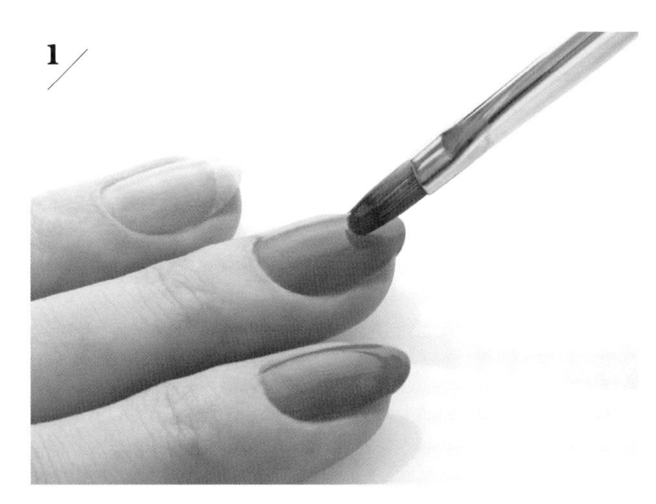

ブラシにカラージェルを適量とり、爪全体に薄く塗る。皮膚に付かないように注意する。１度目にできたムラは２度目で消えるので気にしない。

2／

ブラシの側面を使い、少量のカラージェルを爪のエッジにも塗る。

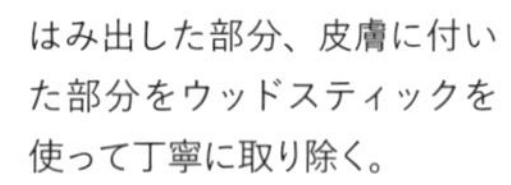

はみ出した部分、皮膚に付いた部分をウッドスティックを使って丁寧に取り除く。

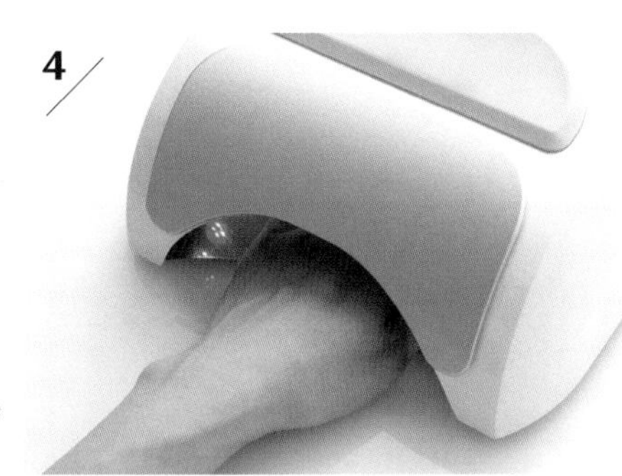

ライトに手を入れてジェルを硬化させる。

硬化は無理せず自分のタイミングで

ジェルを塗り終え、5本まとめて硬化させるのが時間も短縮できるため理想的です。とはいえ、慣れないと硬化する前にサイドやキューティクルに流れるなど、失敗の原因になることも。無理のない本数を塗って硬化させましょう。

5／

再び爪全体にカラージェルを塗る（二度塗り）。二度塗りの際はエッジに塗らなくてもよい。

6／

ウッドスティックではみ出した部分などを取り去って修正する。

7／

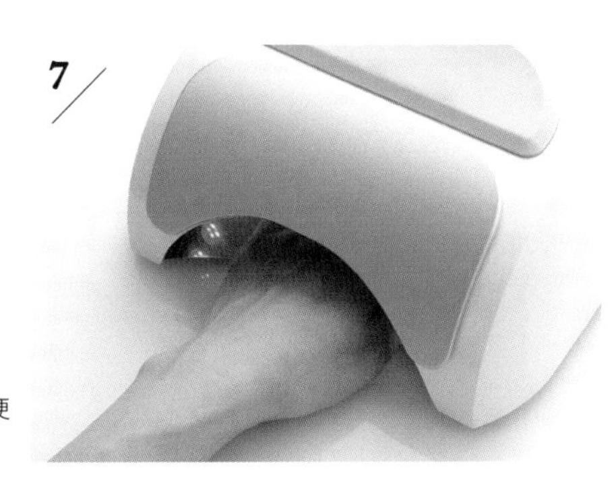

ライトに手を入れて硬化させる。

トップジェル

Top Gel

トップジェルはカラージェルの色をカバーし、
ジェルならではの光沢のある仕上がりにするために塗ります。
最終仕上げのプロセスなので、ムラなく、先端にジェルがたまらないよう、
凹凸ができないように仕上げることがポイントです。

ブラシにトップジェルを適量とり、表面に凹凸ができないようになめらかに爪全体に塗る。

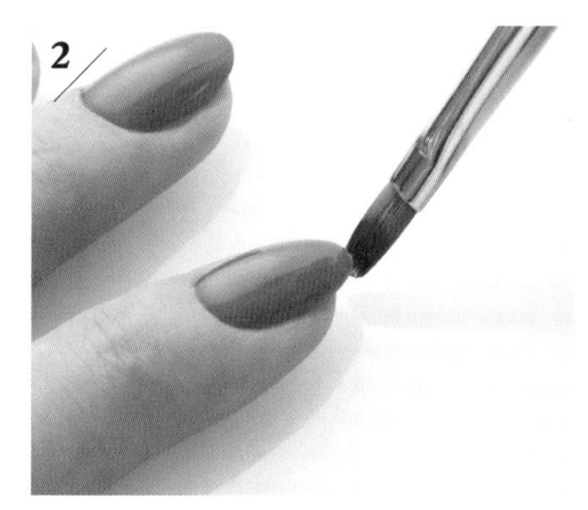

ブラシの側面を使い、爪のエッジにも先端にたまらないように気をつけながら塗る。

ウッドスティックではみ出した部分を取り除いて修正する。

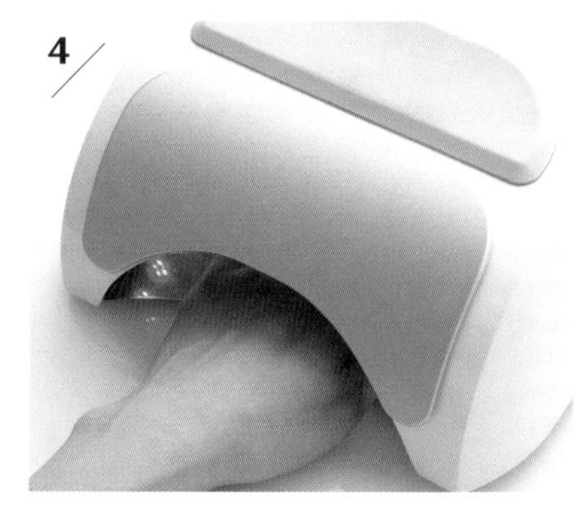

ライトに手を入れて硬化させる。

クレンザーを適量含ませたコットンや不織布で未硬化のジェルをふき取る。

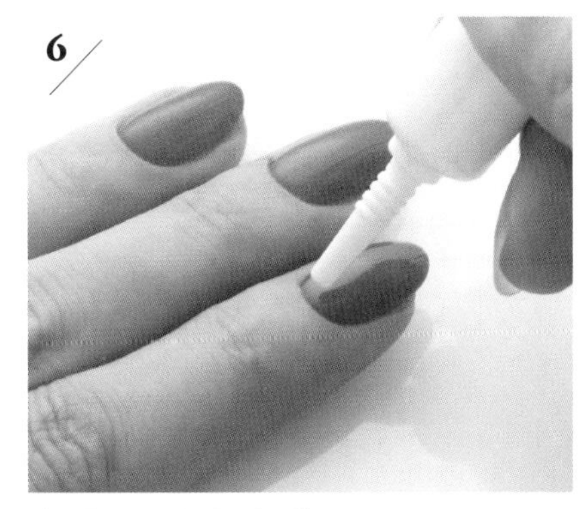

手を洗ってから爪の生え際にキューティクルオイルをつけて保湿する。

Finish!

ジェルネイル特有の光沢となめらかにふくらんだ表面が美しい。正しく行えば、数週間は持ちます。

Gel Nail

ジェルネイルの落とし方

ジェルを落とすときはジェルの表面を少し削り、溶解剤が浸透しやすい状態にしてから落とします。地爪まで削らないよう注意しましょう。

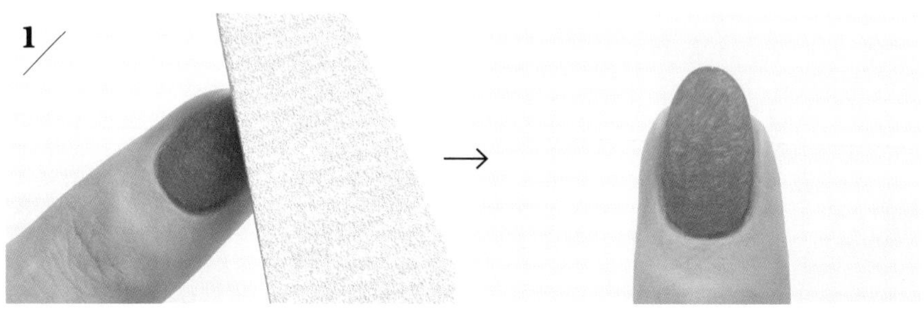

1

180Gまたは150Gファイルでトップジェルの表面を削る（サンディング）。

→

トップジェルが削れたぐらいの状態でOK！ これでジェルリムーバーが浸透しやすくなる。

2

爪のサイズにカットしたコットンをアルミホイルに並べ、ジェルリムーバーをたっぷりと含ませる。

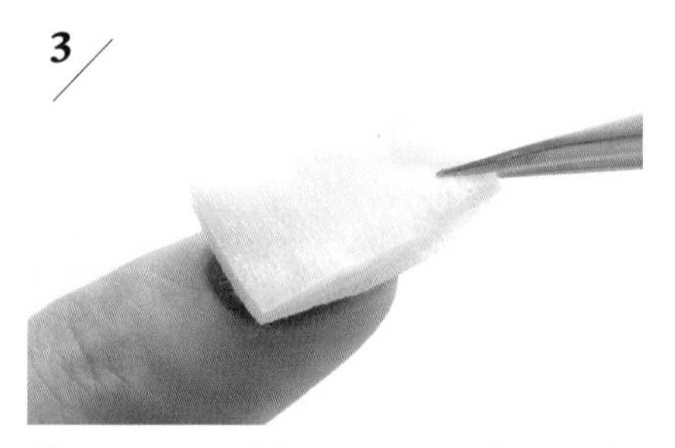

3

ジェルリムーバーを含ませたコットンをツイーザー（→P.62）でつまみ、爪の上にのせる。

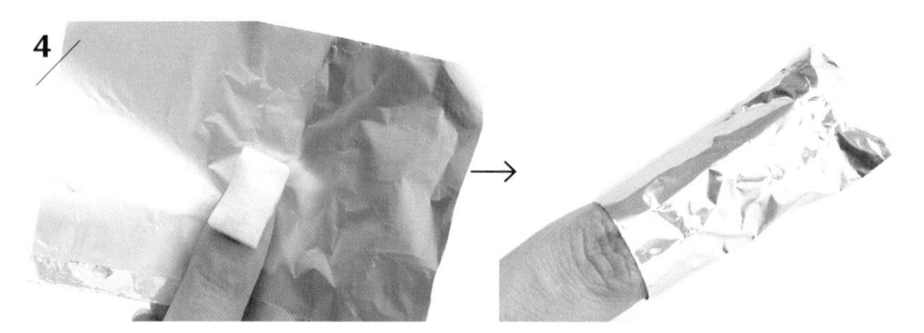

4

指全体をアルミホイルで巻いて包む。

→

ジェルリムーバーがジェルに浸透するよう、しっかりと包んで15～20分間おく。

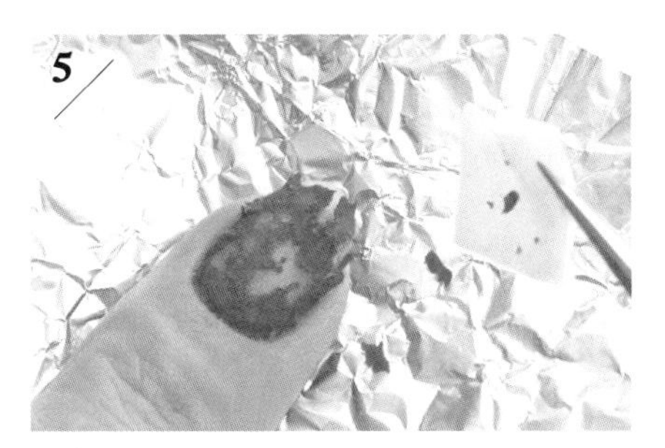

しばらくおくと、ジェルが浮き上がる。

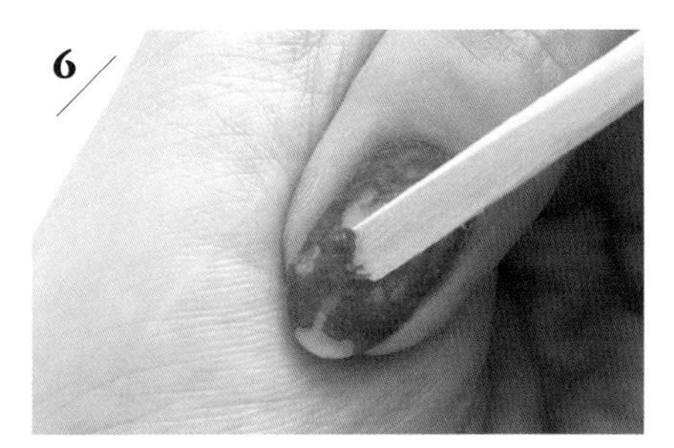

浮き上がったジェルをウッドスティックでやさしく取り除く。

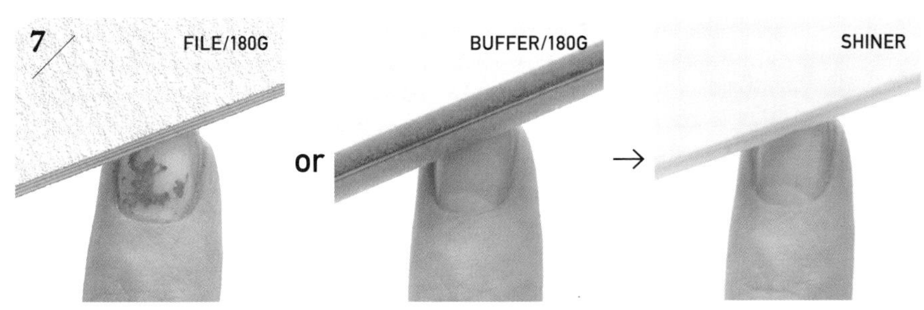

爪表面に残ったジェルを180Gファイル、または180Gバッファーでやさしく取り除き、必要であればシャイナーで爪全体にツヤを与える。

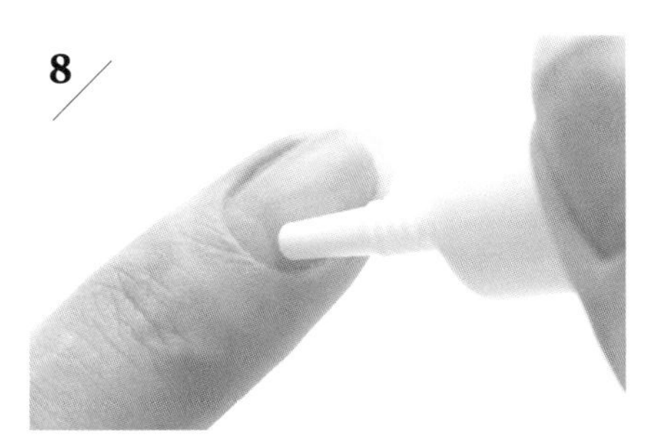

手洗いをしたあと、キューティクルオイルを爪の生え際につけてのばし、保湿する。

Finish!

地爪を傷つけずにオフすることがもっとも大切。ファイルやバッファーをかける際は削りすぎないよう細心の注意を払って！

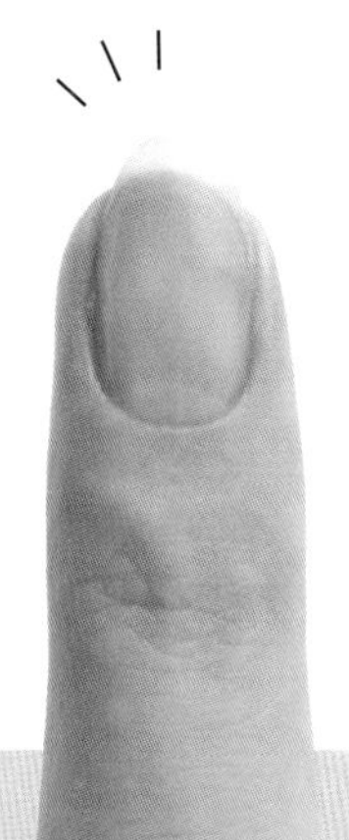

Gel Nail

プロが教える
Nail Column

ブラシを使いこなしましょう

ジェルネイルで使用するブラシ（筆）には、種類があります。
それぞれの特徴を覚えて、最適のブラシを選びましょう。

ブラシの種類

ジェルブラシにはコリンスキーというイタチ科の動物の毛を使用したものと、ナイロンブラシがあります。**コリンスキーブラシは毛が柔らかく、ジェルがムラになりにくいものの高価、一方ナイロンブラシはコシがあって筆圧がコントロールしやすく、安価**という特徴があります。

アートをする際は筆先や長さ、形の異なるアート用のブラシが必要です。

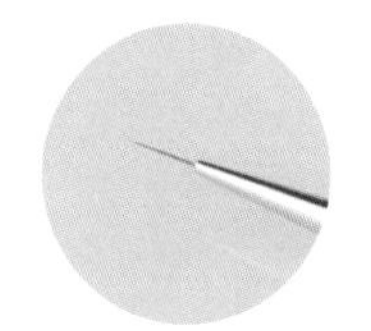

ショートライナー筆
繊細なラインを描くときなどに使う。

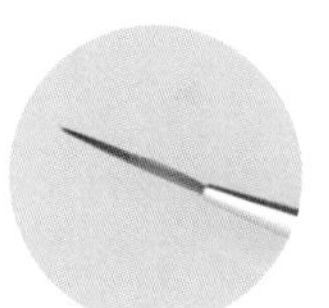

ロングライナー筆
しなやかなラインを描くときに使う。

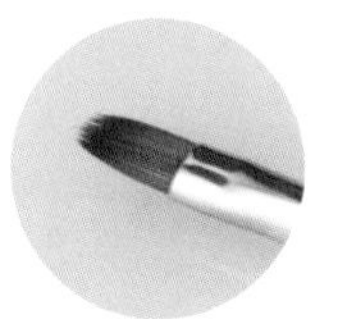

オーバル筆
ジェルを爪全体に塗るときに使う。

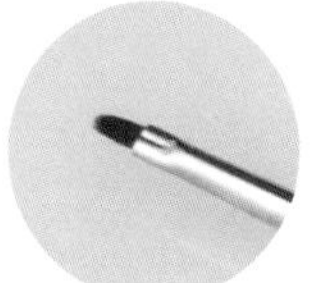

ミニオーバル筆
花びらなどを描くときに使う。

ブラシの扱い方

買ったばかりの新品のブラシには、筆先に糊がついていて、そのままでは使えません。以下の手順で糊を落としてから使いましょう。**①手で軽く筆先をほぐす。②ブラシにベースジェルやトップジェルを少量含ませ、毛羽がつかないキッチンペーパーなどの上で数回筆先を整えるようにして糊を落とす。**

ブラシを使ったあとは、筆先についたカラージェルをペーパーなどでふき取ってから、筆先を整え、キャップをして保管します。ブラシについた色が落ちない場合は、クリアなジェル（ベースジェルやトップジェルなど）を含ませ、ペーパーの上でふき取るときれいになります。

Part.4

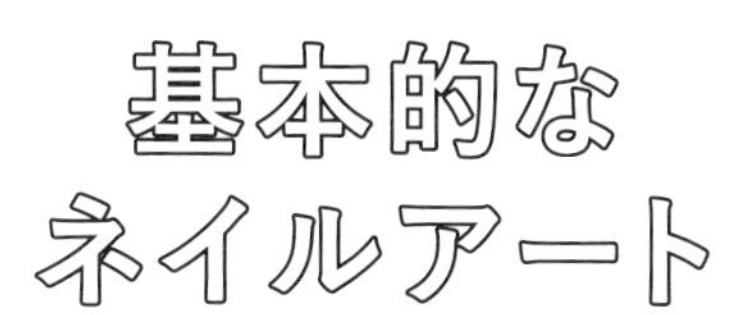

Basic Nail Art

この章では、ビギナーでも失敗が少ない基本的なアートテクニックを紹介します。慣れてきたら色数を増やしたり、異なるテクニックを組み合わせてみたりと、思いのままに楽しんでみましょう。

- 16 ～ 29ページを参照し、爪の表面を整えてからカラーリングを始めることをおすすめします。
- ポリッシュカラーリングを行いたい場合は「P」を、ジェルネイルを行いたい場合は「G」をお読みください。
- ポリッシュの場合は最初にベースコートを塗り、最後にトップコートを塗り、しっかりと乾かして仕上げます。
- ジェルの場合は最初にサンディングしてからベースジェルを塗って硬化させ、最後にトップジェルを塗って硬化させて仕上げます。

Nail Art

TOOLS

ネイルアートの道具

専用の道具があれば、アートはよりスムーズに、よりきれいに仕上げることができます。自分がやりたいアートに合わせて、少しずつ揃えていくのもおすすめです。

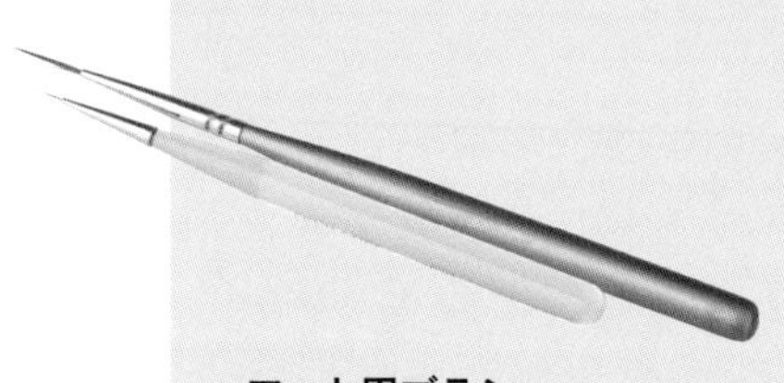

アート用ブラシ

繊細なラインや柄を描くときはアート用ブラシがあるとよい。ロングライナー筆（上）は細いラインが引きやすく、ショートライナー筆（下）は筆圧をコントロールしやすく、繊細な柄が描きやすい。

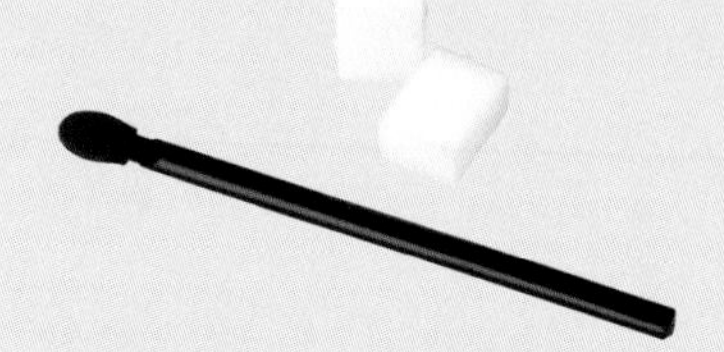

スポンジ、アイシャドウチップ

爪表面にソフトなグラデーションや大理石模様、かすれたような模様をつけるとき、カラージェルやカラーポリッシュ、またはアクリル絵の具を少量つけて爪表面を叩くようにして使う。

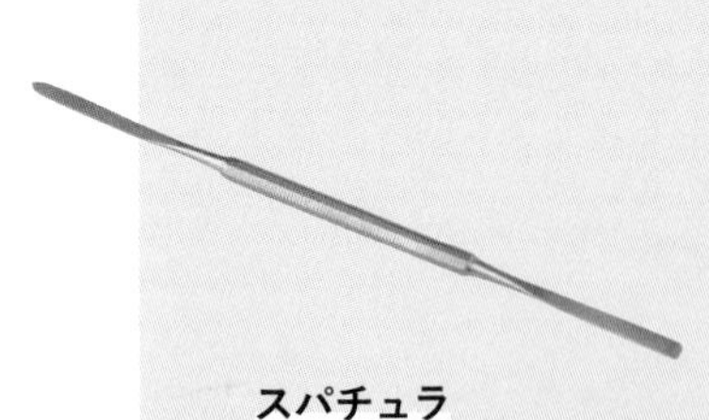

スパチュラ

カラージェルを攪拌したり、ブレンドして色を作るときなどに使用する。

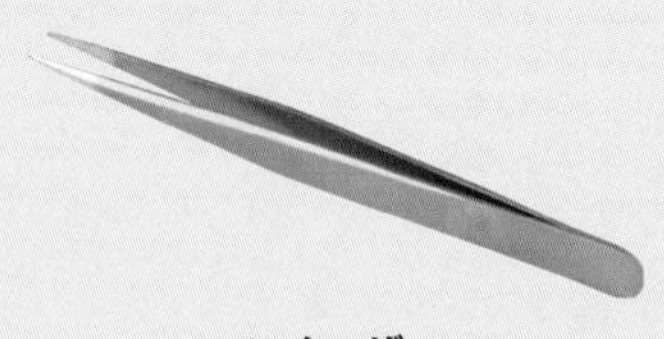

ツイーザー

ラインストーンやネイルシール、ホログラムなどのアートパーツを爪にのせるとき、つまんで使う。

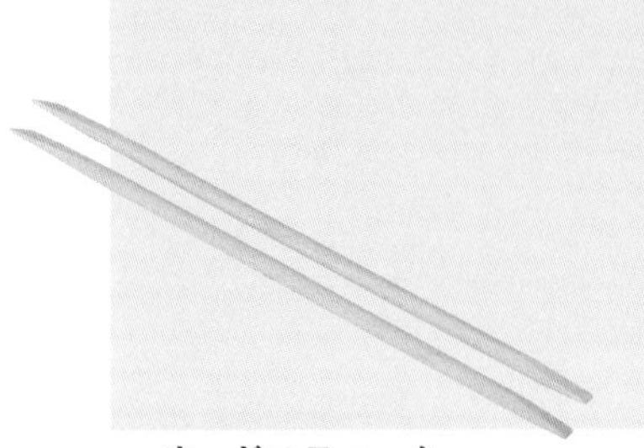

ウッドスティック

ツイーザーでつまむのが難しい細かいパーツをとるときに使用。先端にベースコートやトップコート、ジェルを少量つけてくっつけて取る。

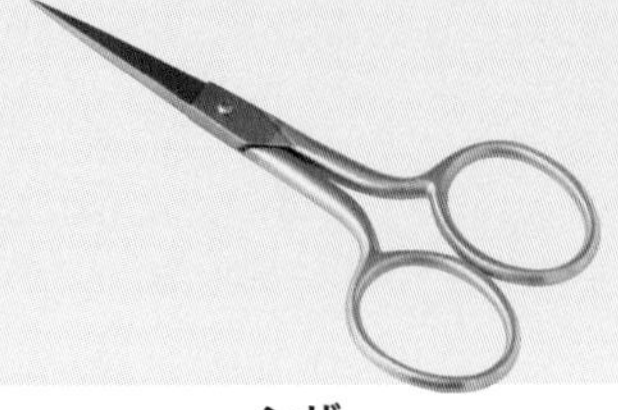

シザー

ネイルシールなどをカットするときに使用する。

アート用水入れ

アクリル絵の具を使ったブラシの筆先を洗うときに使用する。

アクリル絵の具

速乾性・耐水性のある絵の具。カラーポリッシュの上に細い模様を描くときに使用する。

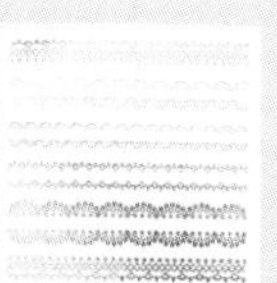
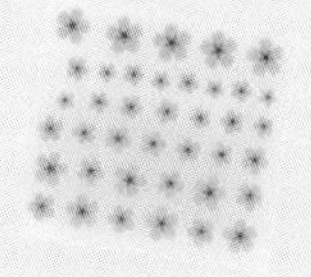

ネイルシール

爪の上に貼るアート用のシール。花柄や星、ストライプ、文字などさまざまな色や柄のものがある。ツイーザーでつまんで扱う。

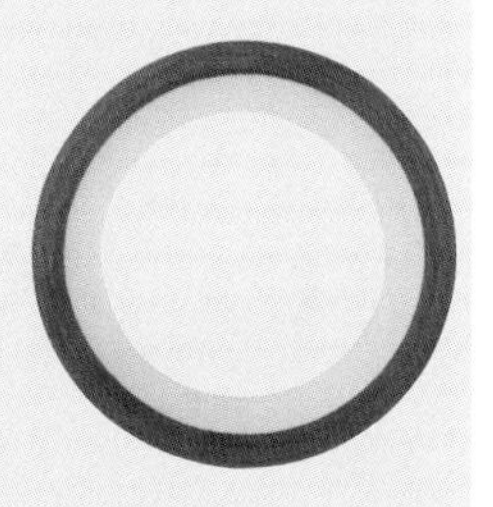

ラインシール（ラインテープ）

爪の上に貼るライン状のシール。好みの長さにシザーでカットして使用する。縦・横・斜めなどまっすぐなラインが簡単に作れる。

箔：シート状の輝くパーツ。金箔、銀箔のほかさまざまな色がある。

ホログラム：光が当たる角度により、輝きが変わる薄いパーツ。色、サイズ、形が豊富。

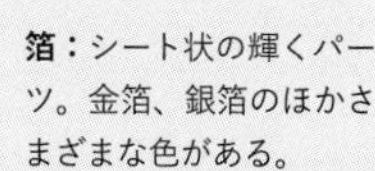

ブリオン：小さな球状のパーツ。シルバー、ゴールドが代表的。半球状のスタッズもある。

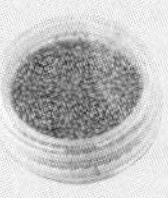

シェル：砕いた貝殻を薄い切片にしたパーツ。角度によって輝きが変わる。さまざまな色がある。

ラインストーン：キラキラ輝くようにカットされたジュエリーのようなパーツ。サイズ、色、形が豊富で、真珠に似た色・輝きのものはパールと呼ぶ。

アートパーツ

爪にのせるアートパーツは、色や材質によってバラエティ豊か。好みのテイストや表現したい柄に合わせてチョイスする。

Nail Art

TECHNIQUE

基本のアートテクニック

ポリッシュの場合はベースとして塗ったカラーポリッシュがしっかり乾いてから、ジェルの場合はベースカラーのジェルを硬化させてからアートのプロセスに入ります。柄は基本的にポリッシュの場合はポリッシュまたはアクリル絵の具、ジェルネイルの場合はジェルで描きます。

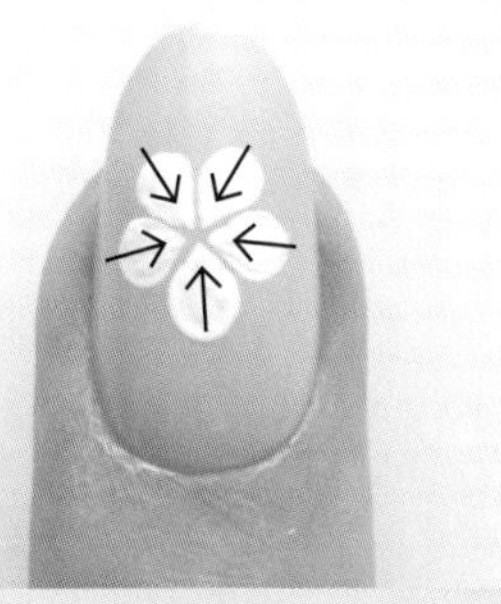

花びらを5枚描く。花びらを描くときは中心を意識するとバランスよく描ける。花びらの大きさは同じでなくてもよい。　P 表面を乾かす / G 硬化させる

2

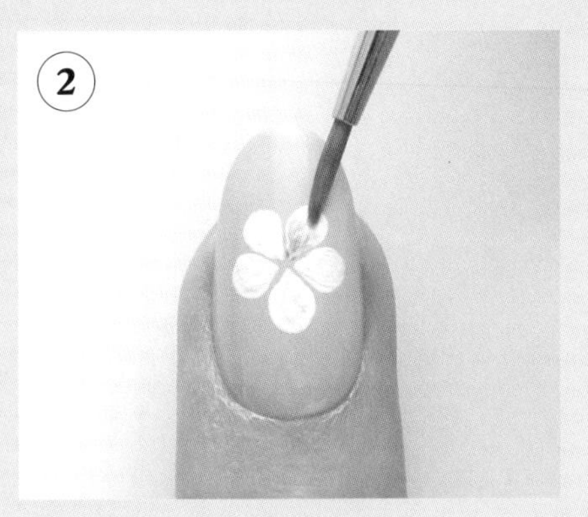

花芯にグラデーションを入れる場合、濃くしたい場所から外側に向けてブラシを動かすとよい。花びら全体が濃くなりすぎないよう、量に注意。

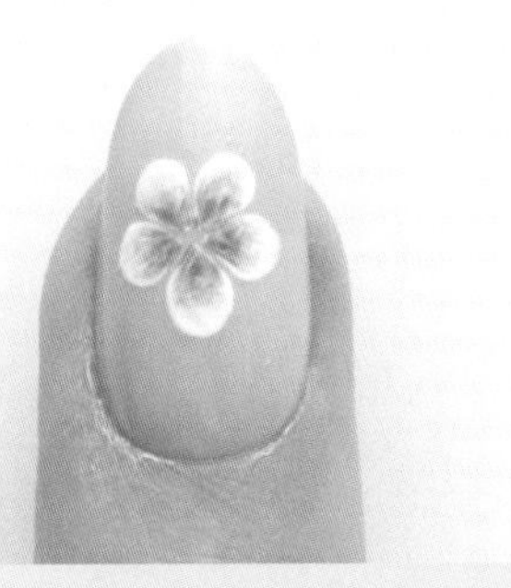

さらに濃淡をつける場合は②より濃い色を使い、②と同様の方法でブラシを動かして色をつける。
P 表面を乾かす / G 硬化させる

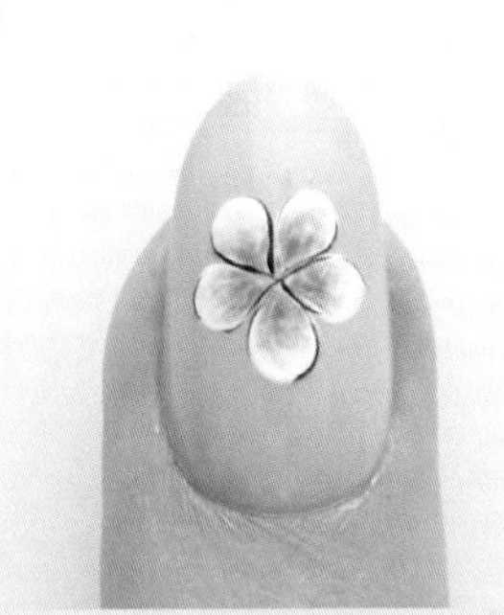

花びらのところどころにブラックで細いラインをプラス。線に強弱をつけると、大人っぽい印象に。
P 表面を乾かす / G 硬化させる

Flower

ベーシックな花

ベーシックな花のアートも花芯にピンクをのせる、花の輪郭を細いラインで縁取るなど、テクニックをプラスすると表情が変わります。全プロセス行わなくてもOK。自分好みに仕上げましょう。

P ポリッシュの説明 / G ジェルの説明

⑤ ④で入れたラインから少し浮かせるようにして、ブラックで細いラインを入れる。(⑤、⑥は線が乱れそうなときなど必要に応じて) P 表面を乾かす/ G 硬化させる

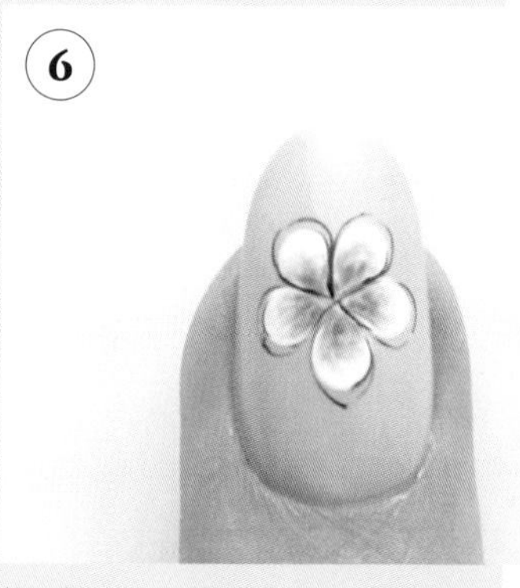

⑥ 他の花びらにも細いラインを入れる。花びらの外側にラインを入れることで、より動きを表現できる。

⑦ 完成

ブラックで花芯から放射状に細いラインを入れる。花芯、花びらの外側のラインはグレー、白または花びらと同系の濃淡の色を使ってもきれい。P 表面を乾かす/ G 硬化させる

VARIATION

花の色、囲むラインの色を変えれば、イメージが変わります。たとえば、白い花を白いラインで囲むと、可憐な印象に。 ➡P.120

Rose

バラ

複雑そうに見えるバラも、濃い色で描いた丸い形にホワイトのラインで描いた花びらを重ねることで表現することができます。花びらのラインがベースの色からはみ出しても、動きのあるバラになります。

P ポリッシュの説明 / G ジェルの説明

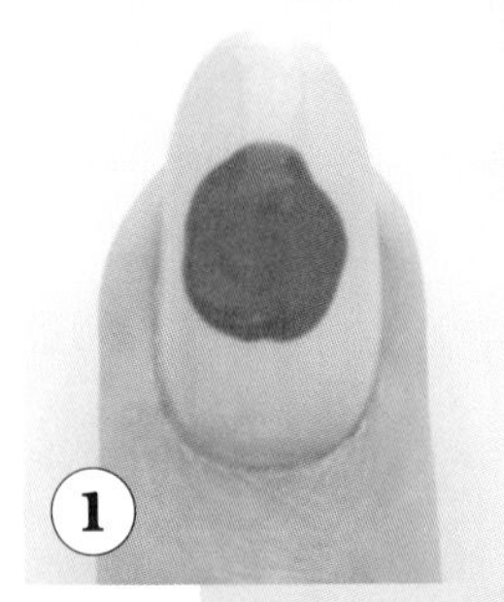

バラを描きたい場所にいびつな丸を描く。
P 表面を乾かす / G 硬化させる

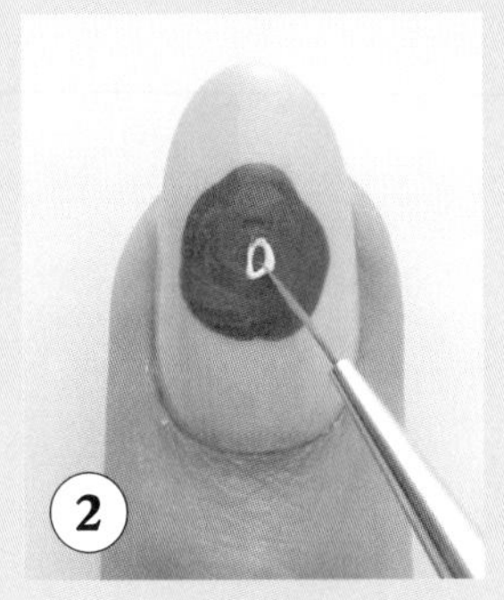

ロングライナー筆を使い、丸の中にホワイトで小さな円を描く。円の位置を中心からずらすとバラの向きが変わり、表情が出る。
(②〜④は必要に応じて) P 表面を乾かす / G 硬化させる

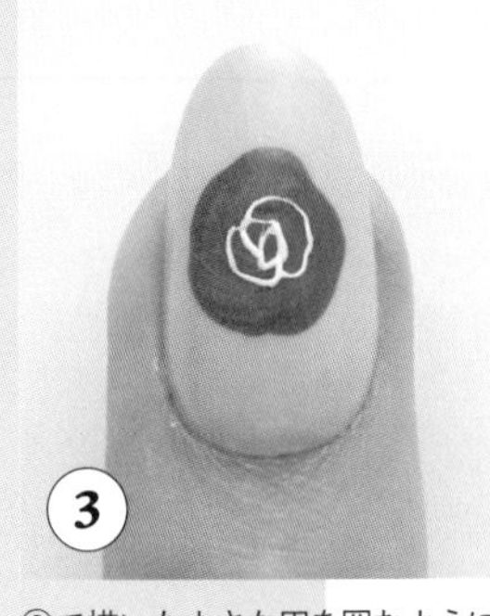

②で描いた小さな円を囲むように花びらのラインを描く。先に描いた花びらの間に次の花びらを描くとバランスが取れる。花びらが重ならないよう注意。

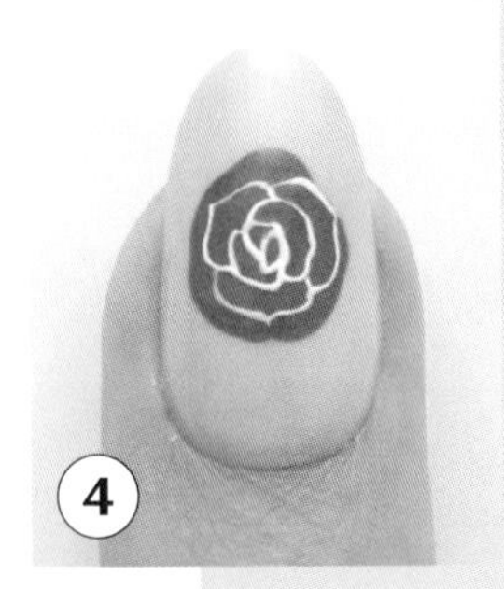

一番外の花びらは少しとがらせて描くとよりバラらしい仕上がりになる。

①で描いた丸の外に花びらのラインが飛び出すようにすると、動きが感じられる仕上がりになる。
P 表面を乾かす / G 硬化させる

VARIATION

ラフに線を描いて花にするテクニックはバラ以外でも使えます。花脈や花芯も加えればよりゴージャスに。
➡ P.74

POLISH GEL

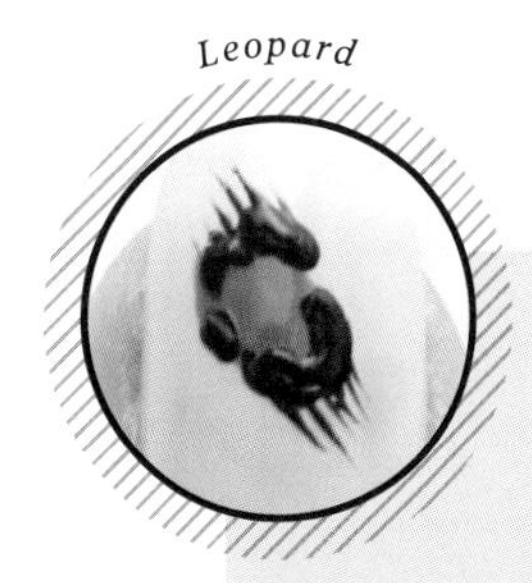

レオパード

かわいい印象にもハードな印象にもなる人気のレオパード柄は、意外と簡単に描けます。ここではシンプルな印象とハードな印象、2種類の描き方を紹介します。

P ポリッシュの説明 / G ジェルの説明

●シンプルなレオパード

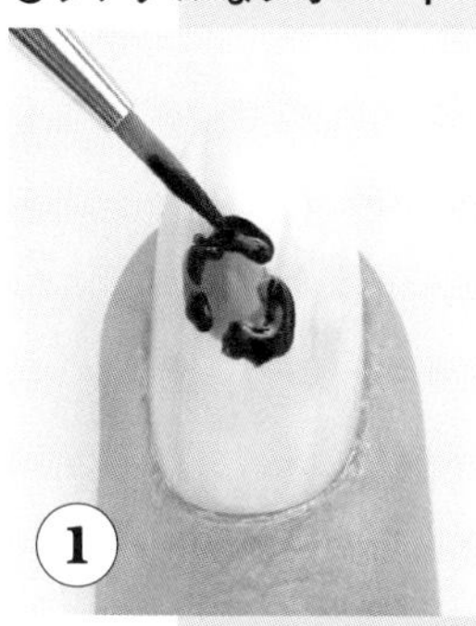

1 ブラウンでだ円形を描き、ブラックでドットをつなげるようにして囲む。

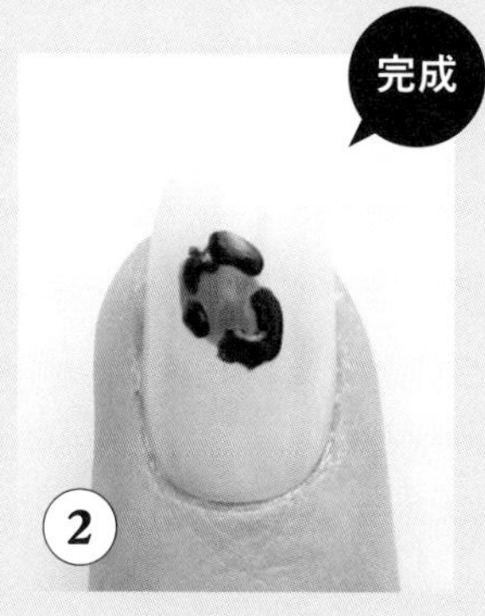

2 コロンとした形がかわいい印象のレオパードが完成。さらにバランスを見ながら柄を足していく。
P 表面を乾かす / G 硬化させる

VARIATION

レオパード柄はベースの色や柄の色を変えるだけで印象が大きく変わります。配色を変えて表情の変化を楽しみましょう。 ➡P.104, 118

●ハードなレオパード

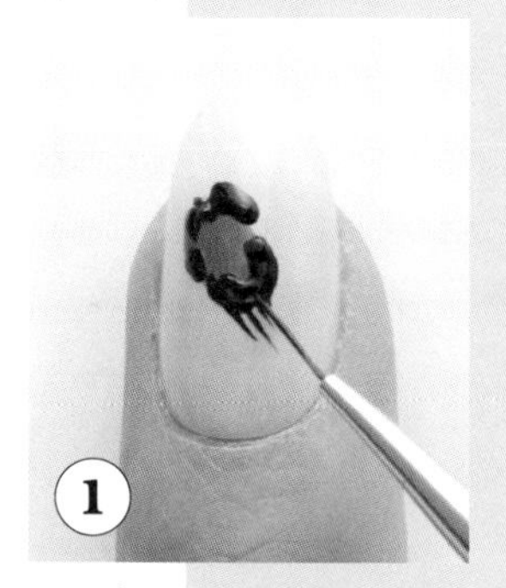

1 シンプルなレオパードと同様にだ円形のブラウンの周りにブラックのドットを置いたら、外側に細く引いて毛並みを描く。

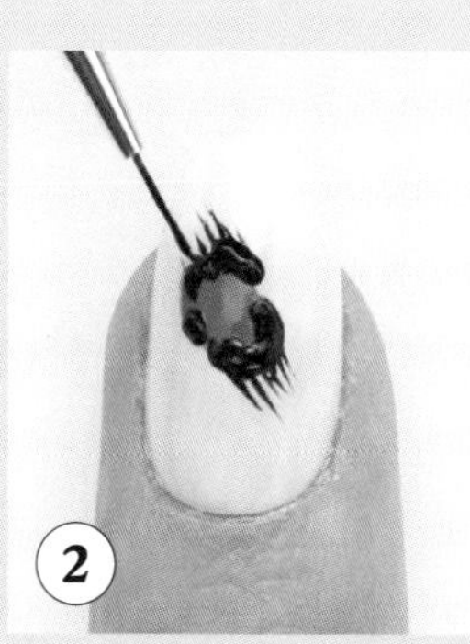

2 バランスを見ながら毛並みを足していく。

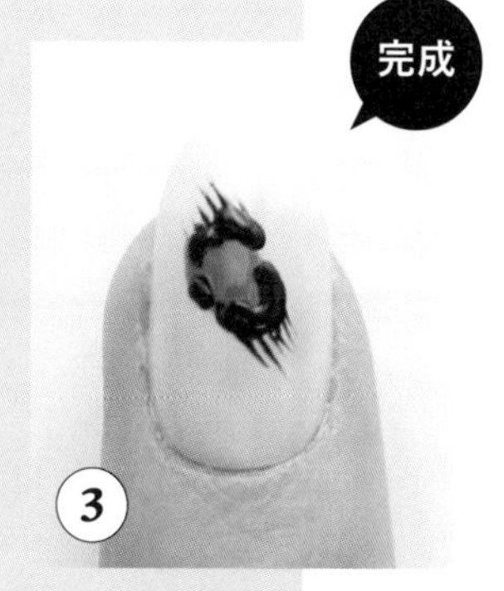

3 より大人っぽく、ハードな印象のレオパード柄が完成。
P 表面を乾かす / G 硬化させる

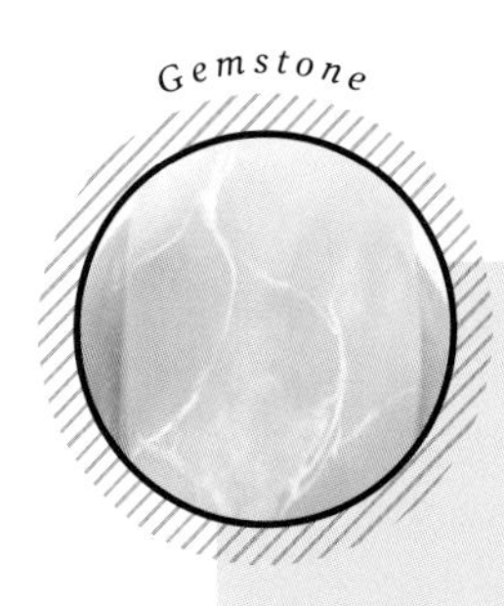

天然石

透明感がある色味をベースに塗り、クラックと呼ばれるひびを（ポリッシュの場合はポリッシュまたはアクリル絵の具、ジェルネイルの場合はジェルで）描くことで、天然石のようなアートが完成します。ここではピンク使ったローズクオーツ風アートを紹介します。

P ポリッシュの説明 / G ジェルの説明

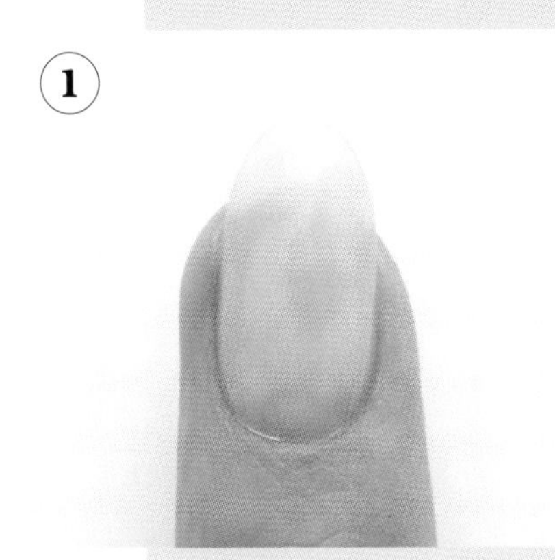

爪全体にベースの色を塗り、乾かす。このとき、多少ムラになってもよい。
P 表面を乾かす / G 硬化させる

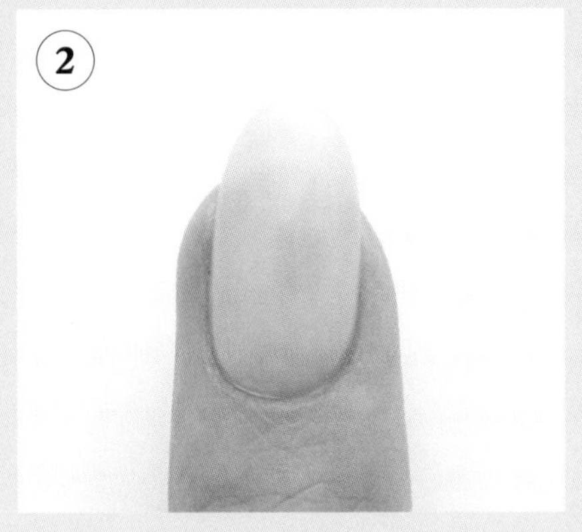

ムラを重ねるように、ランダムにベースより一段濃い色を塗る。
P 表面を乾かす / G 硬化させる

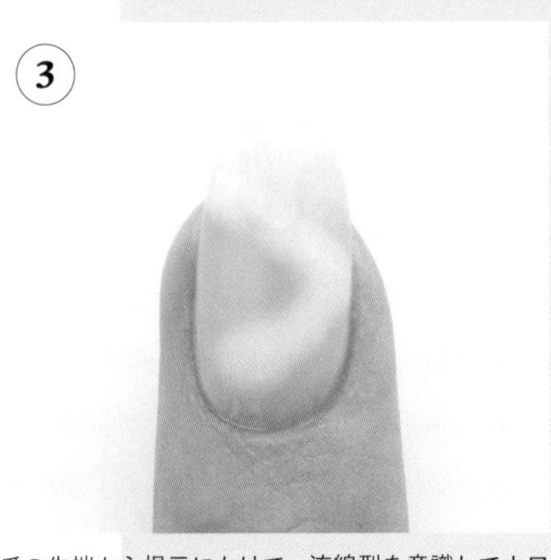

爪の先端から根元にかけて、流線型を意識してホワイトを塗る。
P 表面を乾かす / G 硬化させる

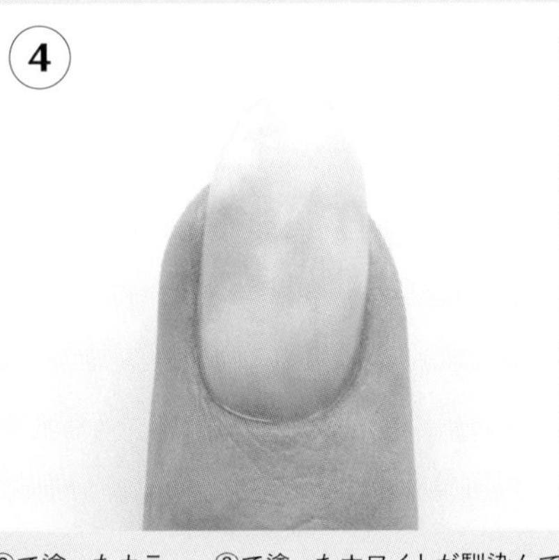

②で塗ったカラー、③で塗ったホワイトが馴染んで溶け込むように、爪全体にシアーホワイトを塗る。
P 表面を乾かす / G 硬化させる

自然が作り出した色の再現に挑戦しましょう

天然石をよく観察すると、微妙な色が重なり合って深みのある色合いを作り出していることがわかります。まずは作りたい天然石の色をよく見て、色の組み合わせを再現しましょう。

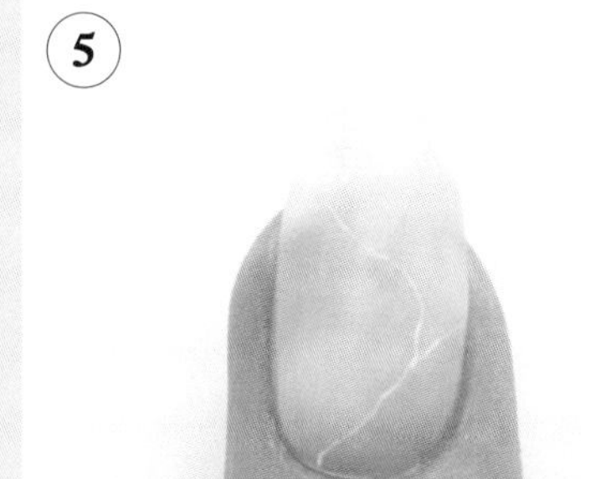

⑤ ショートライナー筆にホワイトを取り、③で塗ったホワイトの上に太さの強弱をいれながらあえてガタガタ曲がった細いラインを入れる。

VARIATION

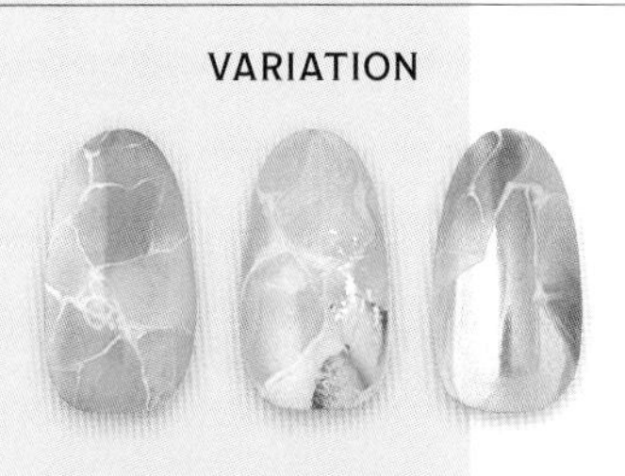

同系色だけでなく、反対色やメタリックな輝きを加えると、よりリアルな天然石が再現できます。➡P.80, 98, 108

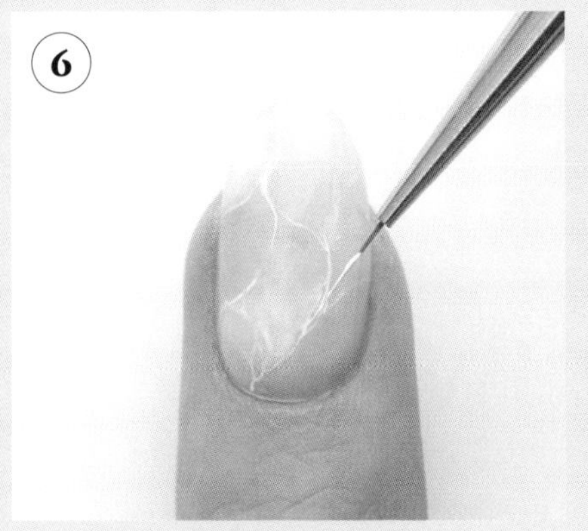

⑥ さらにショートライナー筆で細いラインを加える。ラインをぼかしてもOK。

完成

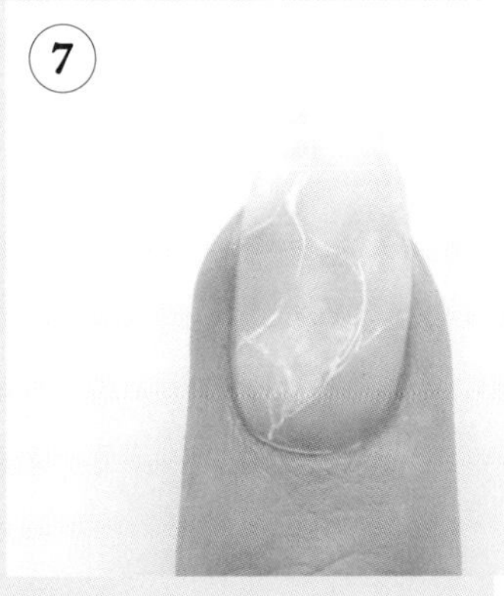

⑦ 細いラインをランダムに描くことで、パワーストーンのクラック（ひび）のような模様が完成！
P 表面を乾かす／G 硬化させる

グラデーション

２つの色が溶け合うグラデーションは、ジェルならではのアート。残念ながらポリッシュには向きません。細い筆で２つの色をなじませながら重ねていくテクニックは、ジェルネイルならでは。色の境い目をぼかしながら塗っていきます。

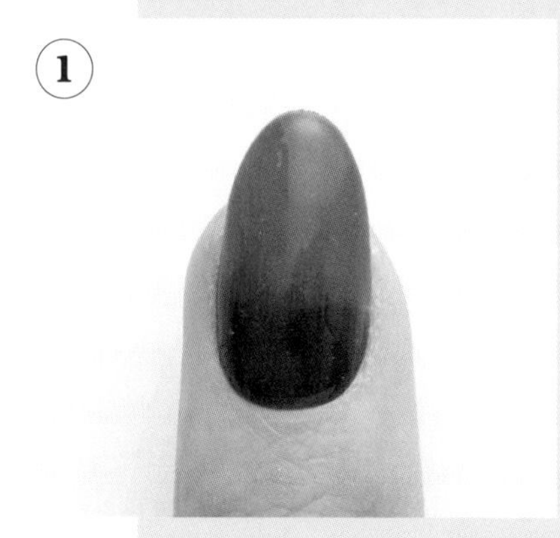

爪の上３分の２に赤、残りの３分の１に濃い赤で色を塗りわける。

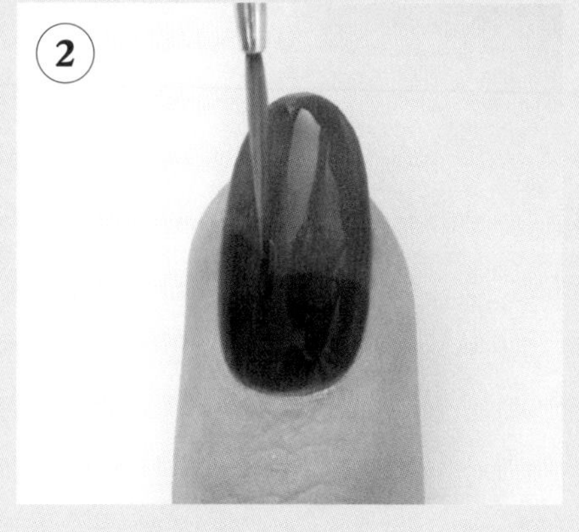

①で塗った濃い赤をアート用の細い筆で引き上げるようにして上部の赤と色をなじませる。

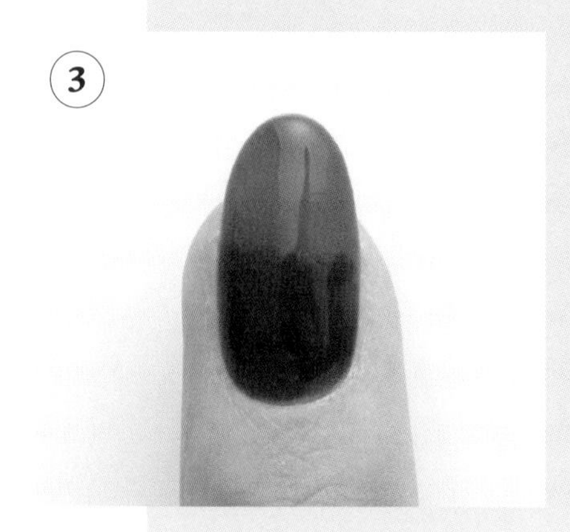

爪の半分くらいまで濃い赤がくるようにする。

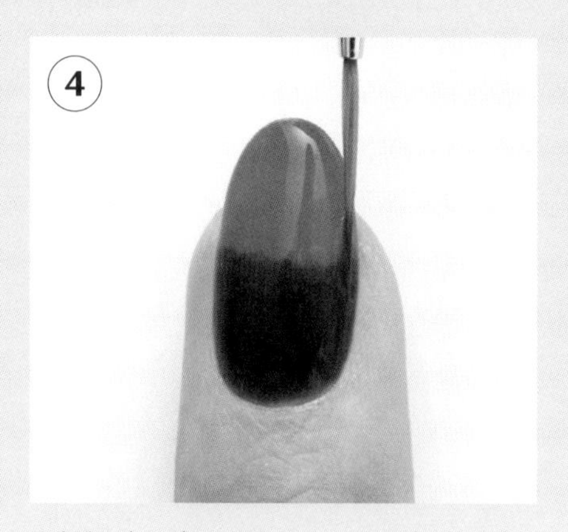

再度濃い赤をブラシにとり、ベースの赤と色をなじませながら、境い目から爪先に向かって引き上げる。

VARIATION

ホワイトをベースにすれば、色が溶け込むような上品なグラデーションになります。また、色数の多いカラフルな配色も、グラデーションのテクニックを使えばソフトな印象を加えることができます。 ➡P.112, 134

少しずつ濃い赤色を引き上げ、ベースの赤色に溶け込ませていく。硬化させる。

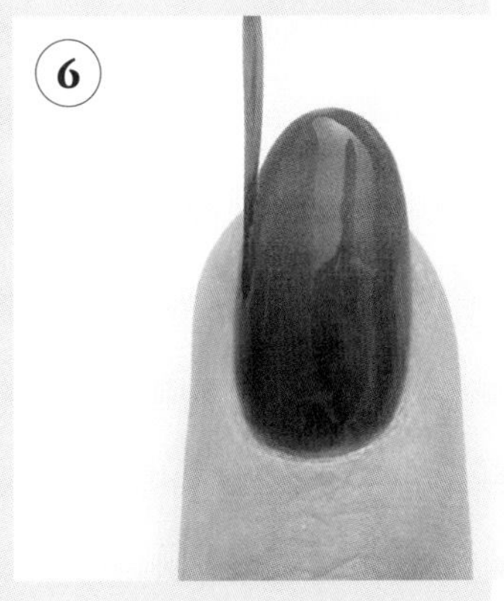

①〜⑤のプロセスを数回繰り返し、濃い赤色が溶け込んだようなグラデーションをつくる。

色の境い目がなくなるように、ていねいに色を引き上げてぼかし、硬化させる。

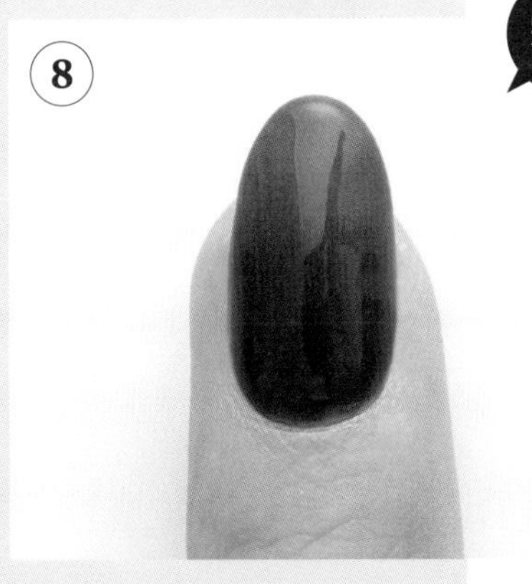

爪の根元の濃い赤色が爪先に向かって上がっていくような、自然なグラデーションが完成。

簡単アートテクニック

ここまで紹介したテクニックより、もっと簡単なワンプロセスで完成するアートを紹介します。ポリッシュ、ジェルともに単色塗りを仕上げてから始めます。

スポンジ

単色塗りのネイルにスポンジに含ませた色を叩いてのせるだけのアートです。色のつけすぎに注意しましょう。

1 表面がつるつるした紙などの上にジェル（ポリッシュの場合はアクリル絵の具）を少量出す。

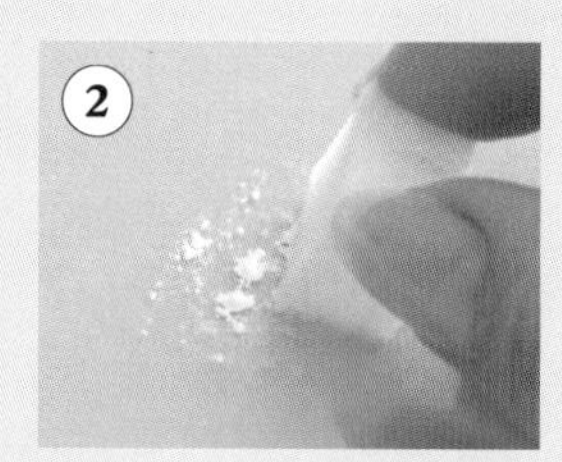

2 小さくカットしたスポンジに少量つける。このとき、きれいな場所で少し叩いて量を調節する。

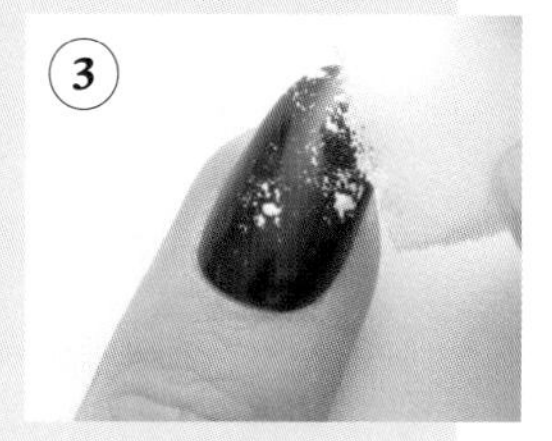

3 爪の表面をスポンジでポンポンと叩くようにして色をのせる。

●アイシャドウチップ

より細かくつけたいとき、またはピンポイントでつけたいときはスポンジより面積の小さなアイシャドウチップを使うとよい。

アートホイル

カットしたホイルをつけるだけで転写できるアートホイルは、ホログラムより手軽に扱えて便利です。

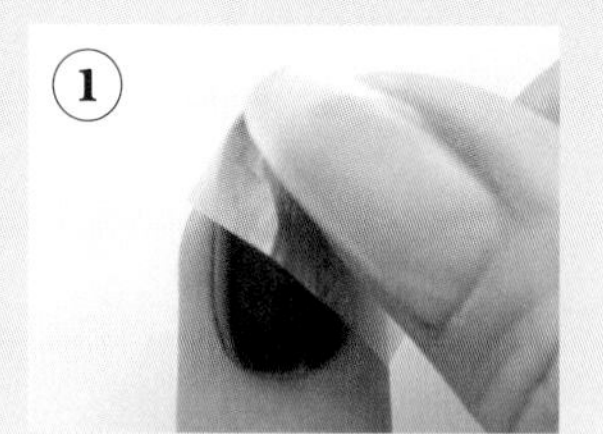

1 オーロラをのせる場所に、ポリッシュはトップコートを塗って乾かし、ジェルはトップジェルを塗って硬化させ、オーロラフィルムを押しつけて転写させる。

2 フィルムをはずし、模様が転写できたら完成。

Part.5

カラー別
ネイルアート集

Nail Art Designs

イメージもテクニックもさまざまなネイルアートを、ピンク、ベージュ、パステル、シック、ビビッド、レッドの6つに分けたベースのカラー別に紹介します。

- 本章では写真上に「*this* ▶」マークがついたものの作り方を紹介しています。
- 16 ～ 29ページを参照し、爪の表面を整えてからカラーリングを始めることをおすすめします。
- ポリッシュカラーリングを行いたい場合は「P」を、ジェルネイルを行いたい場合は「G」をお読みください。
- ポリッシュの場合は最初にベースコートを塗り、最後にトップコートを塗り、しっかりと乾かして仕上げます。
- ジェルの場合は最初にサンディング（→P.50）してからベースジェルを塗って硬化させ、最後にトップジェルを塗って硬化させて仕上げます。

PINK × 繊細なラインの白い花

繊細な白いラインで描いた花がアクセント。
ソフトフォーカスをかけたような仕上がりが上品なアートです。

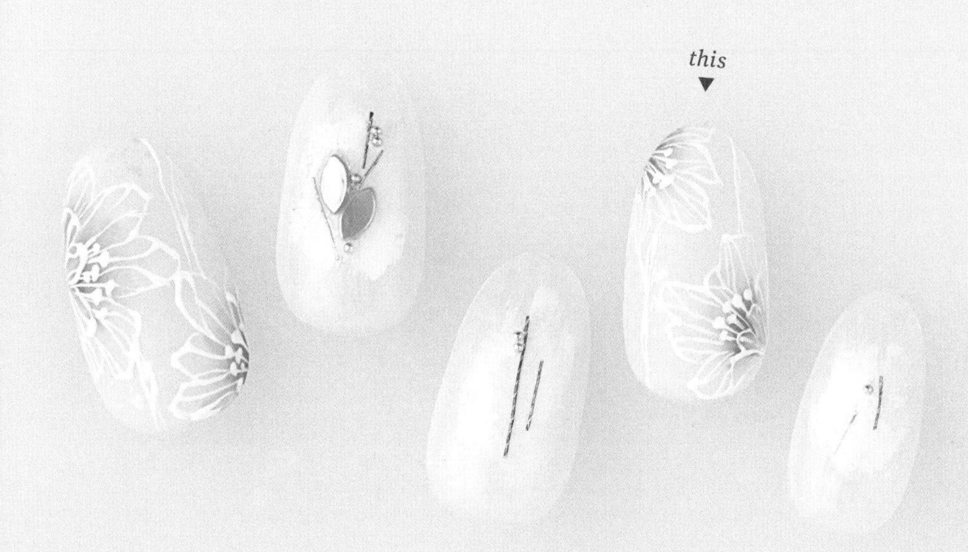

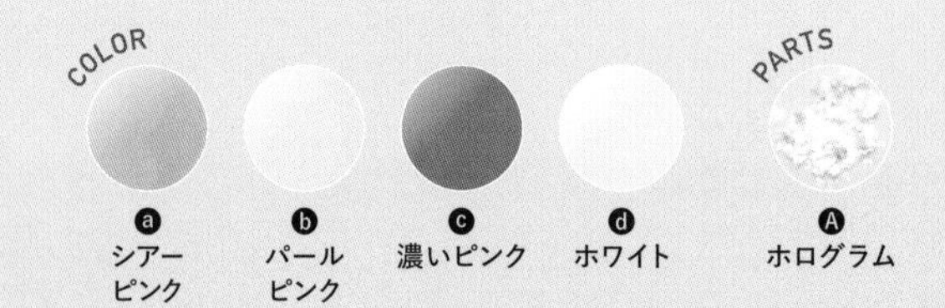

クリアなピンクをベースにトーンの異なるピンクで描いた花は、白で細部を描き込んだアートが決め手。仕上げのトップジェルは塗らず、白いラインの凹凸を残すのがポイントです。

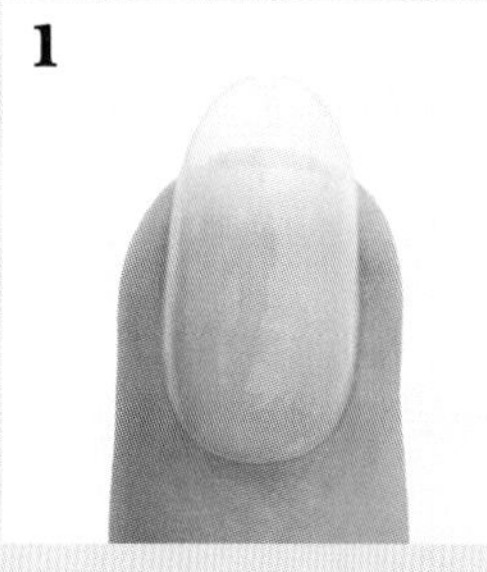

爪全体にⓐシアーピンクを塗り、硬化させる。

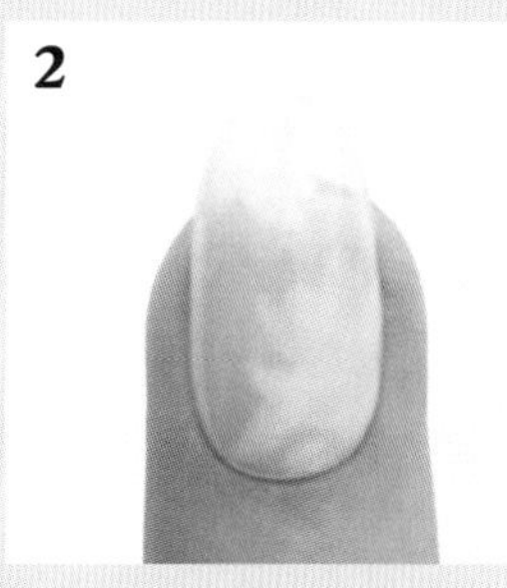

ⓑパールピンクで花のシルエットを爪の下の方と爪の先に描く。このとき、正確な形にこだわらず、ラフに描いてもよい。描いたら硬化させる。

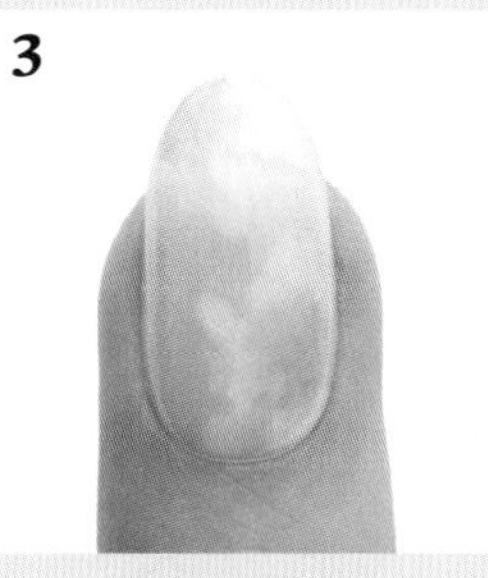

花の中心にⓒ濃いピンクをのせ、中心が濃くなるようにぼかしてグラデーションにして硬化させる。

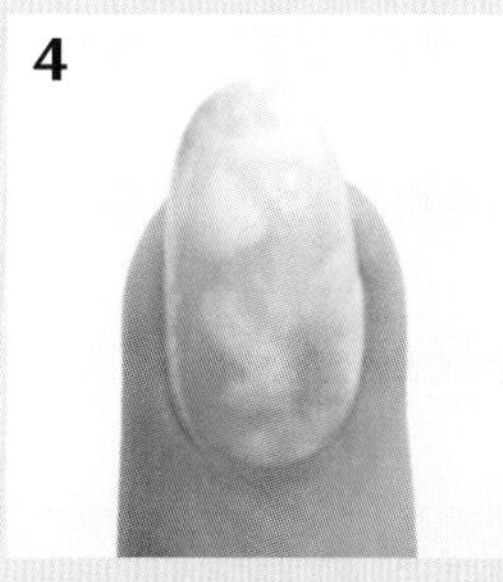

花以外の部分にトップジェルをつけてからⒶホログラムをのせ、硬化させる。

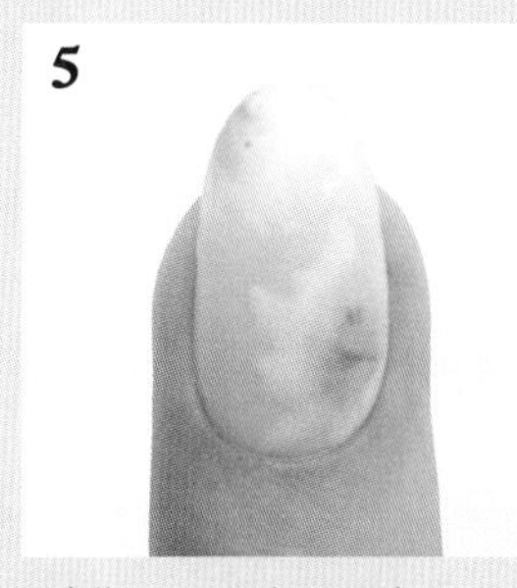

爪全体にマットジェルを塗り、硬化させる。

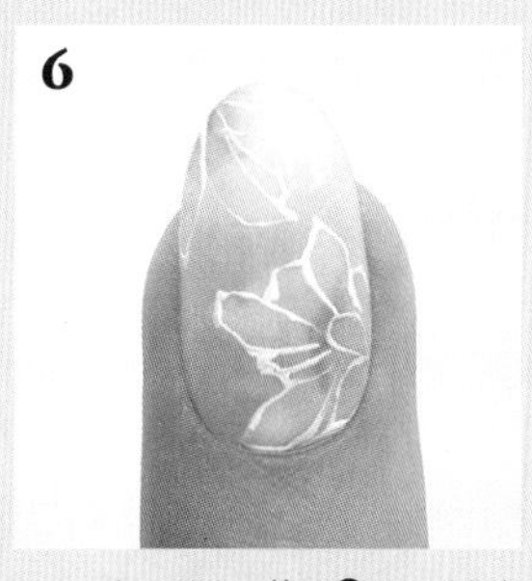

ショートライナー筆でⓓホワイトを取り、先端を使って花の輪郭を描いて硬化させる。

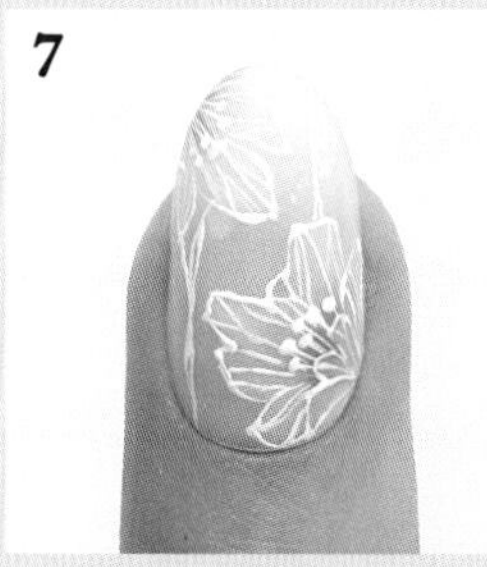

さらに花芯、茎を描いて硬化させ、ホワイトのラインの未硬化ジェルをふき取る。

筆先が細いショートライナー筆の先端を使って繊細に描く。

OTHER *nails*

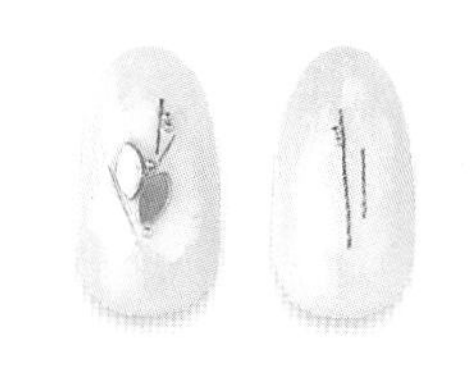

ベースにした色ですべての爪を塗ります。リーフ型のホログラムやグリッターヤーンといったアートパーツもピンクで揃え、さらに統一感をアップさせています。

PINK × 押し花風

透明感あるカラーで重ね塗りした花が、まるで押し花のよう。
ぷっくりと膨らませた花芯が可憐なアートです。

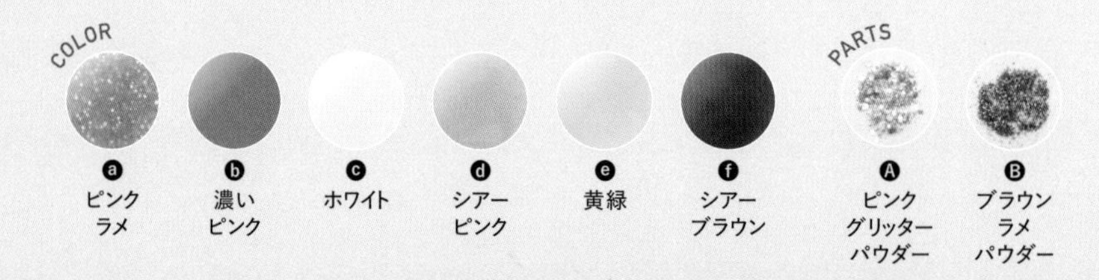

花は１段ごとに透明感のあるカラージェルを塗ることで花びらが層になり、立体感が出ます。さらに花芯にブラウンのラメをのせてぷっくりさせれば立体感がさらにアップします。

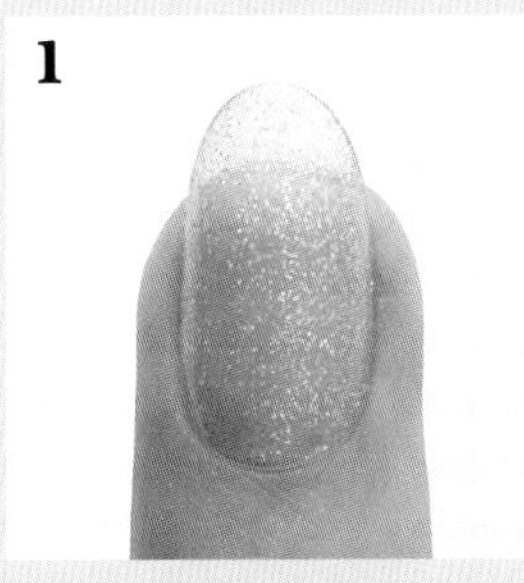

爪全体にⓐピンクラメを塗り、硬化させる。

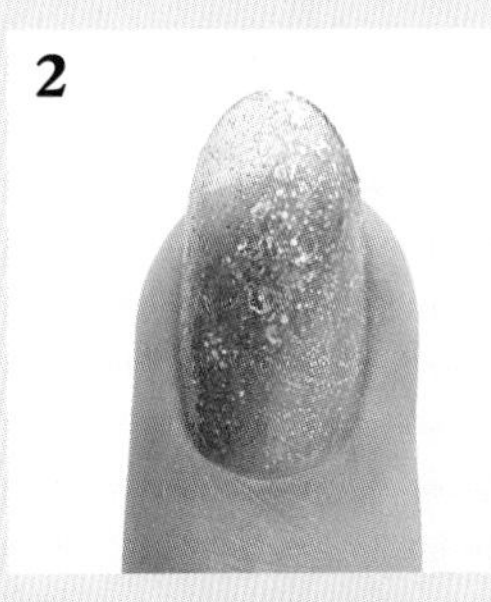

ⓑ濃いピンクを爪の右上から左下にかけて斜めに塗り、Ⓐピンクグリッターパウダーをのせて硬化させる。

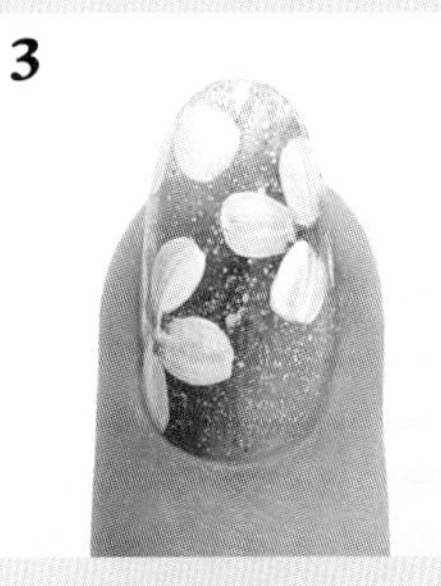

ミニオーバル筆にⓒホワイトを取り、花びらを描く。このとき、ブラシは外から中央に向かって動かすと刷毛目が生きる。描き終わったら硬化させる。

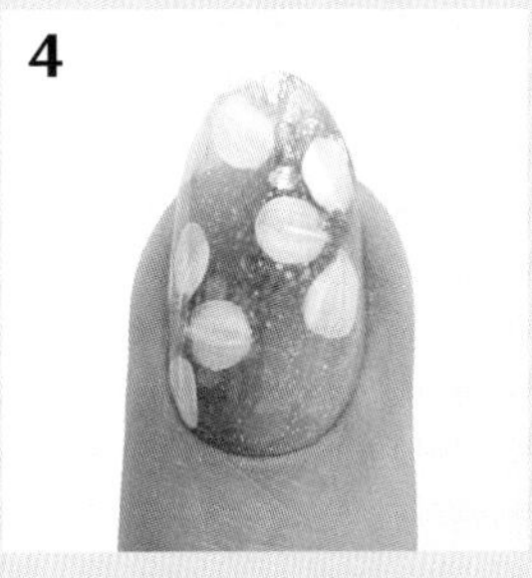

爪全体にⓓシアーピンクを塗り、硬化させる。

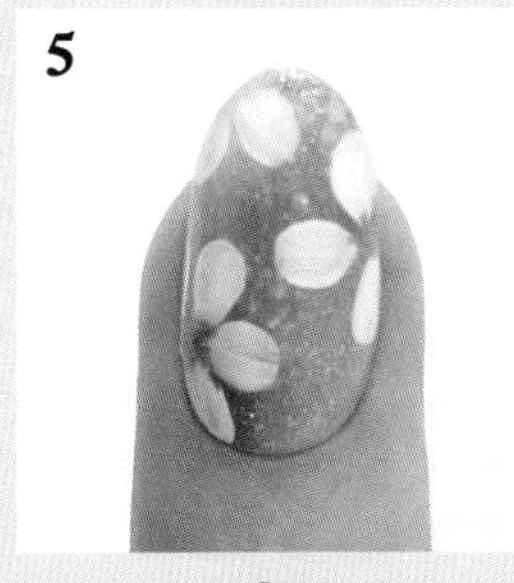

花びらの中心にⓔ黄緑を塗り、硬化させる。

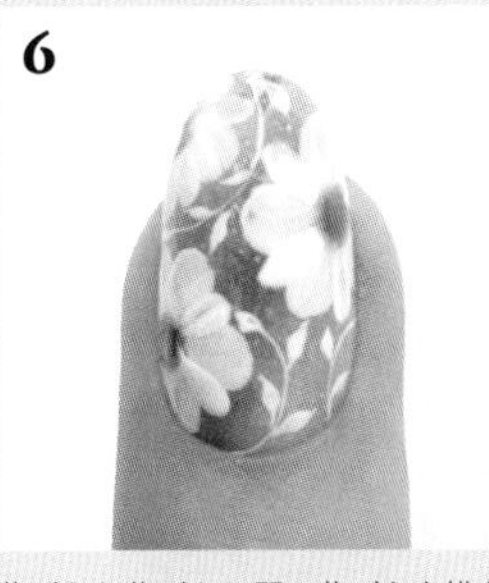

花びらと花びらの間に花びらを描き、ショートライナー筆で葉、茎、さらにⓕシアーブラウンで花芯を描き、硬化させ、全体にトップジェルを塗って硬化させる。

ショートライナー筆にトップジェルを１滴取って花芯に合わせてのせ、ぷっくりとふくらませる。

7で花芯にのせたトップジェルの上にⒷブラウンラメパウダーをのせて硬化させ、未硬化ジェルをふき取る。

OTHER *nails*

ピンクの単色塗りには、メインのアートに使ったピンクグリッターをプラスしてさらに統一感を出します。シルバーの単色塗りをアクセントに。

PINK × グレイッシュなドットレイヤード

ピンクを重ね、マットコートで仕上げたシックなアート。
グレーとアクセントのシルバーが全体をキリリと引き締めます。

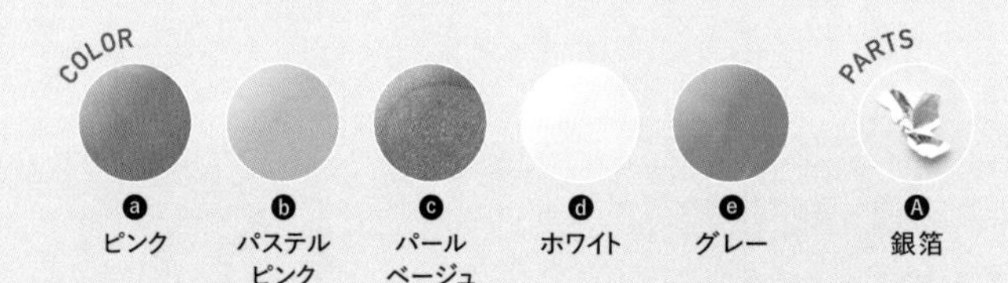

POLISH GEL

マーブルのようなデザインは、爪の表面をブラシで叩くようにしてドットを重ねていくことで仕上がります。ポリッシュの場合、ラインはアクリル絵の具を使ってもよいでしょう。

P ポリッシュの説明 / G ジェルの説明

1

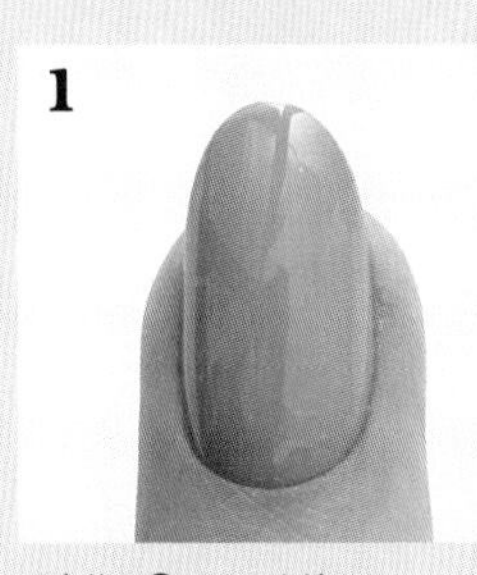

爪全体にⓐピンクを塗る。
P 表面を乾かす
G 硬化させる

2

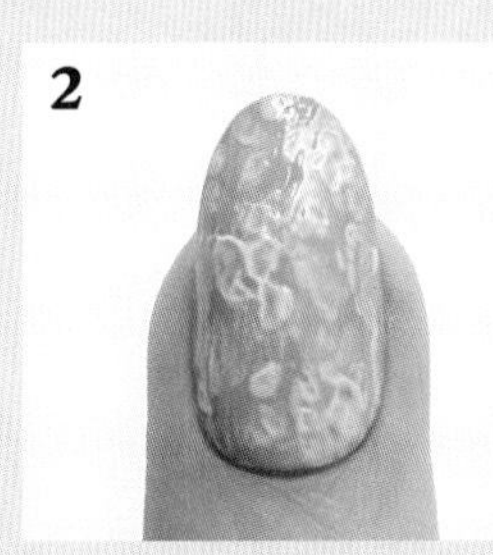

ランダムにムラができるように、ミニオーバル筆を使い、軽いタッチでⓑパステルピンクをおくようにして爪表面にのせる。
P 表面を乾かす / G 硬化させる

3

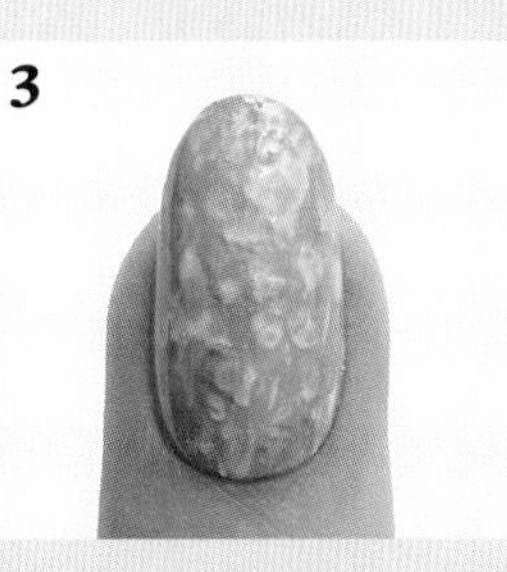

ⓒパールベージュも**2**と同様の方法で軽くおくようにして重ねる。
P 表面を乾かす
G 硬化させる

4

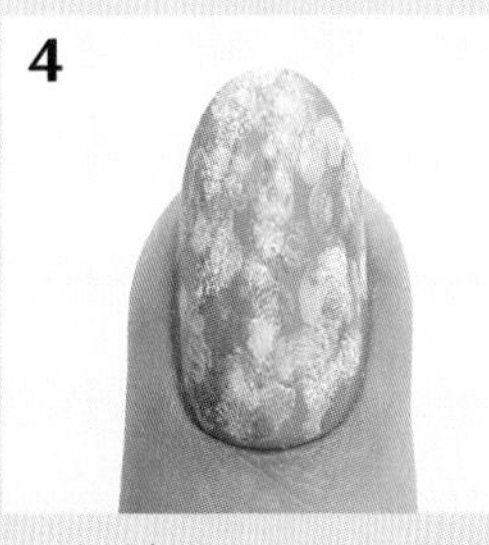

スポンジ(またはアイシャドウチップ)にⓓホワイトを少量とり、ランダムになるように叩いて重ねる。
P 表面を乾かす
G 硬化させる

5

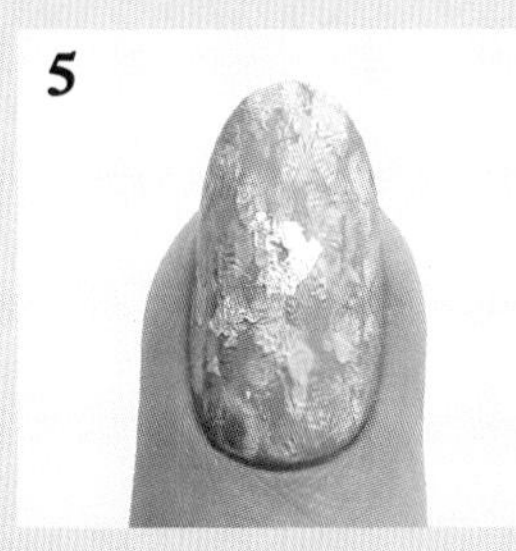

P 表面が乾いたら少量のトップコートをつけた上にⒶ銀箔をのせ、表面を乾かす
G トップジェルを塗り、Ⓐ銀箔をのせ、硬化させる

6

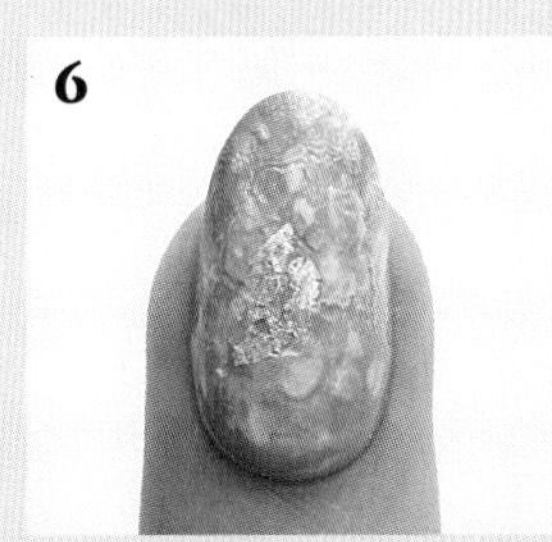

爪の生え際にショートライナー筆でⓔグレーでラインを描いて縁取りする。
P 表面を乾かす
G 硬化させる

7

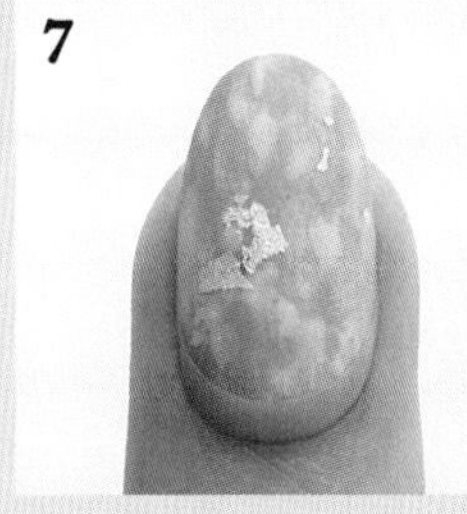

P マットコートを塗って仕上げる
G マットジェルを塗り、硬化させる

OTHER *nails*

メインのはっきりしたピンクに対して、サブの爪には薄いピンク。根元のグレーのラインに対して、サブにはピンクのチェーン。銀箔に対して、サブには先端にシルバーラメを。色を揃えることで統一感を出しています。

PINK × パワーストーン風モザイク

トーンの異なるピンクに入った細い線が天然石のよう。
光沢のある質感でジュエリーのような仕上がりです。

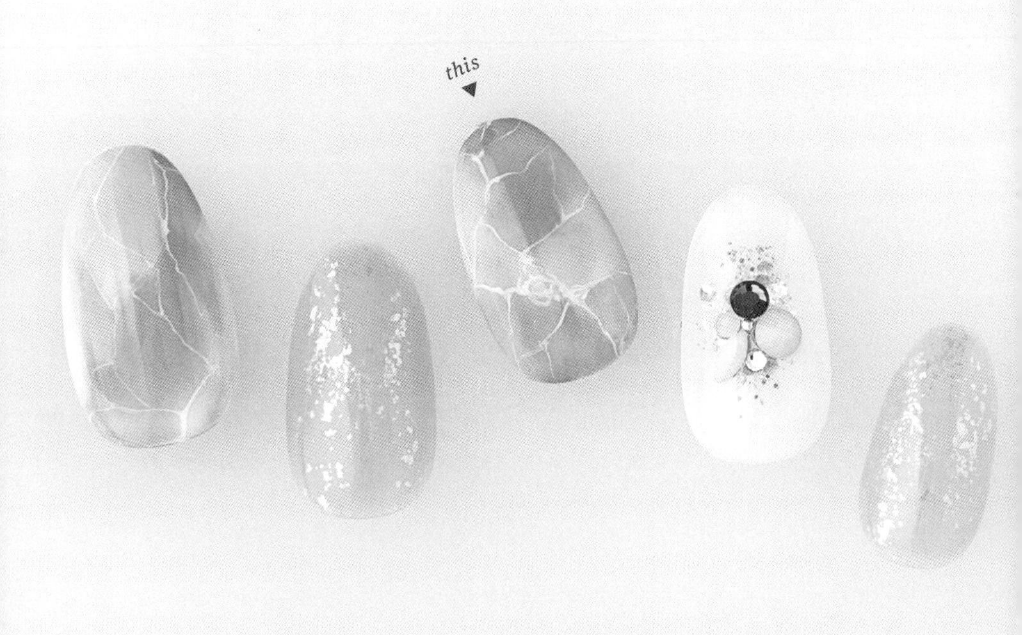

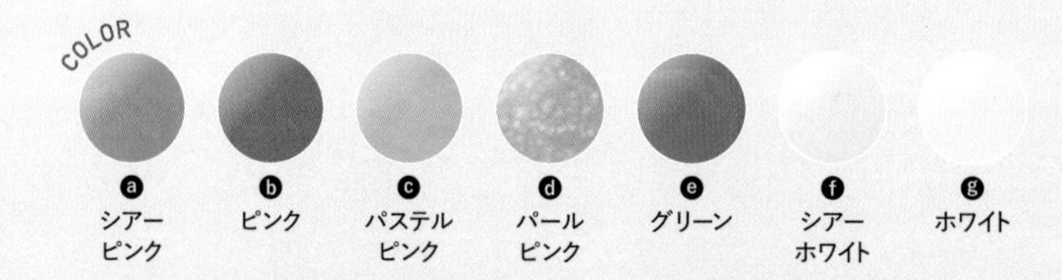

POLISH　GEL

ランダムに入れたピンクを引き立たせるため、青みがかったグリーンをプラス。シアーホワイトを全体に塗ることで全体が霞んだような仕上がりになります。

P ポリッシュの説明 / G ジェルの説明

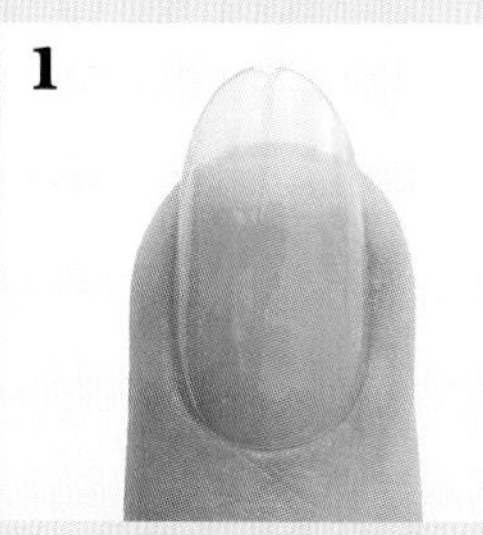

爪全体にⓐシアーピンクを塗る。
P 表面を乾かす
G 硬化させる

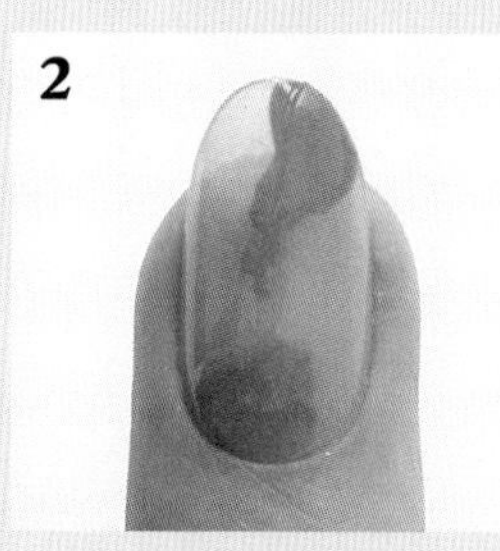

ランダムにⓑピンクを塗る。このとき、きれいな形に塗らなくてもOK。
P 表面を乾かす

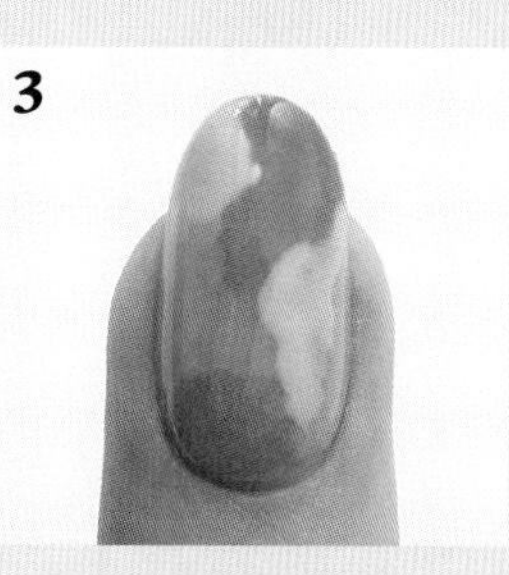

2で塗ったピンク以外の部分にⓒパステルピンクを塗る。きれいな形にならなくても、多少色が重なってもOK。
P 表面を乾かす

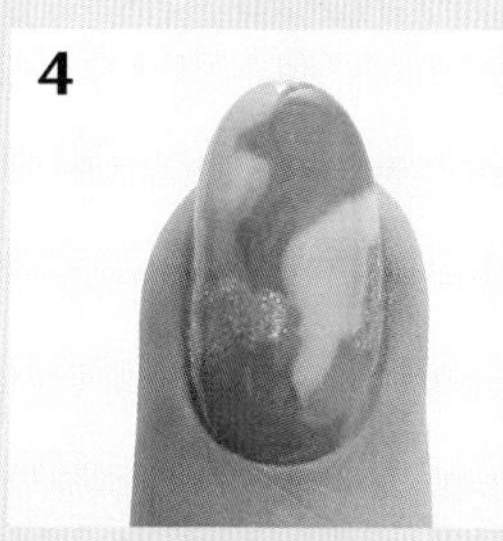

2、**3**以外の部分にⓓパールピンクを塗る。きれいな形にならなくても、多少他の色と重なってもOK。
P 表面を乾かす

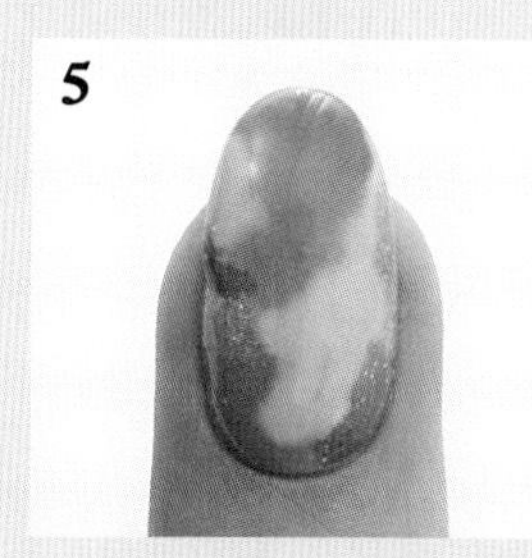

2～**4**で塗った3色のピンク以外の部分にⓔグリーンを少量塗る。
P 表面を乾かす

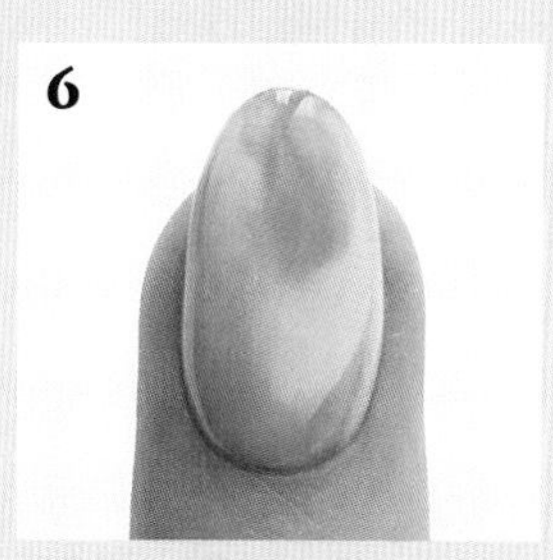

5色がなじむように、全体にⓕシアーホワイトを塗る。
P 表面を乾かす
G 硬化させる

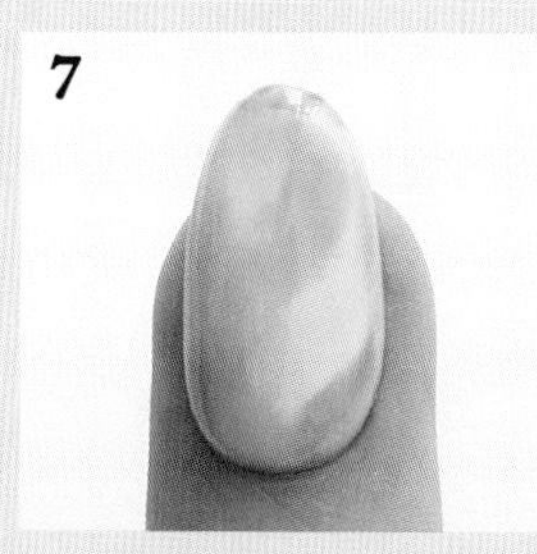

もう一度全体にシアーホワイトを塗り、色がスモーキーにぼやけるようにする。
P 表面を乾かす
G 硬化させる

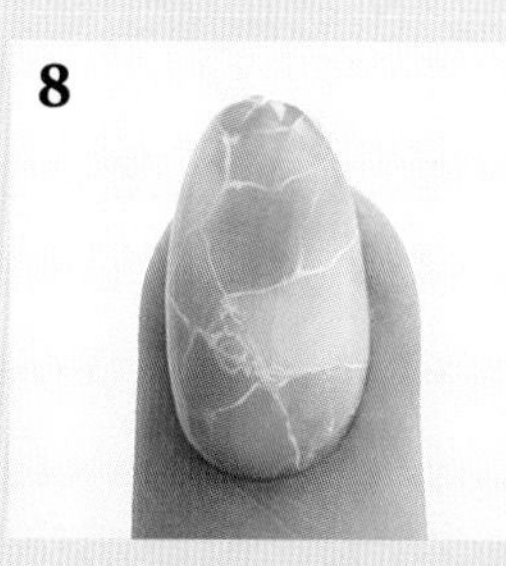

ショートライナー筆にⓖホワイトを取り、色をブロッキングするように太さの強弱をつけながら細い線を描く。
P 表面を乾かす
G 硬化させる

OTHER *nails*

サブの爪はピンクと白でシンプルに。パーツはピンクで統一し、アクセントにグリーンのストーンをおいて全体をコーディネートさせます。

PINK × クールなグラフィック

グレイッシュなピンクにブラックのスタンプをプラス。
クールなイメージに銀箔の輝きが似合います。

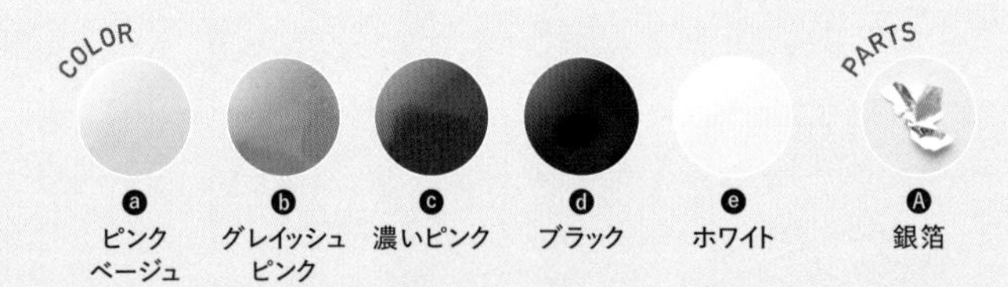

ⓐ ピンクベージュ
ⓑ グレイッシュピンク
ⓒ 濃いピンク
ⓓ ブラック
ⓔ ホワイト
Ⓐ 銀箔

POLISH　GEL

色を組み合わせるときは配分がポイント。ピンクをメインにしたこのアートでは、インパクトの強いブラックはスポンジで叩いて控えめに。ポリッシュの場合ホワイトのラインはアクリル絵の具を使いましょう。

P ポリッシュの説明 / G ジェルの説明

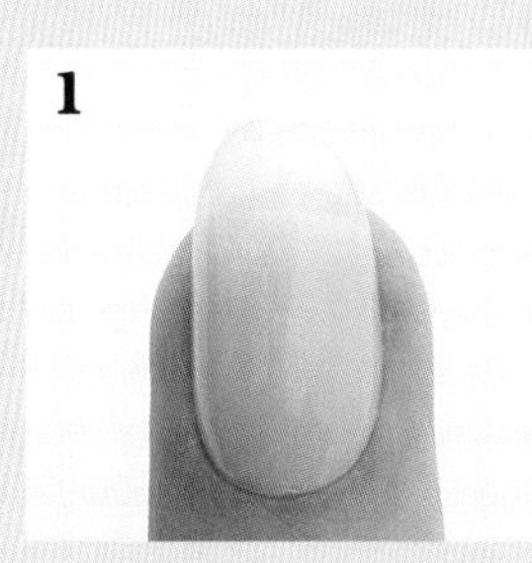

1

爪全体にⓐピンクベージュを塗る。
P よく乾かす
G 硬化させる

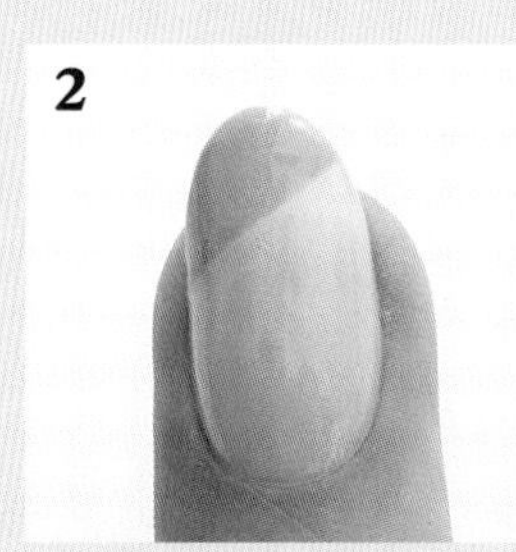

2

爪の先端に斜めにⓑグレイッシュピンクを塗る。
P よく乾かす
G 硬化させる

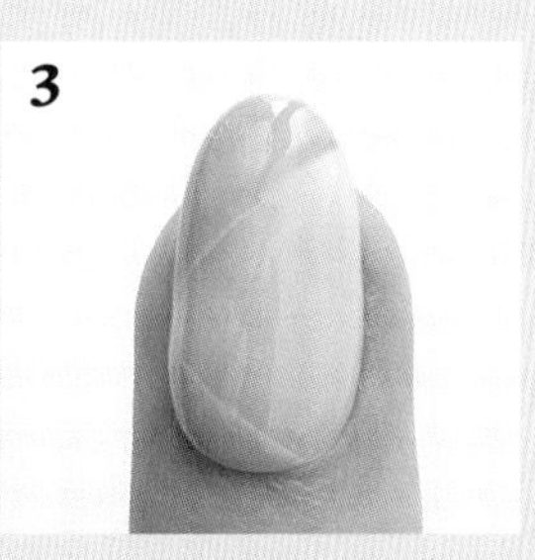

3

爪の根元側にもグレイッシュピンクを斜めに塗る。
P よく乾かす
G 硬化させる

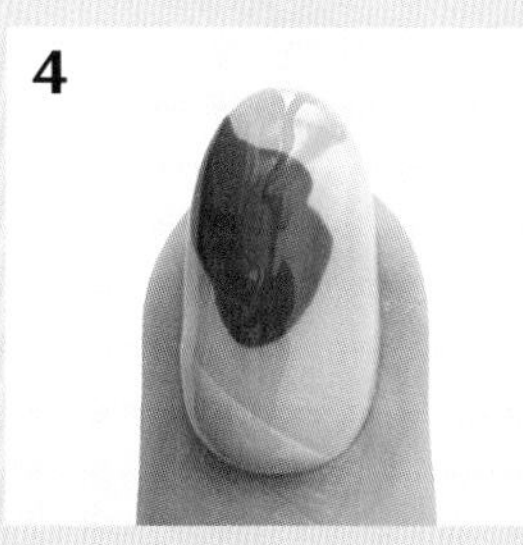

4

先端に入れたグレイッシュピンクに重なるようにⓒ濃いピンクでラフな模様を描く。このとき、あえてくずした形にするとバランスがよい。
P よく乾かす
G 硬化させる

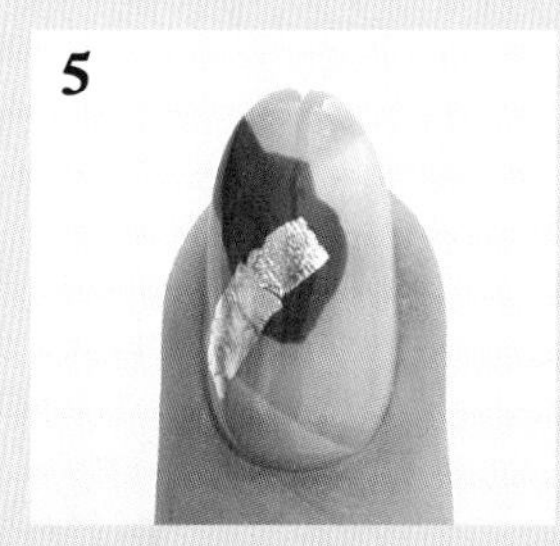

5

P トップコートを塗り、その上にⒶ銀箔をのせてしっかりと乾かす。
G トップジェルを塗り、Ⓐ銀箔をのせ、硬化させる。

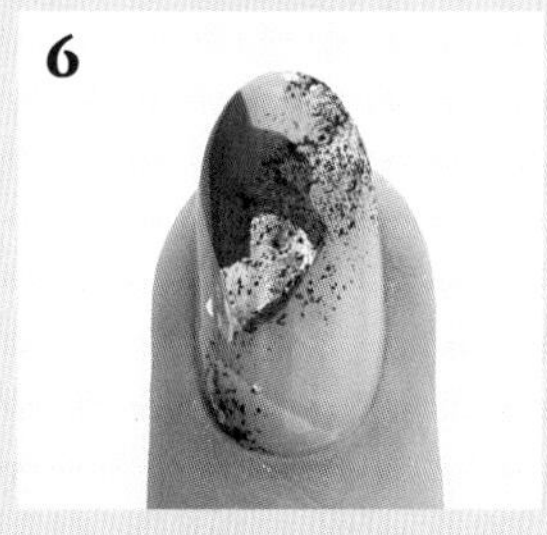

6

パレットの上でスポンジにⓓブラックをよくなじませてから爪表面にランダムに叩いてのせる。
P よく乾かす
G 硬化させる

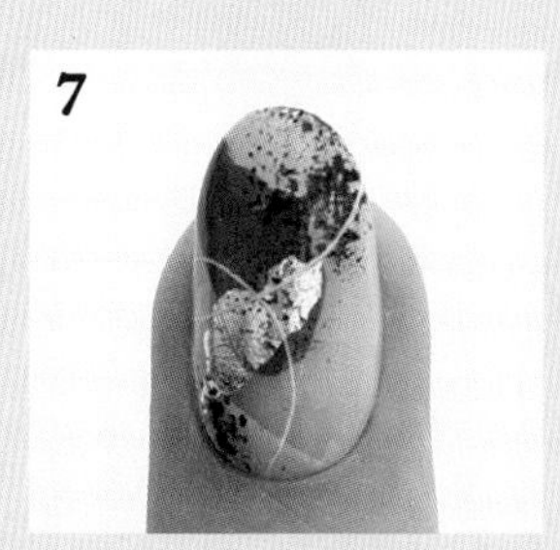

7

ショートライナー筆にⓔホワイトを取り、細い線で大きな曲線を2か所くらいに描く。

OTHER *nails*

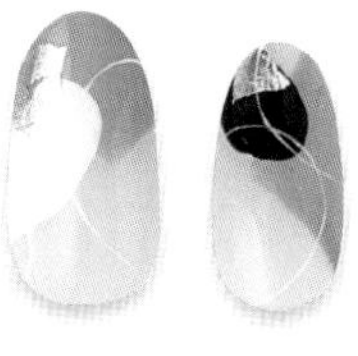

すべての爪で同じテクニックを使っていますが、色や分量で変化をつけています。黒の分量とすべての爪に銀箔を使っているのがポイントです。

PINK × スモーキーなボタニカル柄

ベビーピンクに、手描きタッチのボタニカル柄をのせて。
フューシャピンクを利かせて引き締まった印象です。

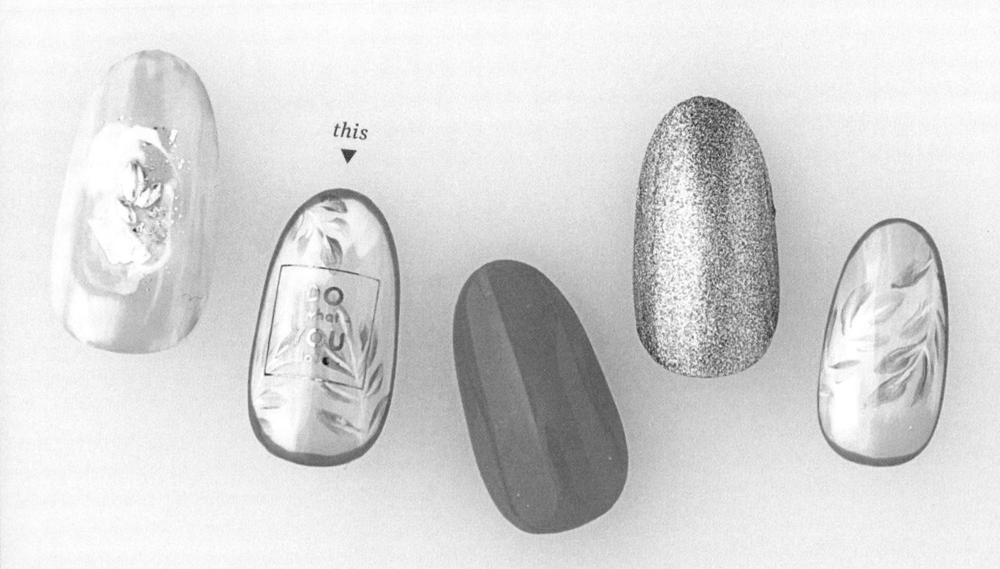

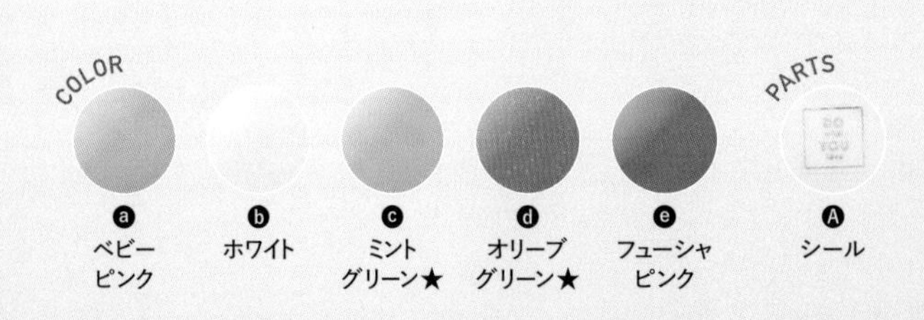

★ポリッシュの場合はアクリル絵の具を

POLISH GEL

纖細な柄はブラシの使い方がポイント。きっちり描こうとせず、ラフな線で描くとナチュラルなイメージになります。ポリッシュの場合はアクリル絵の具を使い、最後にトップコートで仕上げるのもよいでしょう。

P ポリッシュの説明 / G ジェルの説明

1

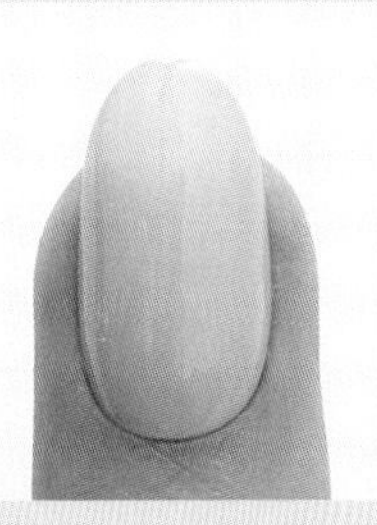

爪全体にⓐベビーピンクを塗る。
P 表面を乾かす
G 硬化させる

2

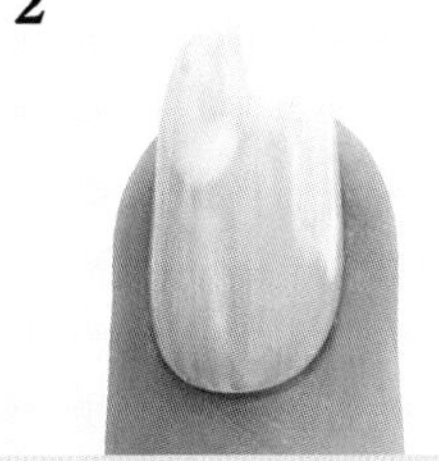

ⓑホワイトを縦方向にランダムになるように塗る。
P 表面を乾かす
G 硬化させる

3

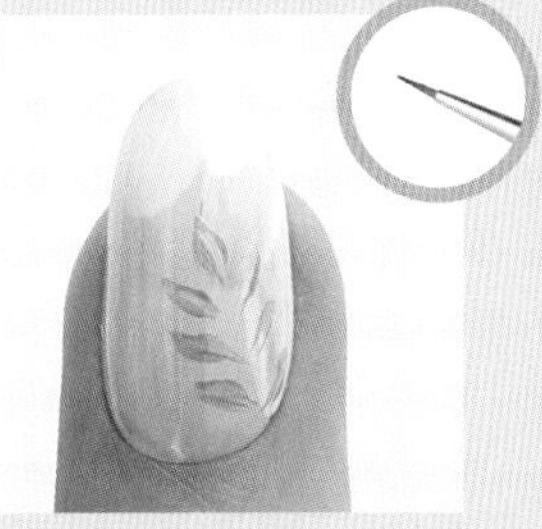

ラウンド筆にⓒミントグリーンとⓓオリーブグリーンの2色を取り、葉を描く。
P 乾く前に**4**へ
G 硬化させる

4

バランスを見ながらさらに葉を描き足す。
P 表面を乾かす
G 硬化させる

5

ショートライナー筆にⓑホワイトをとり、**4**で描いた葉の間に葉脈や茎を描く。
P 表面を乾かす
G 硬化させる

6

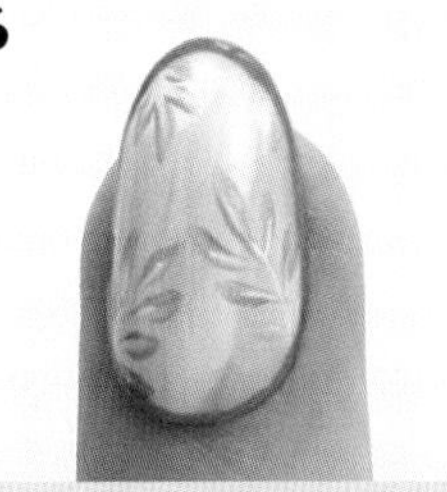

ショートライナー筆にⓔフューシャピンクをとり、爪全体の周囲を縁取りするように囲んで描く。
P しっかりと乾かす
G 硬化させる

7

P Ⓐシールを貼る
G トップジェルを爪全体に塗り、硬化させてふき取ったあと、シールを貼る

2色重ね塗りで
ニュアンスを出す

一筆で2色の絵の具をとり、葉の微妙な色を表現。

OTHER *nails*

メインのアートで使用した色の単色塗りだけでなく、メインの葉のアートで使った2色重ね塗りのテクニックをアレンジしたアートも加えました。シールと同じ色の単色塗りやパーツ使いもポイントです。

PINK × 満開の小花

コーラルピンクのナチュラルネイルも、小花の縁取りで華やかに。
ベースに入れたキラキラ光るグリッターが花を引き立てます。

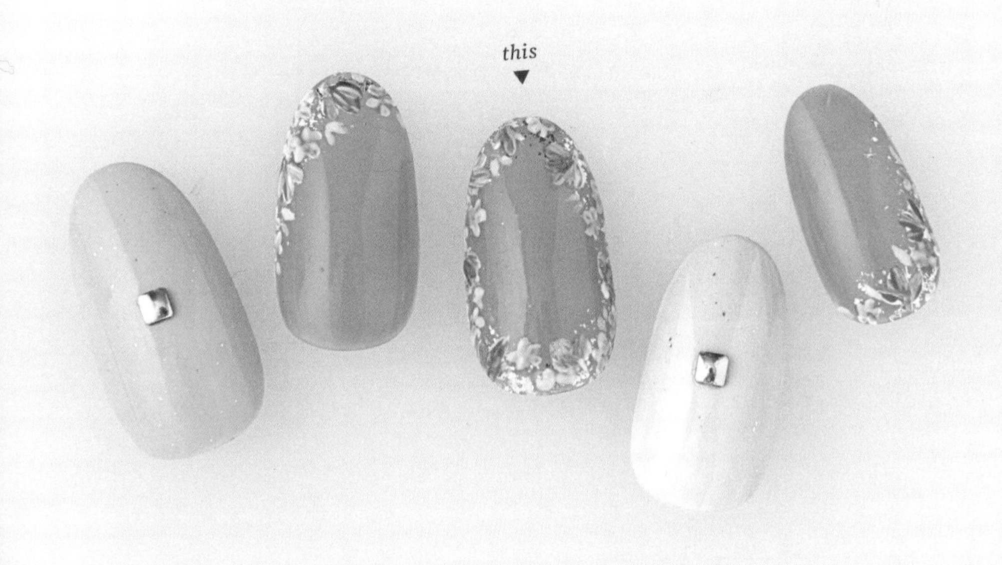

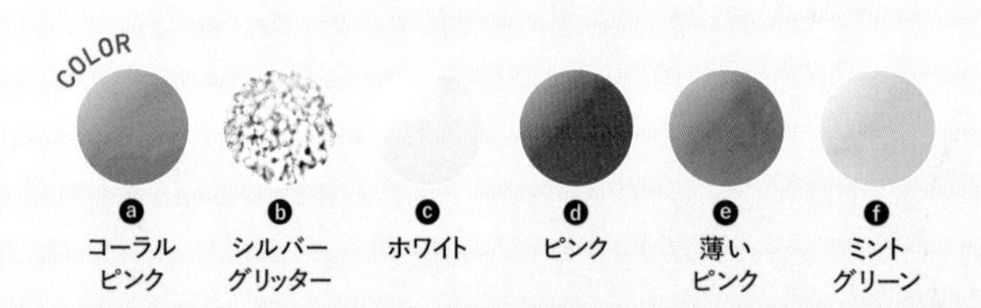

POLISH GEL

シンプルな小花模様ですが、色を重ねるなど細かいテクニックに注目。このひと手間で模様に奥行きが生まれ、華やかさをアップします。細いアート用のブラシで繊細に色を重ねましょう。

P ポリッシュの説明 / G ジェルの説明

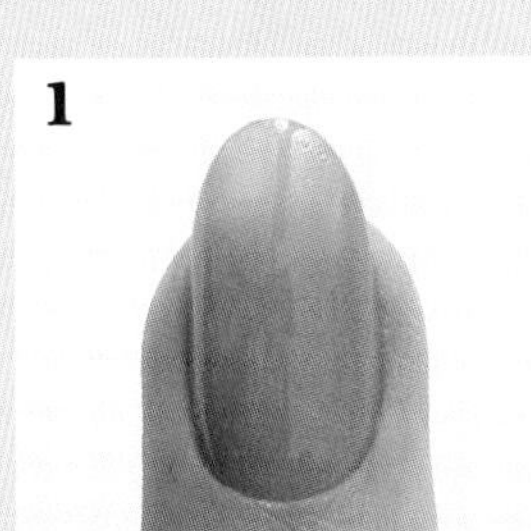

爪全体にⓐコーラルピンクを塗る。
P 表面を乾かす
G 硬化させる

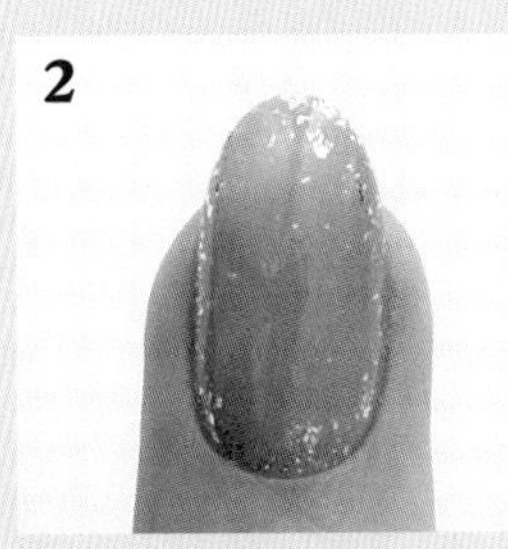

P 爪の周囲にⓑシルバーグリッターを塗り、表面を乾かす
G 爪の周囲にⓑシルバーグリッターを塗り、硬化させる

爪の周囲を囲むように、ラウンド筆にⓒホワイトを取り、間隔をあけながらバランスよく大きめの小花を描く。
P 表面を乾かす
G 硬化させる

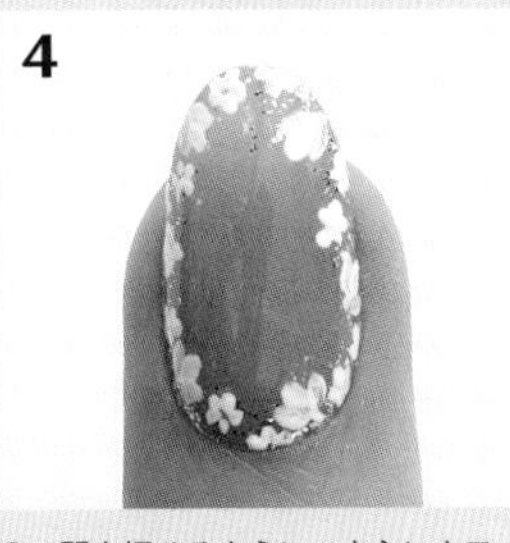

3の間を埋めるように、さらにホワイトで小花を描く。
P 表面を乾かす
G 硬化させる

3で描いた小花の上にⓓピンクを重ねてのせる。

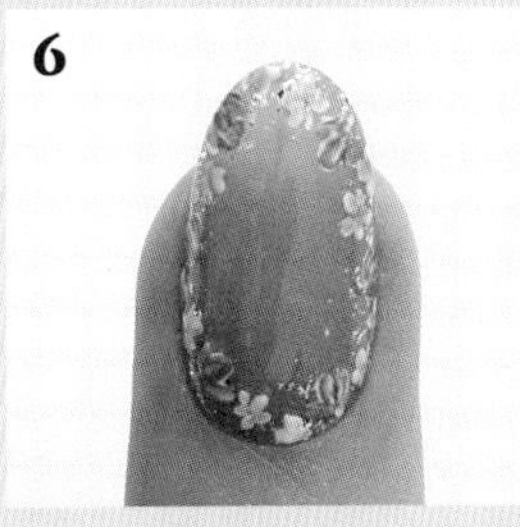

4で描いた小花の上にⓔ薄いピンクを重ねてのせる。
G 硬化させる

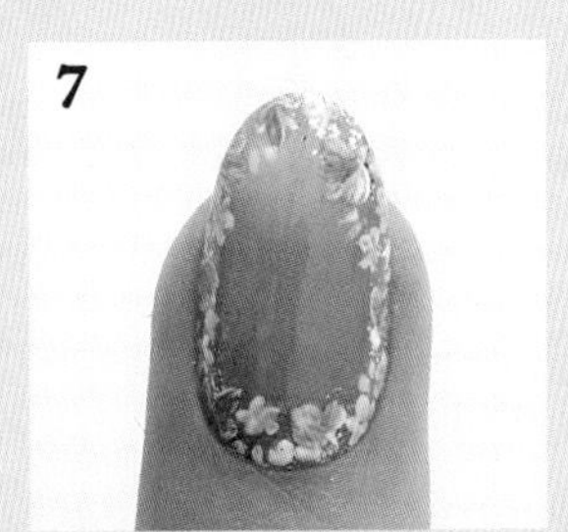

ⓕミントグリーンでバランスよく葉を描き加える。
P 表面を乾かす
G 硬化させる

OTHER *nails*

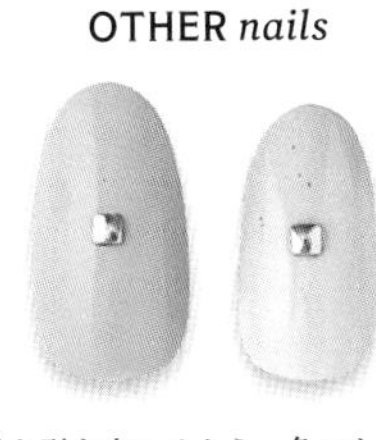

メインの爪を引き立てるよう、色のトーンを統一させるのがポイント。ピンクだけでなく葉のグリーンと揃えた淡いブルーグリーンの単色塗りをアクセントにします。中央に置いたスタッズはスクエアな形を選んで甘さを引き締めます。

PINK × ホワイトマーブル

ぼかすようにのせたピンクに流れるようなラインを加え、花びらに。
あいまいなシルエットが大人っぽさを引き立てます。

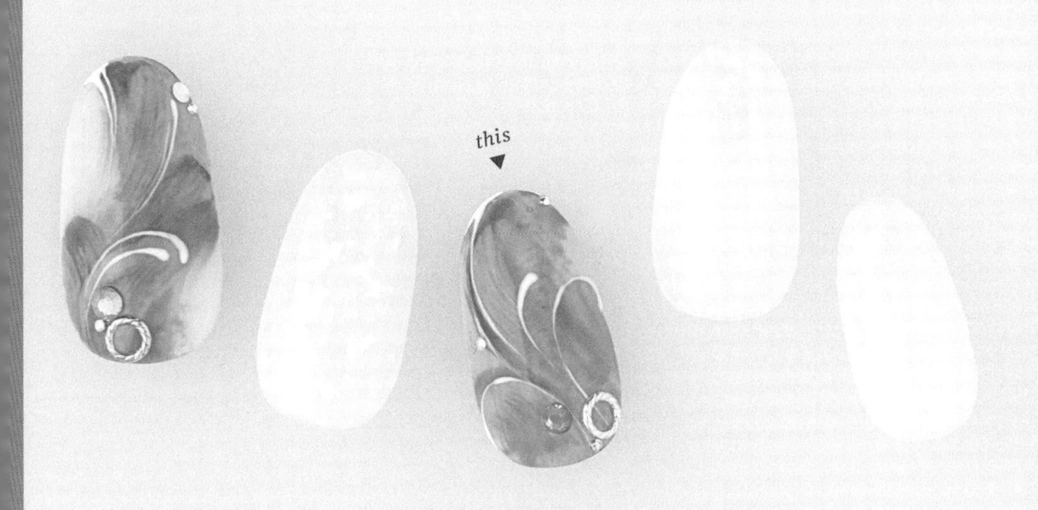

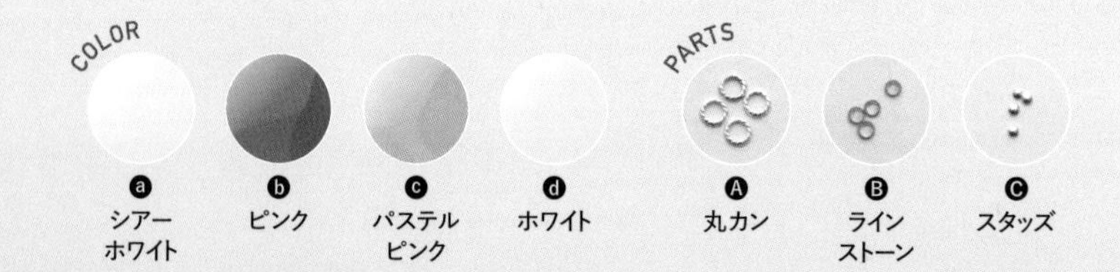

POLISH GEL

重ねたピンクの濃淡で花びらを表現します。仕上がりの形をイメージしながら色を重ねていくのがコツ。花びらの形を意識してホワイトの線を入れ、全体で花を表現します。

P ポリッシュの説明 / G ジェルの説明

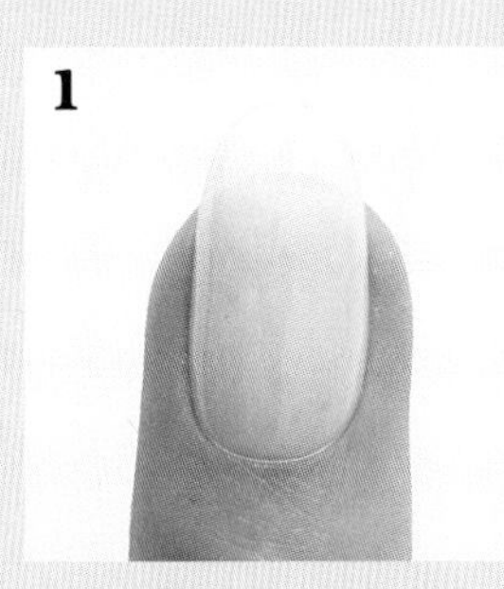

1
爪全体にⓐシアーホワイトを塗る。
P 表面を乾かす
G 硬化させる

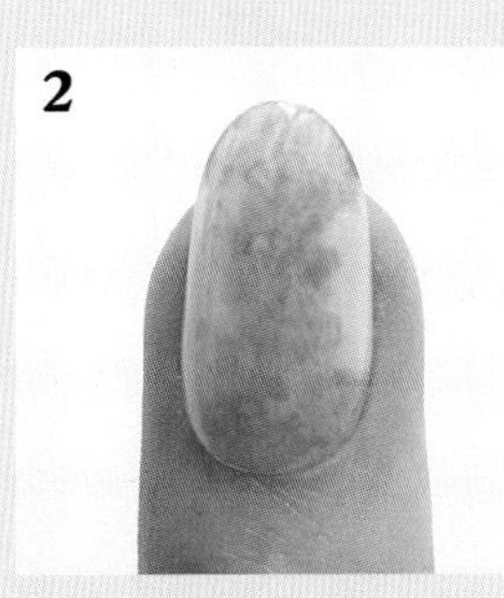

2
爪の中央にⓑピンクをムラができるように塗る。
P 表面を乾かす
G 硬化させる

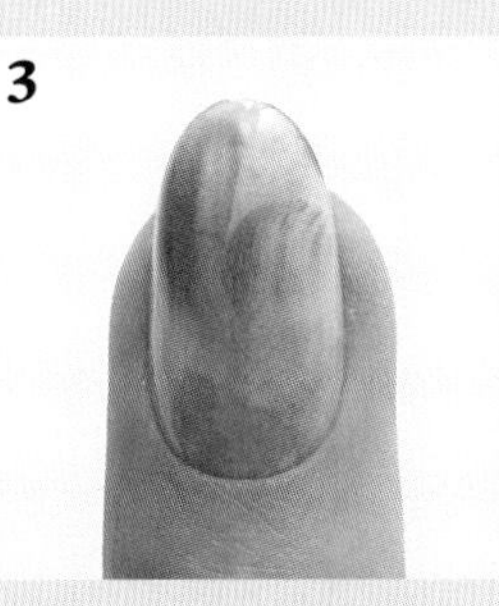

3
2で塗ったピンクの上に、花びらのシルエットを意識してさらにⓑピンクを描き入れる。
P 乾かないうちに**4**へ

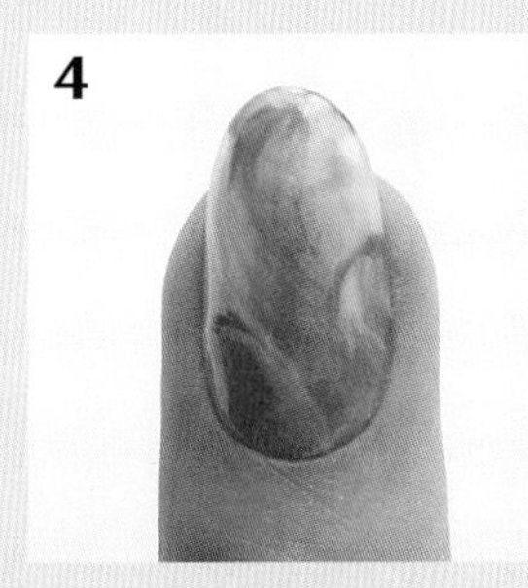

4
ⓒパステルピンクでさらに花びらを描く。
P 表面を乾かす
G 硬化させる

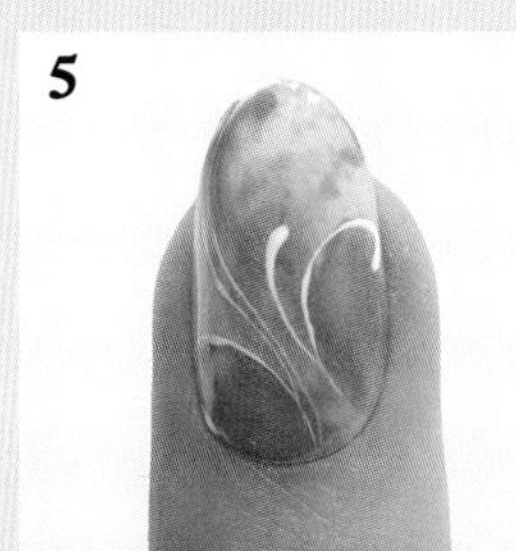

5
ショートライナー筆にⓓホワイトを取り、**3**、**4**で描いた花びらの輪郭を細いラインで描き入れる。
P 表面を乾かす
G 硬化させる

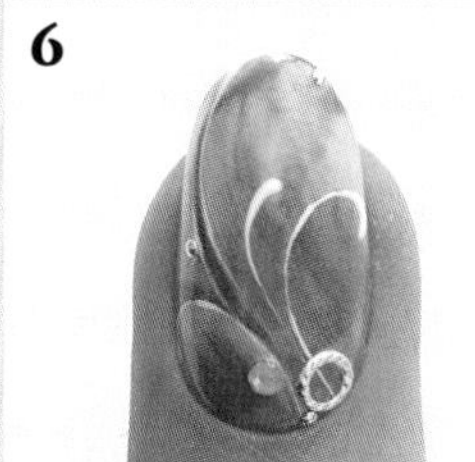

6
P パーツをのせる場所にトップコートを塗り、Ⓐ丸カン、Ⓑラインストーン、Ⓒスタッズをのせ、乾かす
G 爪全体にトップジェルを塗り、パーツをのせて硬化させる

OTHER *nails*

サブの爪はメインの爪で使ったベースカラーの単色塗りにし、メインの爪に描いたピンクの花を引き立てます。さらに光沢のない白のホログラムで上品さを出しました。

PINK × オーバルフレンチ

コロンと丸いキュートなオーバルフレンチに
ジュエリーのようにラインストーンをプラス。大人可愛いアートです。

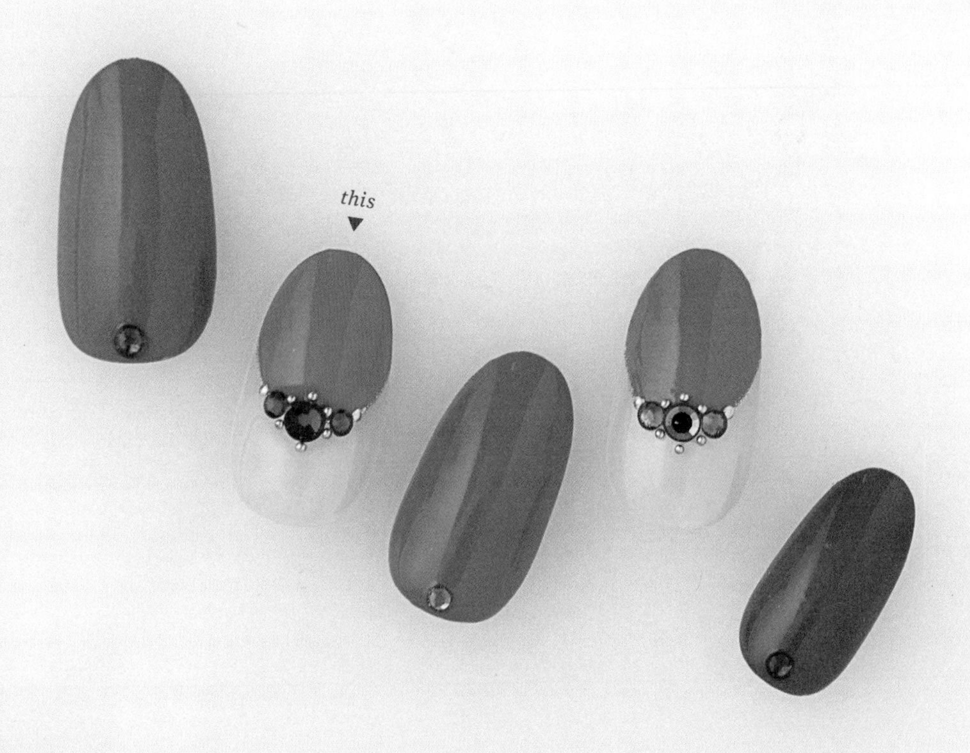

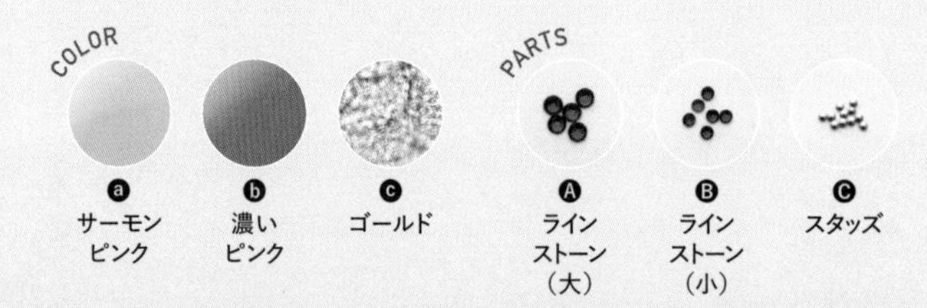

POLISH GEL

爪先に丸を描いたようなオーバルフレンチは、濃いカラーを可愛らしく見せることができます。ゴールドの縁取りは形をカバーする効果も。ラインストーンはジュエリーのように並べました。

P ポリッシュの説明 / G ジェルの説明

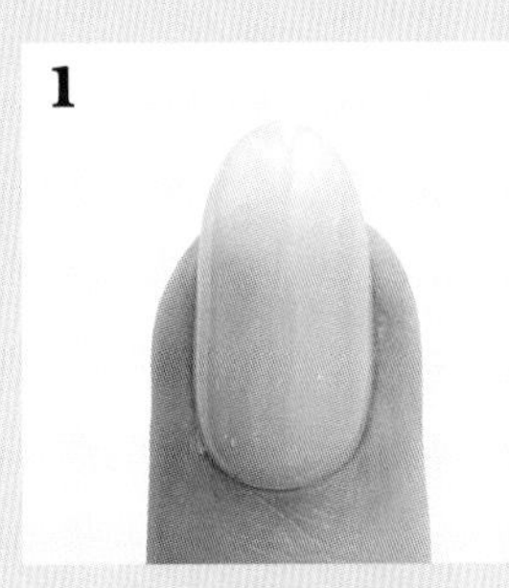

爪全体にⓐサーモンピンクを塗る。
P 表面を乾かす
G 硬化させる

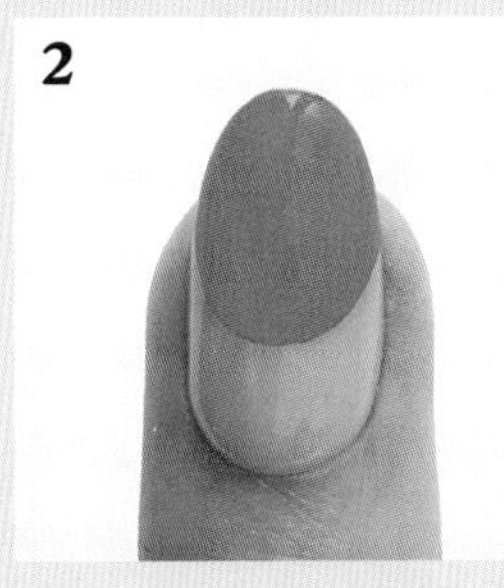

ⓑ濃いピンクで爪先から弧を描くようなオーバルフレンチを描く。
P 表面を乾かす
G 硬化させる

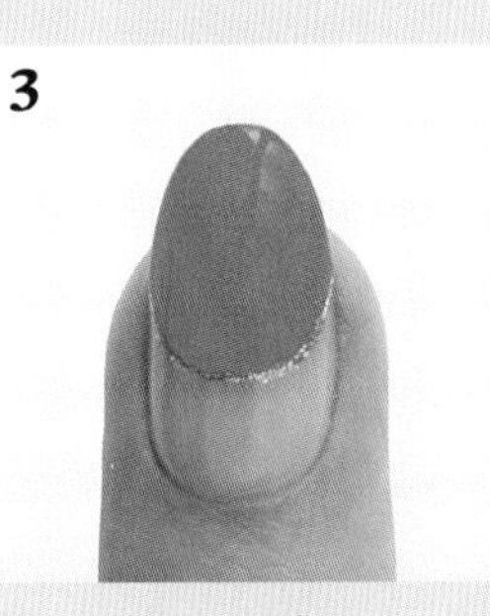

ショートライナー筆にⓒゴールドを取り、**2**で描いたオーバルフレンチの縁に細いラインを描く。
P 表面を乾かす
G 硬化させる

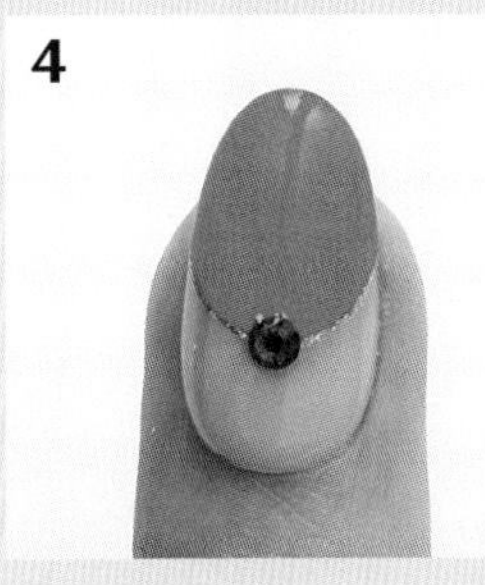

P トップコートを塗り、オーバルフレンチの中央にⒶ大きめのラインストーンをのせる
G トップジェルを塗り、Ⓐ大きめのラインストーンをのせ、硬化させる

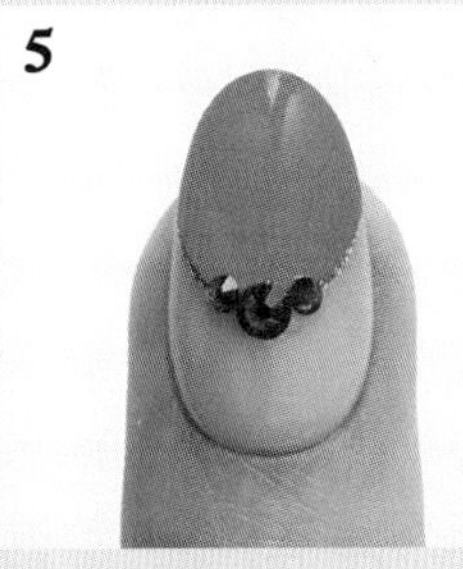

P **4**でのせた大きめのラインストーンの両側にⒷ小さいラインストーンをのせる
G トップジェルを塗り、大きめのラインストーンの両側にⒷ小さいラインストーンをのせ、硬化させる

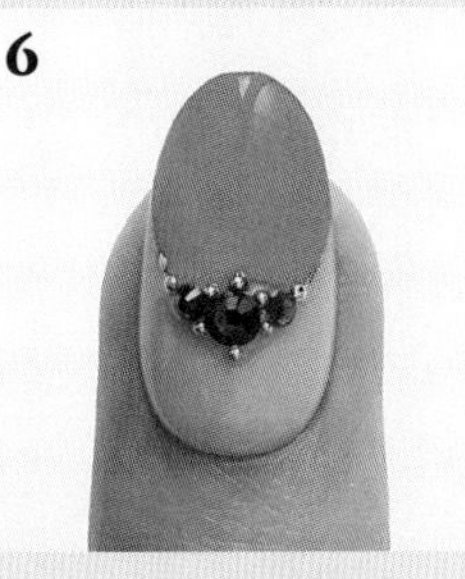

P トップコートを塗り、ラインストーンの周囲にⒸスタッズをのせて乾かす
G トップジェルを塗り、ラインストーンの周囲にⒸスタッズをのせて硬化させる

OTHER *nails*

パキッと色分けされたオーバルフレンチには、シンプルな単色塗りがベストマッチ。ラインストーンは爪の生え際に1粒のせるだけにして、色の美しさを際立たせます。

PINK × 花火のようなピンクの花

ピンクのネイルに大きさの違う丸いホログラムで花を咲かせました。
可愛くなりすぎない、大人のセミスイートなネイルです。

COLOR

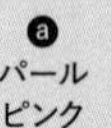

ⓐ パール ピンク

PARTS

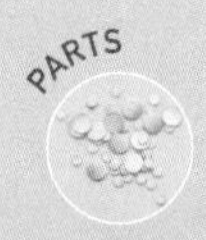

Ⓐ ホログラム（ピンク）

Ⓑ ホログラム（ホワイト）

Ⓒ ホログラム（濃いピンク）

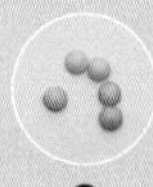

Ⓓ ライン ストーン

Ⓔ ブリオン

POLISH **GEL**

花を形作る大小のホログラムは、接着剤がわりにトップコート（ジェルの場合はトップジェル）を使います。仕上がりが厚くならないよう、薄く塗るのがポイントです。

P ポリッシュの説明 ／ G ジェルの説明

1

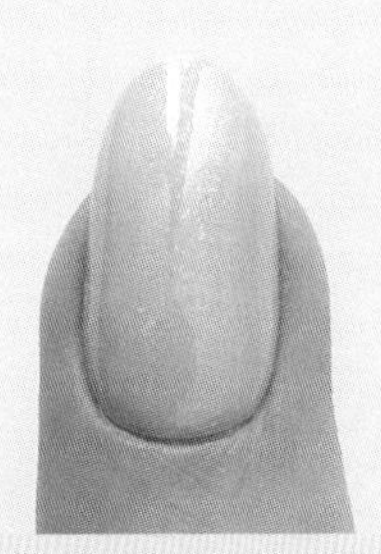

爪全体にⓐパールピンクを塗る。
P しっかりと乾かす
G 硬化させる

2

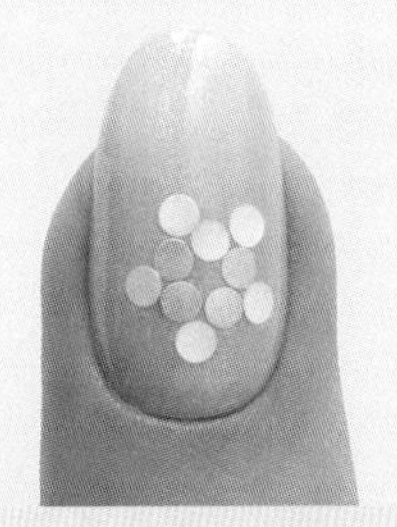

P 爪全体にトップコートを塗り、Ⓐピンクのホログラム（大）とⒷ白のホログラムをのせる
G 爪全体にトップジェルを塗り、ピンクと白のホログラムをのせ、硬化させる

3

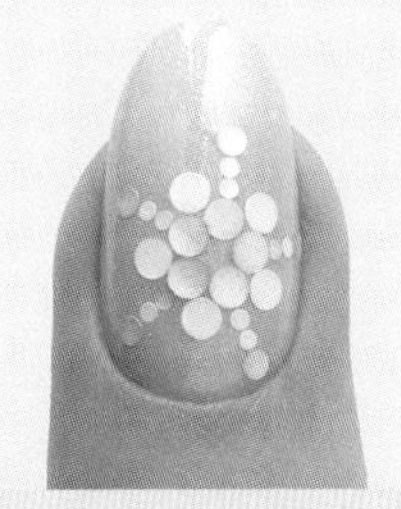

P **2**に続けて小さなホログラムを放射状にのせる
G 爪全体にトップジェルを塗り、小さなホログラムを放射状にのせて硬化させる

4

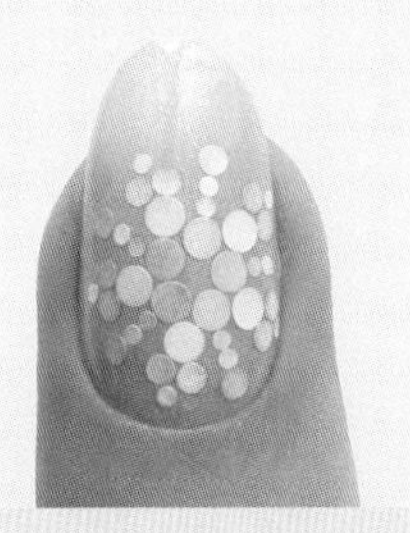

P 表面が乾いてしまったら爪全体にトップコートを塗り、さらにホログラムをのせる
G 爪全体にトップジェルを塗り、さらにホログラムをのせ、硬化させる

5

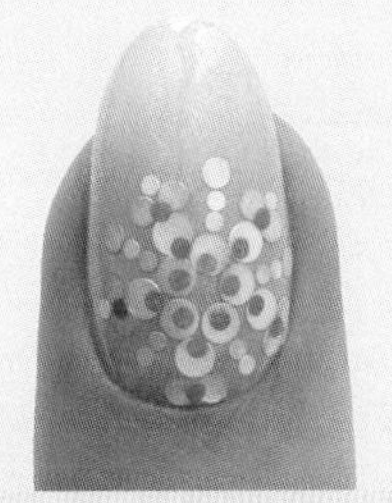

P **4**に続けてⒸ濃いピンクのホログラムをのせる
G 爪全体にトップジェルを塗り、濃いピンクのホログラムをのせて硬化させる

6

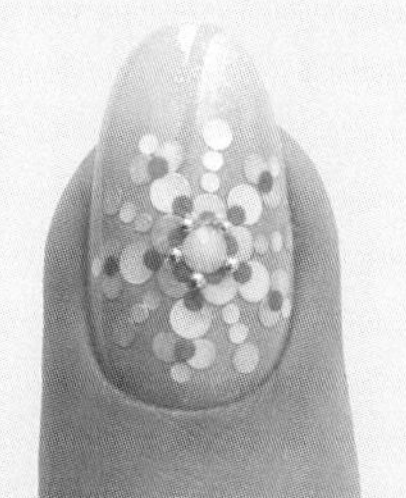

P 爪全体にトップコートを塗り、花の中心にⒹラインストーンとⒺブリオンをのせ、乾かす
G 爪全体にトップジェルを塗り、ラインストーンとⒺブリオンをのせ、硬化させる

OTHER *nails*

すべての爪を同じ色で塗り、メインと同じテクニックで大小の花をつくります。花の中央にのせたラインストーンのマットな質感に合わせ、パールだけをのせたアートを組み合わせると上品にまとまります。

BEIGE × クールなゴールド

淡いベージュにゴールドやホワイトをランダムに重ね、
シールをプラスした遊び心溢れるアート。

this ▼

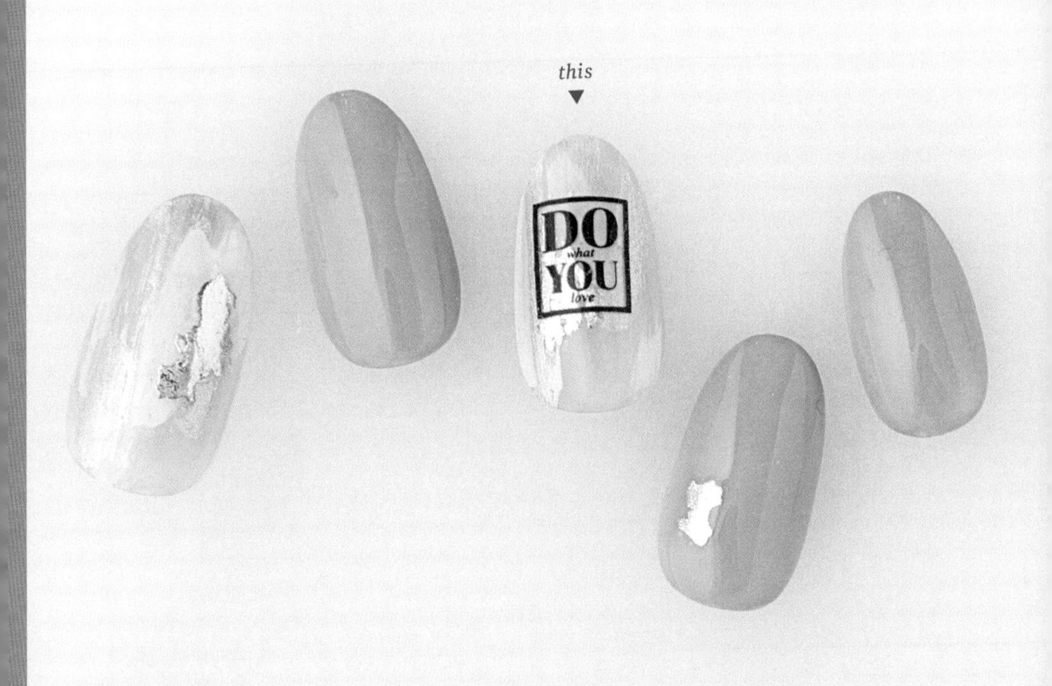

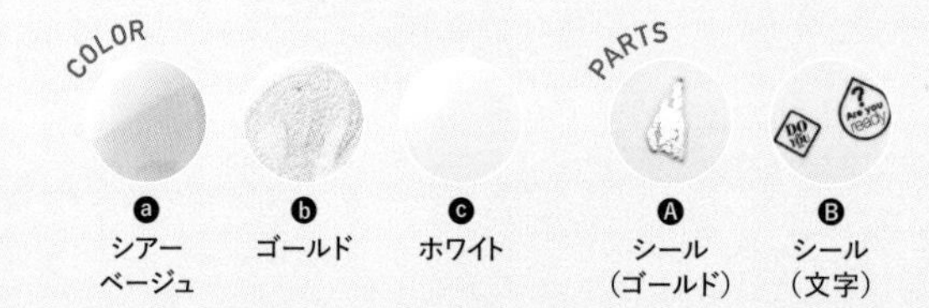

ⓐ シアーベージュ　ⓑ ゴールド　ⓒ ホワイト

Ⓐ シール（ゴールド）　Ⓑ シール（文字）

POLISH GEL

複数の色を重ねたアートでも、色調を揃えると大人っぽい仕上がりになります。ムラや形を気にせずラフに塗るときも、それぞれの色の重なりは最小限にすると、色がクリアに見えてきれいです。

P ポリッシュの説明 / G ジェルの説明

1

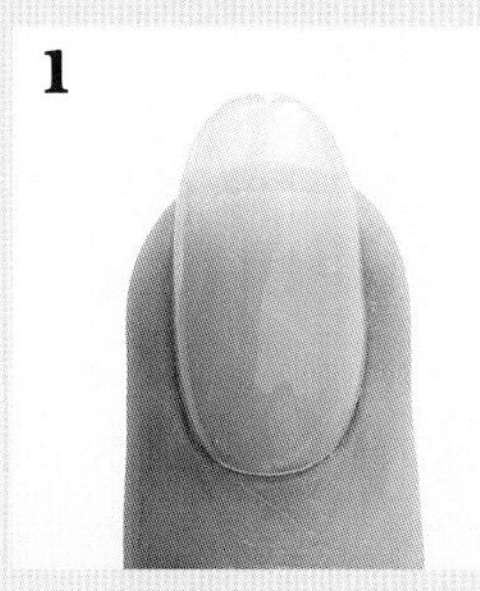

爪全体にⓐシアーベージュを塗る。このとき、多少ムラになってもよい。
P 表面を乾かす
G 硬化させる

2

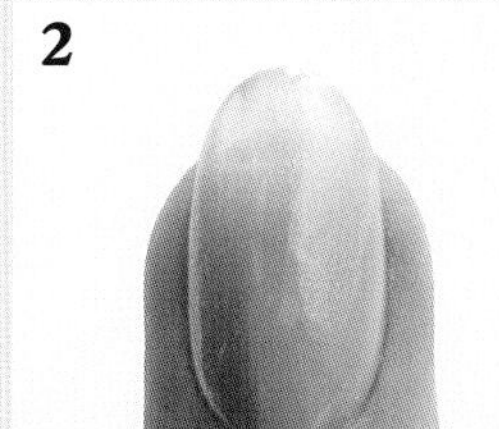

ⓑゴールドを縦方向にランダムに塗る。
P 表面を乾かす
G 硬化させる

3

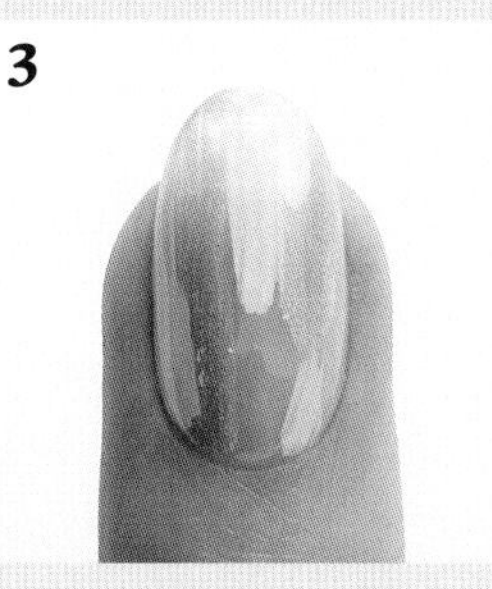

2で塗ったゴールドの間にⓒホワイトをランダムに塗る。
P 表面を乾かす
G 硬化させる

4

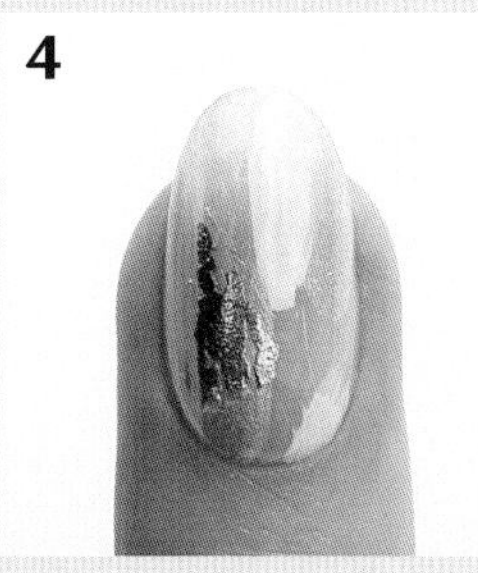

P Ⓐゴールドのシールを貼る
G トップジェルを塗り、硬化させてふき取ったあとⒶゴールドのシールを貼る

5

爪の中央よりやや上にⒷ文字シールを貼る。
P しっかりと乾かす
G 硬化させる

OTHER *nails*

メインのデザインから文字シールを省いただけ、やや濃いベージュの単色塗りにゴールドを足しただけなど、シンプルなアレンジでも表情豊かに仕上がります。

BEIGE ×クラシカルな小花

透明感のあるシアーなベージュに小花のシールをちりばめた
シンプルなアート。ゴールドのシールでビンテージ感もプラス。

this
▼

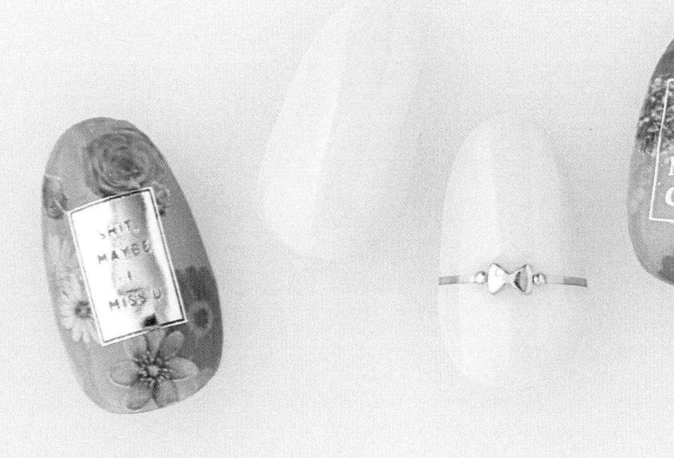

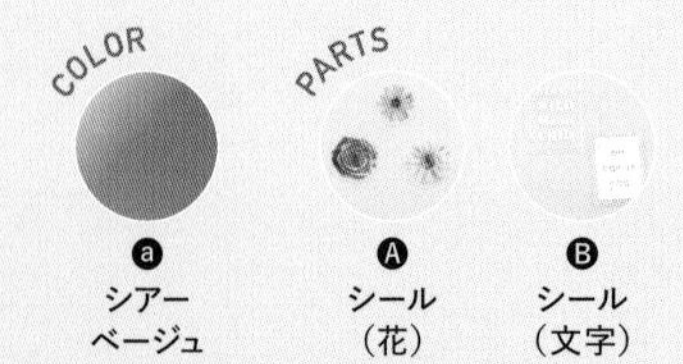

POLISH　GEL

シールを貼るだけのデザインでも、貼る位置によってシールをカットする、貼ったあとに透明感のある色を重ねて塗るなど細かいテクニックを加えることで上質な仕上がりになります。

P ポリッシュの説明 / G ジェルの説明

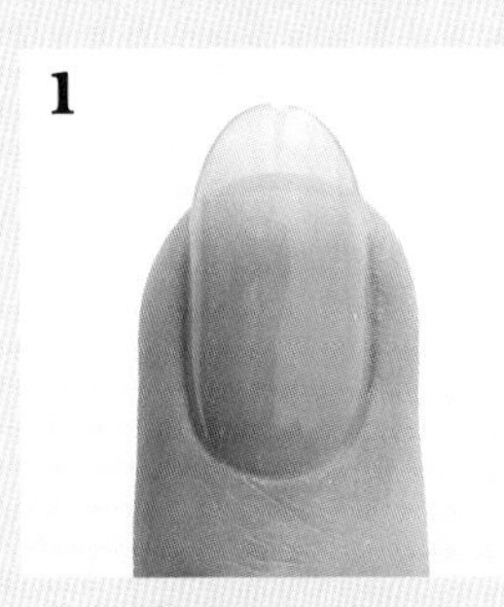

1

爪全体にⓐシアーベージュを塗る。
P しっかりと乾かす
G 硬化させてからふき取る

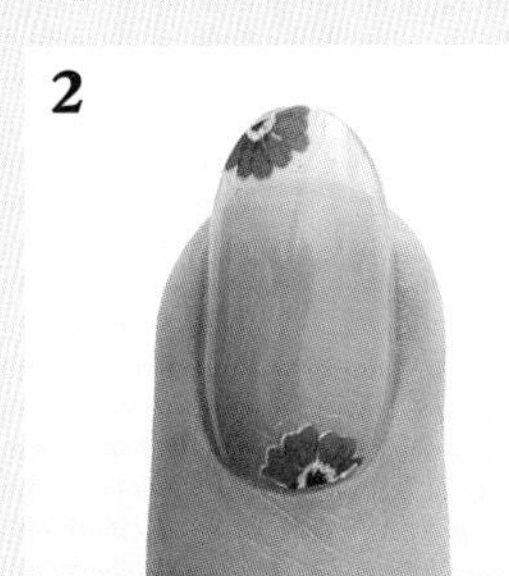

2

🅐花のシールを半分にカットし、爪の先と根元の対角線上に貼る。

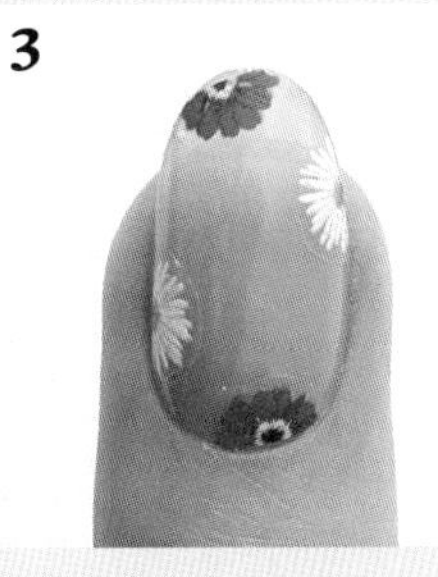

3

2と同様に半分にした花のシールを、爪の右サイドと左サイドの対角線上に貼る。

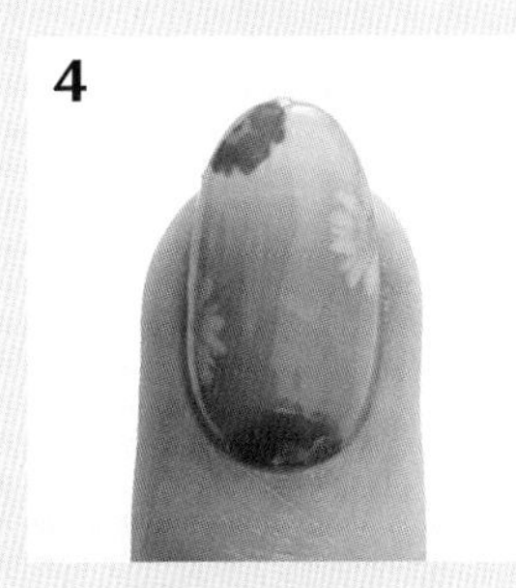

4

爪全体にⓐシアーベージュを塗る。
P しっかりと乾かす
G 硬化させてからふき取る

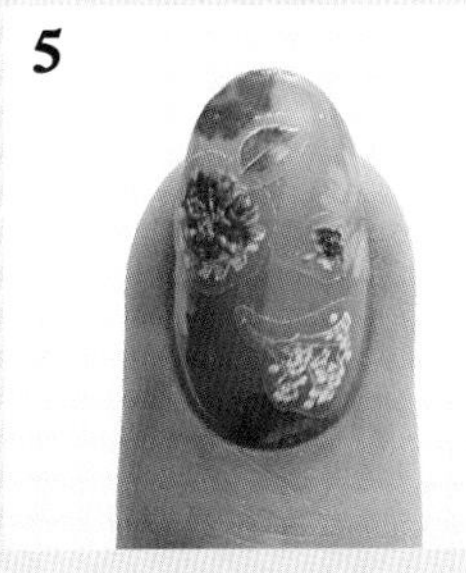

5

2と**3**で貼った花に重なるようにして、さまざまな花のシールを貼る。

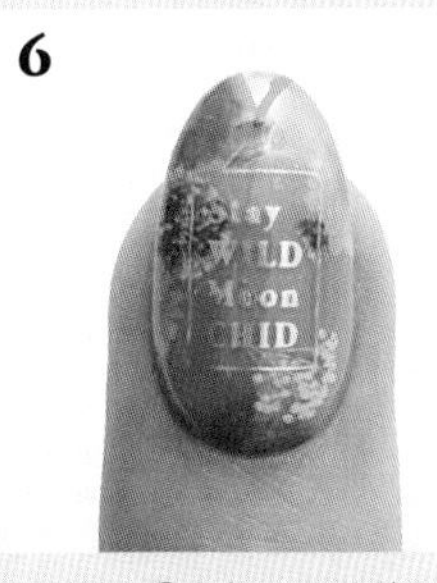

6

爪の中央に🅑文字シールを貼る。
P しっかりと乾かす
G 硬化させる

OTHER *nails*

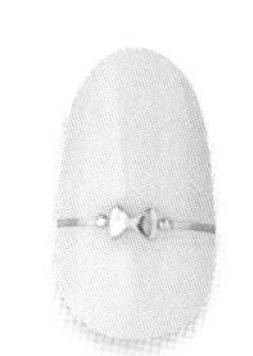

サブの爪は淡いベージュの単色塗りにしてメインのアートを引き立てます。１本のみ、メインのアートで使ったシールと同じゴールドのテープでアクセントをつけています。

BEIGE × 大理石の輝き

流し込むように入れたホワイトとマーブルホイルの輝きで
大理石のように仕上げました。シックでゴージャスなアートです。

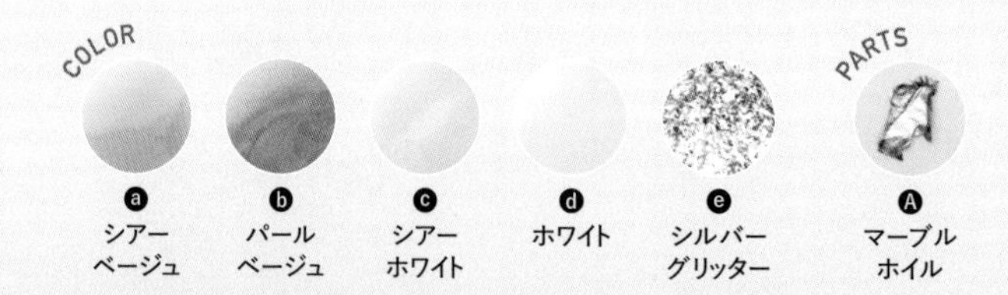

POLISH GEL

シアーベージュ、パールベージュの上に塗るホワイトは爪の表面をなでるようにランダムに塗るのがポイント。ミステリアスに輝くマーブルホイルで、ニュアンスのある仕上がりになります。

P ポリッシュの説明 / G ジェルの説明

1

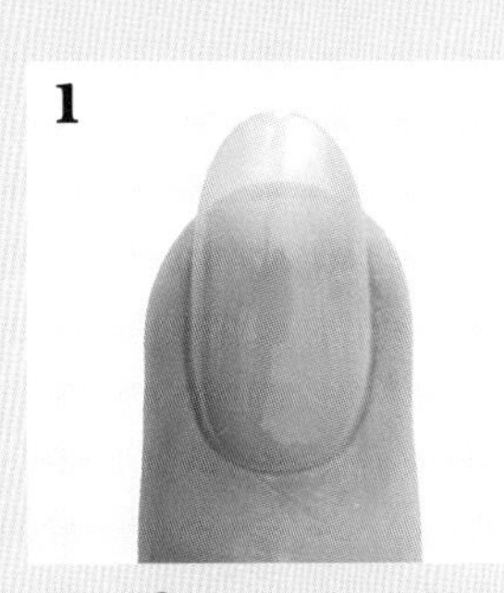

爪全体にⓐシアーベージュを塗る。
P 表面を乾かす
G 硬化させる

2

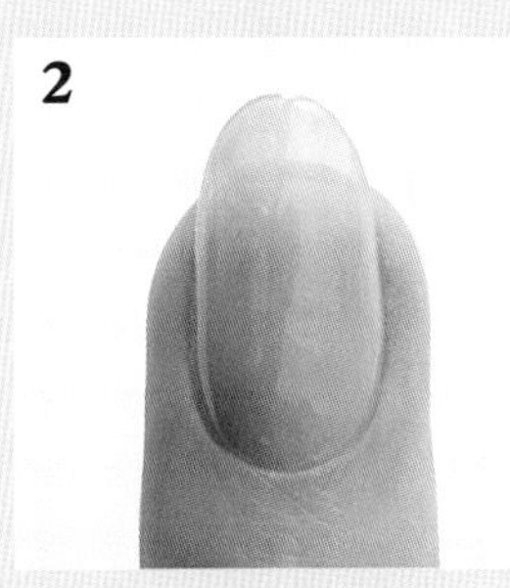

P ⓑパールベージュをランダムに塗り、表面が乾く前に**3**へ
G ⓑパールベージュをランダムに塗る

3

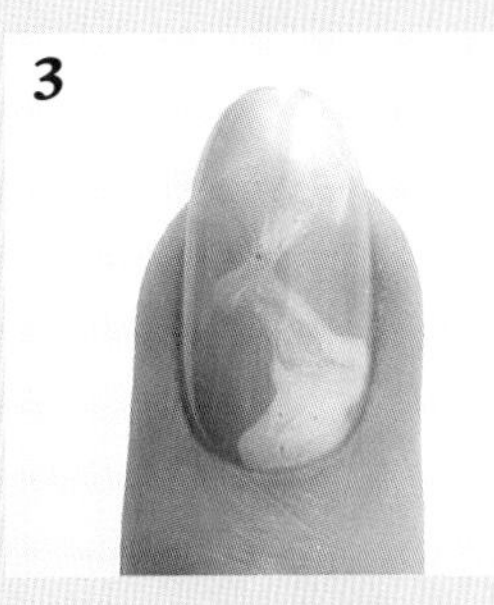

P ⓒシアーホワイトをランダムに塗り、表面が乾く前に**4**へ
G **2**のパールベージュに溶かすようにⓒシアーホワイトを塗る

4

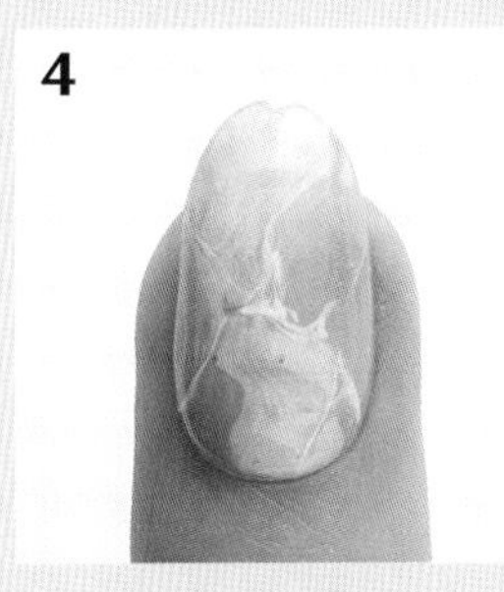

ショートライナー筆にⓓホワイトを取り、**2**と**3**の境目にラインを描く。少し混ざり合ってもOK。
P しっかりと乾かす
G 硬化させる

5

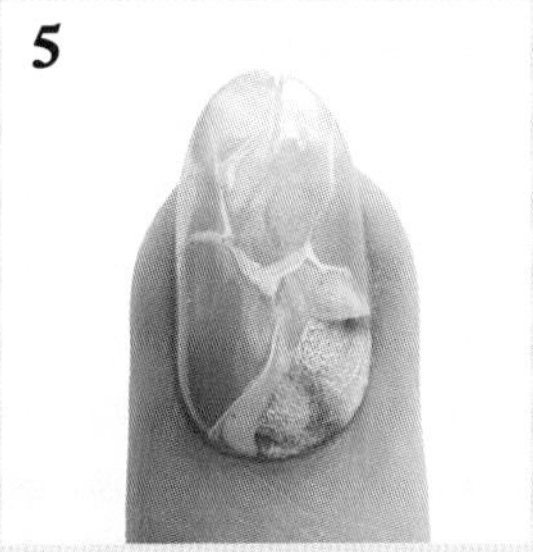

P 表面にトップコートを塗り、Ⓐマーブルホイルをのせて表面を乾かす
G Ⓐマーブルホイルをのせる

6

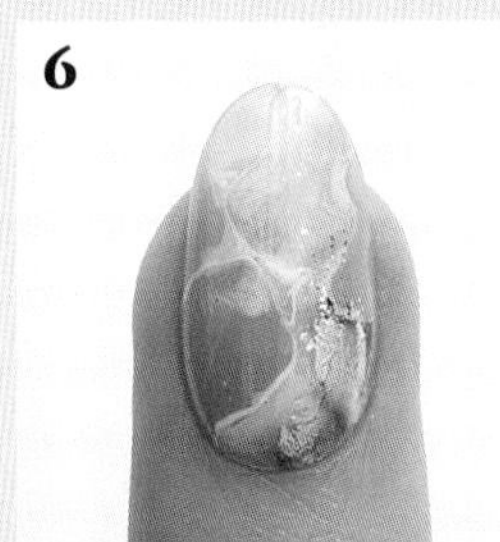

P マーブルホイルの周囲にⓔシルバーグリッターを少量塗り、乾かす
G ⓔシルバーグリッターを塗り、硬化させる

OTHER *nails*

メインのアートより濃いベージュ、サブで使った色を塗るなど、全体で統一感を出します。アクセントとして、小指にはライトゴールドの単色塗りをプラスしています。

BEIGE × クールな輝きのメタルパーツ

ナチュラルなイメージのベージュも、色やパーツの組み合わせで
クールに仕上げられます。

COLOR

ⓐ ラメシアーベージュ

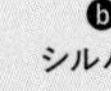

ⓑ シルバー

ⓒ マットベージュ

PARTS

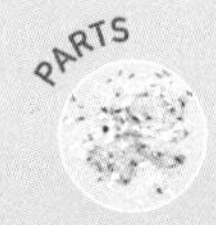

Ⓐ シルバーグリッターパウダー

Ⓑ メタルパーツ

Ⓒ リーフスタッズ

Ⓓ スタッズ

Ⓔ コインスタッズ

Ⓕ ラインストーン

POLISH　GEL

ベースのカラーに重ねるシルバーやマットベージュはラフに塗ってクールな印象に。メタルパーツはネイルの色に合わせてシルバーのものを選び、ランダムにのせました。

P ポリッシュの説明 / G ジェルの説明

1

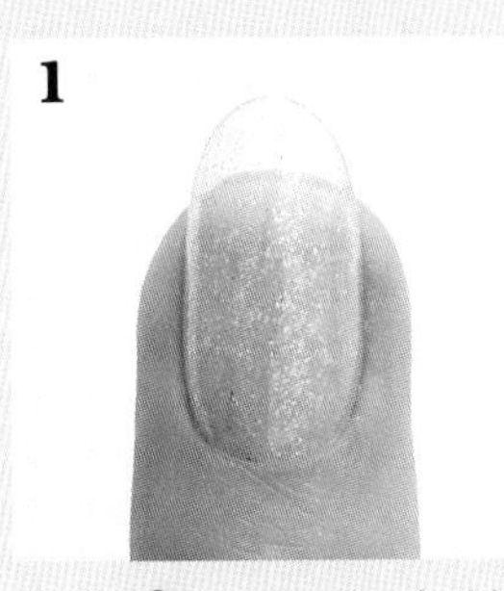

爪全体にⓐラメシアーベージュを塗る。
P 表面を乾かす
G 硬化させる

2

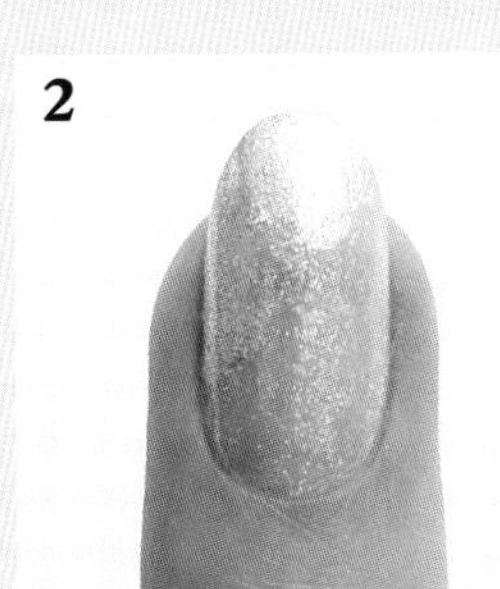

爪の上半分に斜めにⓑシルバーをランダムに塗る。
P しっかりと乾かす
G 硬化させる

3

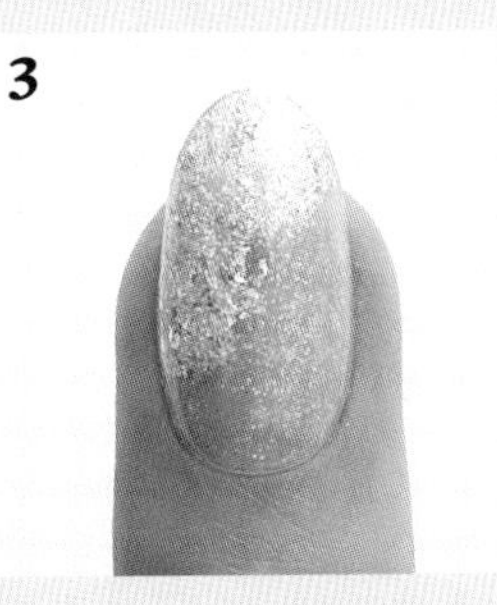

P 爪全体にトップコートを塗り、2に重ねてⒶシルバーグリッターパウダーをのせ、表面を乾かす
G 爪全体にトップジェルを塗り、2に重ねてⒶシルバーグリッターパウダーをのせ、硬化させる

4

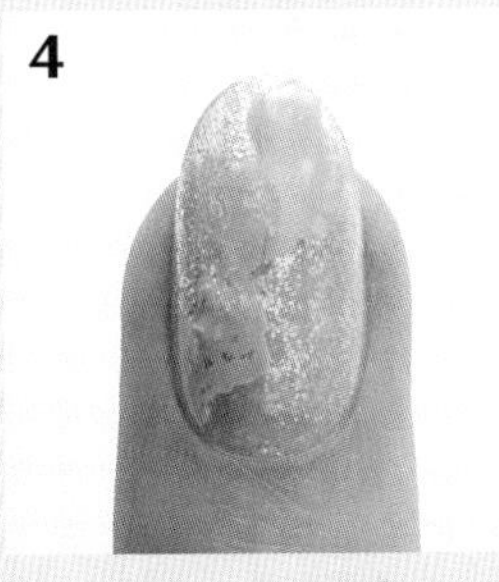

ⓐラメシアーベージュとⓑシルバーの境い目を埋めるようにⓒマットベージュを縦方向にランダムに塗る。
P しっかりと乾かす

5

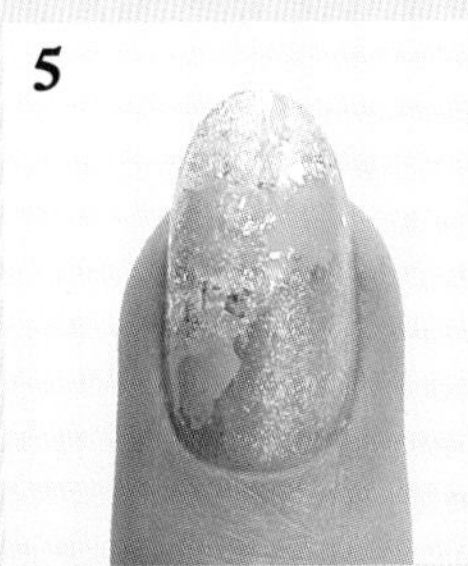

P 爪全体にトップコートを塗り、Ⓐシルバーグリッターパウダーをのせる
G Ⓐシルバーグリッターパウダーをのせ、硬化させる

6

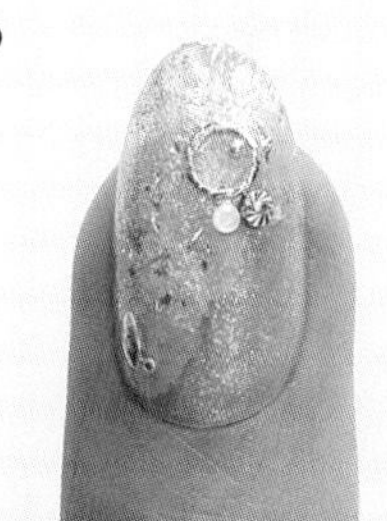

P トップコートを塗り、Ⓑ〜Ⓕのパーツをバランスよくのせ、乾かす
G トップジェルを塗り、Ⓑ〜Ⓕのパーツをバランスよくのせ、硬化させる。

OTHER *nails*

メインのベージュに合わせ、サブ2本はベビーピンクの単色塗りにし、根元にシルバーのラインを入れます。さらにシルバーの単色塗りをポイントにいれて全体に統一感を出します。

BEIGE × ぷっくりラインストーン

マットに仕上げたストーンネイルに合わせた
キラキラ光るパーツが大人っぽさを引き立てます。

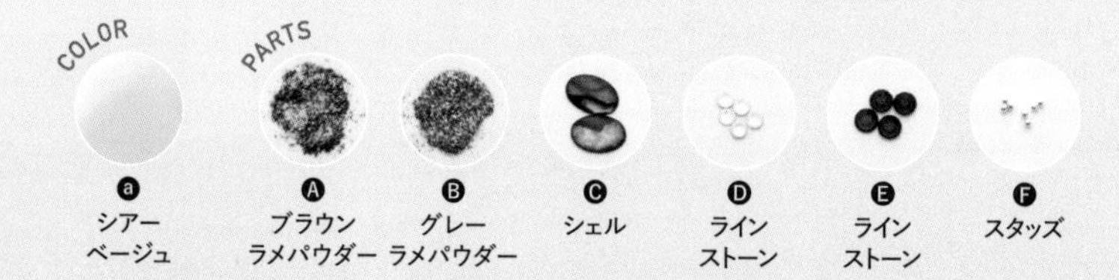

シアーなベースカラーにラメやパウダーなどの素材を乗せてからマットに仕上げると、砂を思わせる質感に。シェルやラインストーンは重なるように配置して、シックな仕上がりにしました。

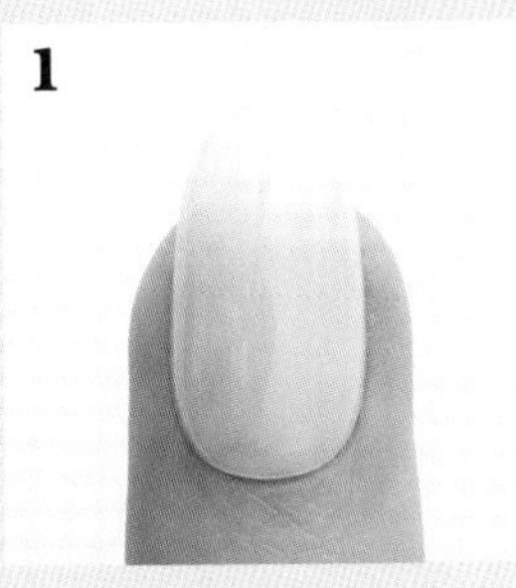

爪全体にⓐシアーベージュを塗る。

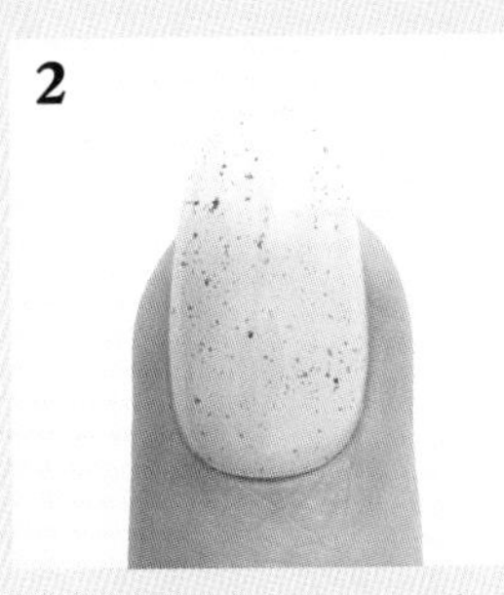

爪全体にⒶブラウンラメパウダーをのせ、硬化させる。

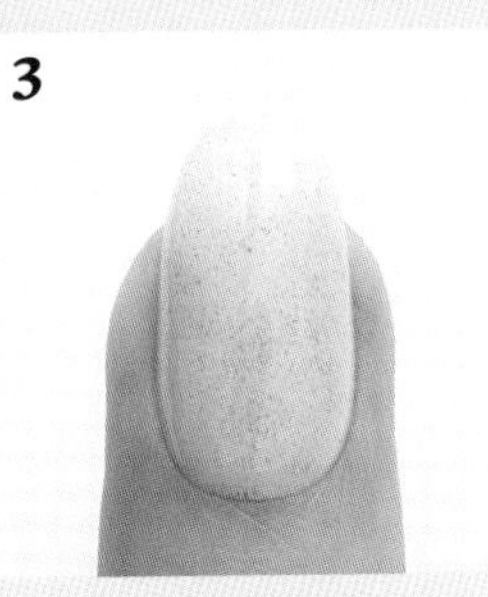

再びシアーベージュを爪全体に塗る。

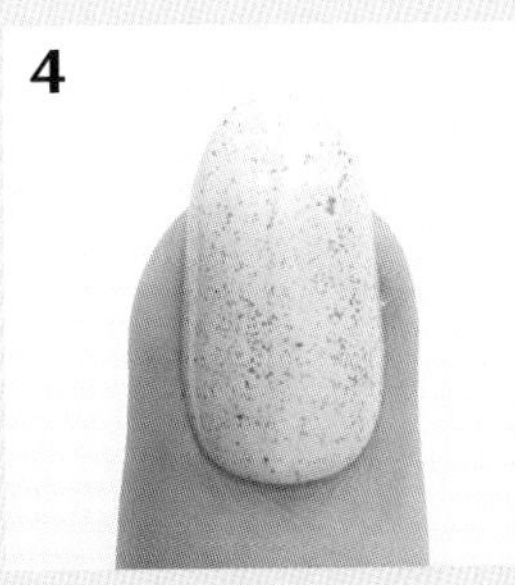

Ⓑグレーラメパウダーをのせ、硬化させる。

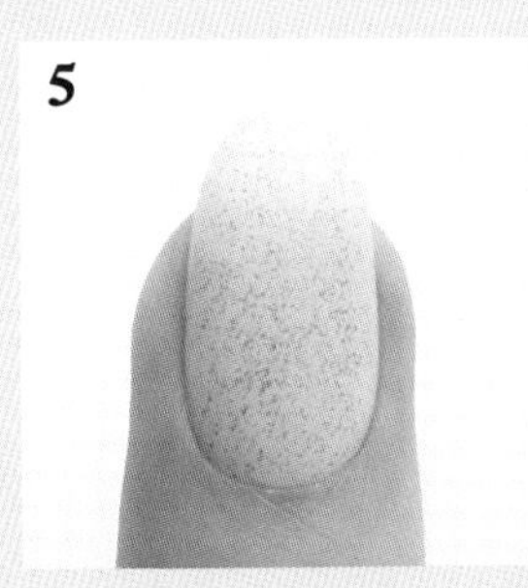

爪全体にマットジェルを塗り、硬化させ、ふき取る。

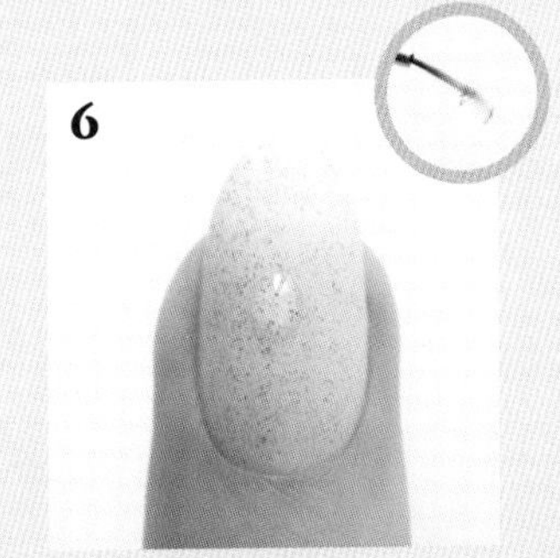

ショートライナー筆の先端にトップジェルを一滴取り、爪の中央にのせる。

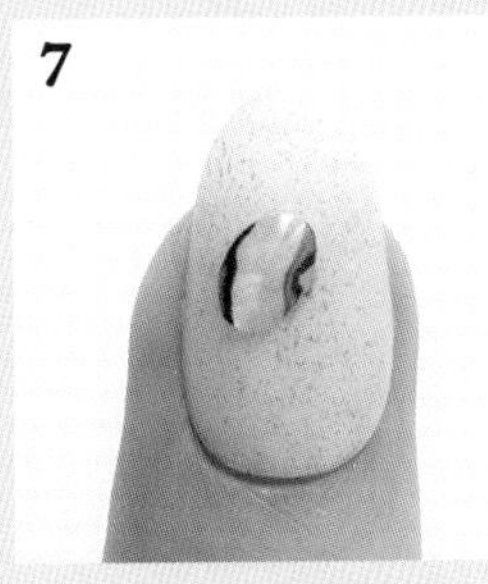

6の上にⒸシェルをのせる。

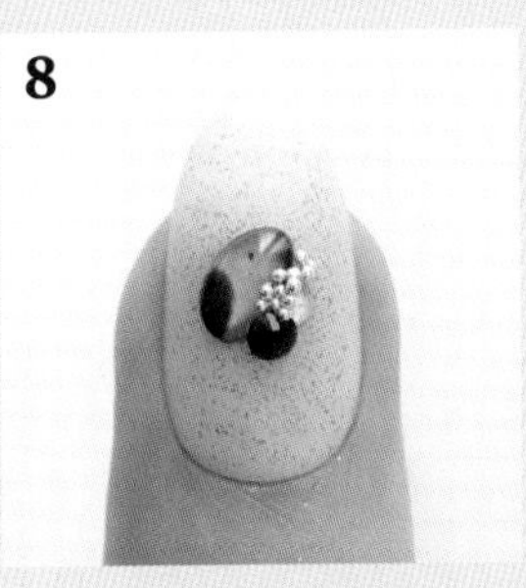

7でのせたシェルの周囲にトップジェルをのせ、Ⓓ〜Ⓕのパーツをのせ、硬化させる。

OTHER *nails*

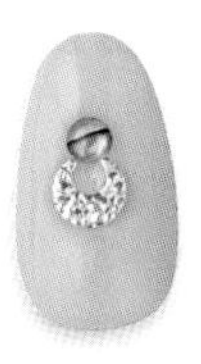

メインを引き立てるため、サブの爪はツヤのあるクリームイエローで仕上げます。親指には同じくシェルをのせ、さらに統一感を出します。

BEIGE × 辛口レオパード

貼る、描く、塗る、のせる……。複数のテクニックを使ったスタイリッシュなベージュネイル。

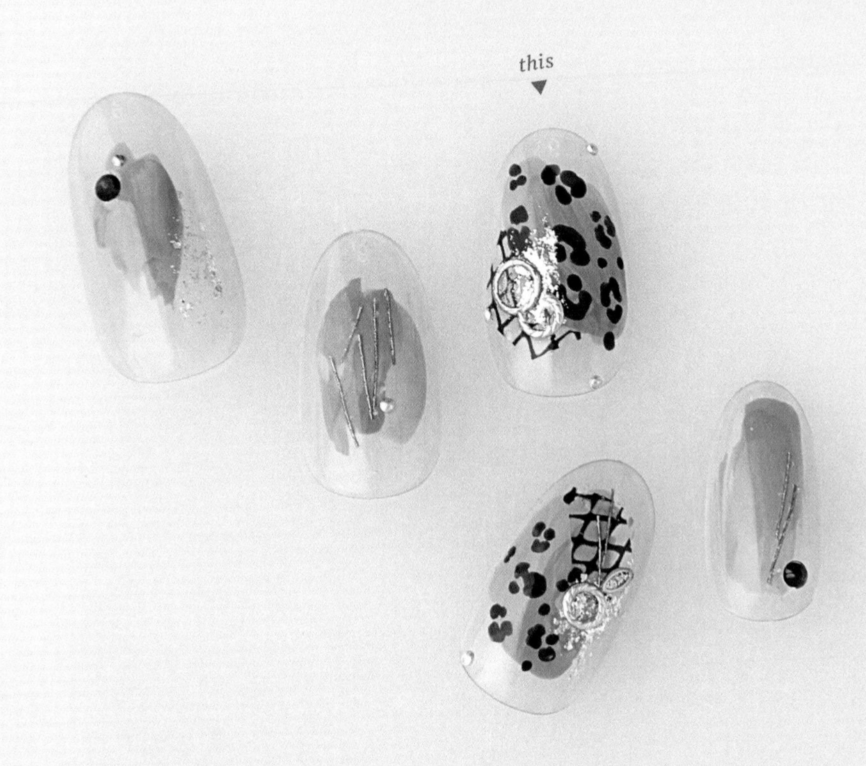

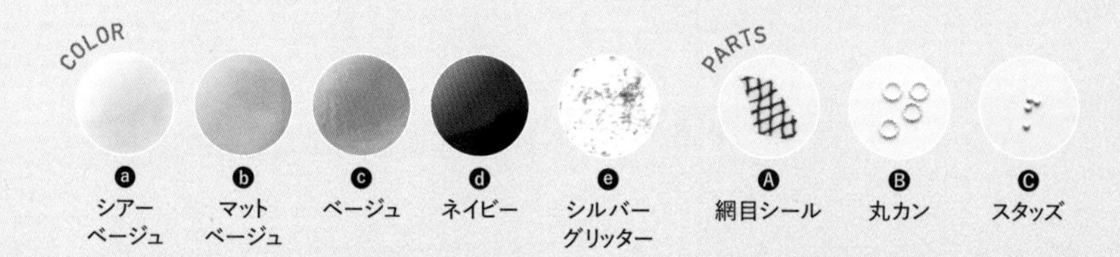

POLISH　GEL

定番のベージュ×レオパードも柄をネイビーで描く、他の柄と組み合わせるなどでイメージがソフトになります。他の指はひかえめなアートにすると、柄のインパクトが引き立ちます。

P ポリッシュの説明 / G ジェルの説明

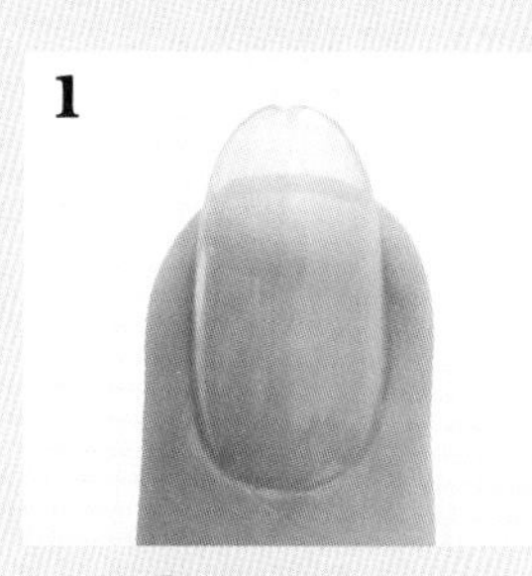

1
爪全体にⓐシアーベージュを塗る。
P 表面を乾かす
G 硬化させてから未硬化のジェルをふき取る

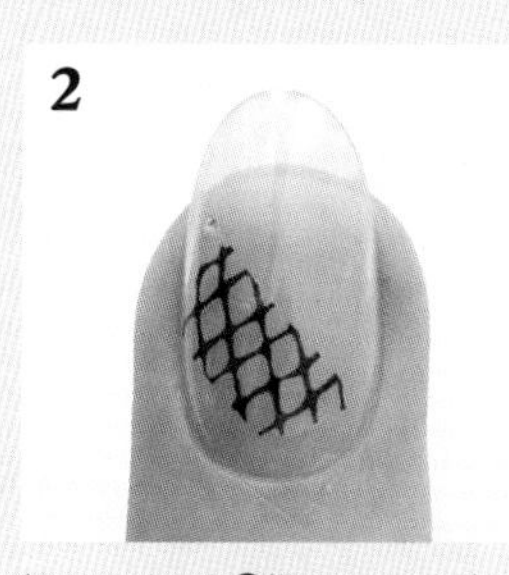

2
細くカットしたⒶ網目シールを貼る。

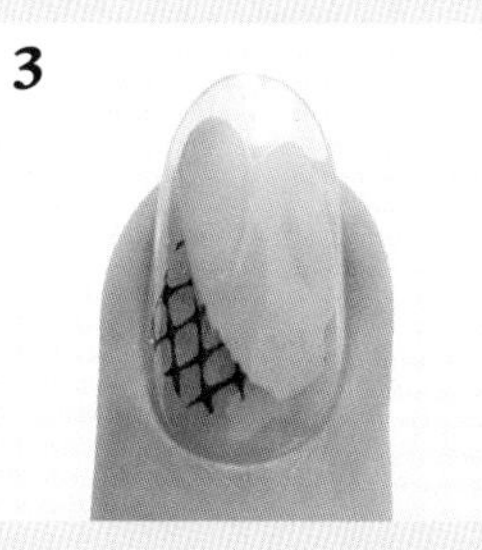

3
網目シールに少し重なるようにⓑマットベージュを塗る。
P 表面を乾かす
G 硬化させる

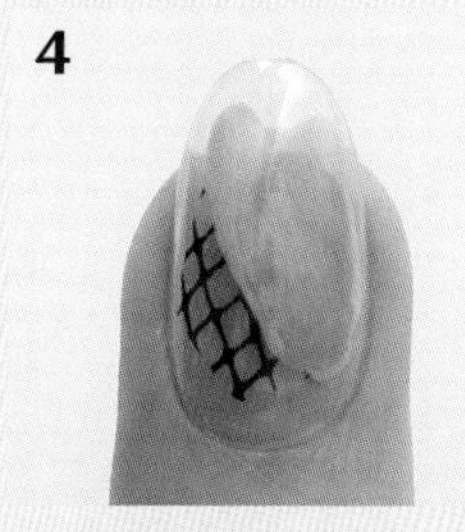

4
3に部分的に重なるようにしてⓒベージュを塗る。
P 表面を乾かす
G 硬化させる

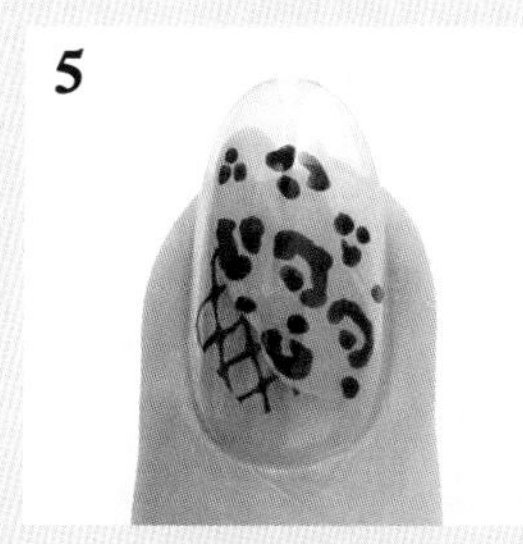

5
ショートライナー筆にⓓネイビーを取り、**3**、**4**で塗ったベージュの上にレオパード柄を描く。
P 表面を乾かす
G 硬化させる

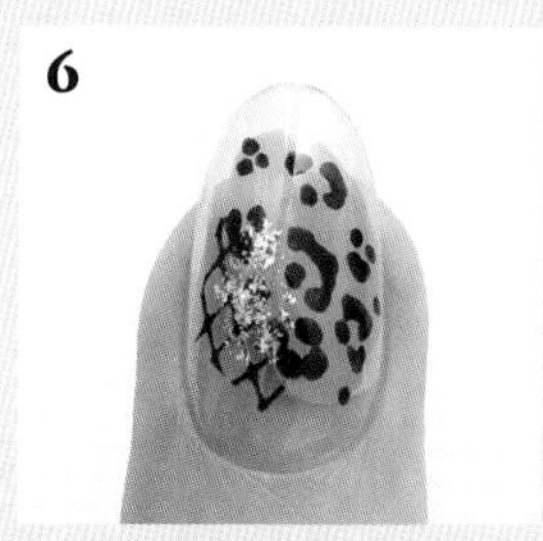

6
P 網目シールとレオパード柄の境い目にトップコートを塗り、その上にⓔシルバーグリッターを塗り、乾かす
G トップジェルを塗ってからⓔシルバーグリッターを塗り、硬化させる

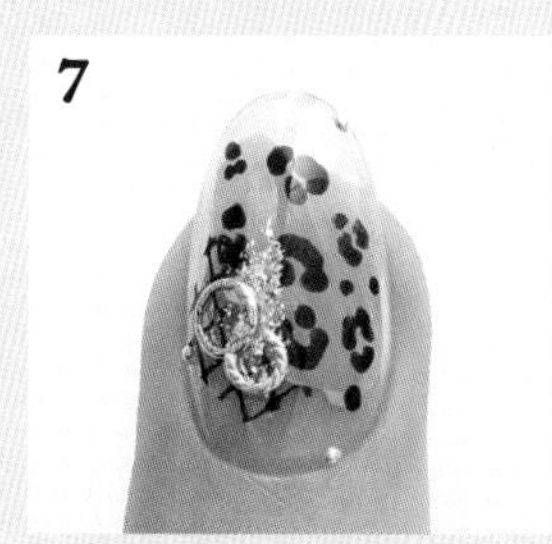

7
P **6**の上にトップコートを塗り、その上にⒷ、Ⓒのパーツをのせ、乾かす
G トップジェルを塗り、その上にⒷ、Ⓒのパーツをのせ、硬化させる

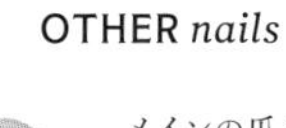

OTHER *nails*

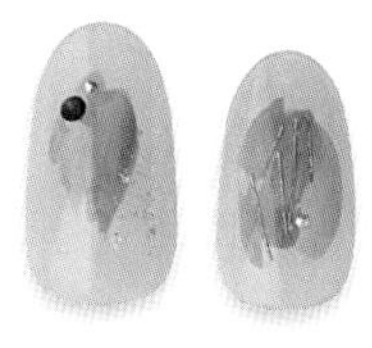

メインの爪と同じ塗り方でサブの爪にもシアーベージュを塗り、柄を描いた色に合わせたネイビーのストーンのみを置きます。メインのレオパード柄を引き立てるため、サブは控えめに仕上げます。

BEIGE × キュートなブラウン

ヌーディなベージュにブラウンの変形ドットを重ね、
マットに仕上げたキュートなアート。小さな押し花がポイントです。

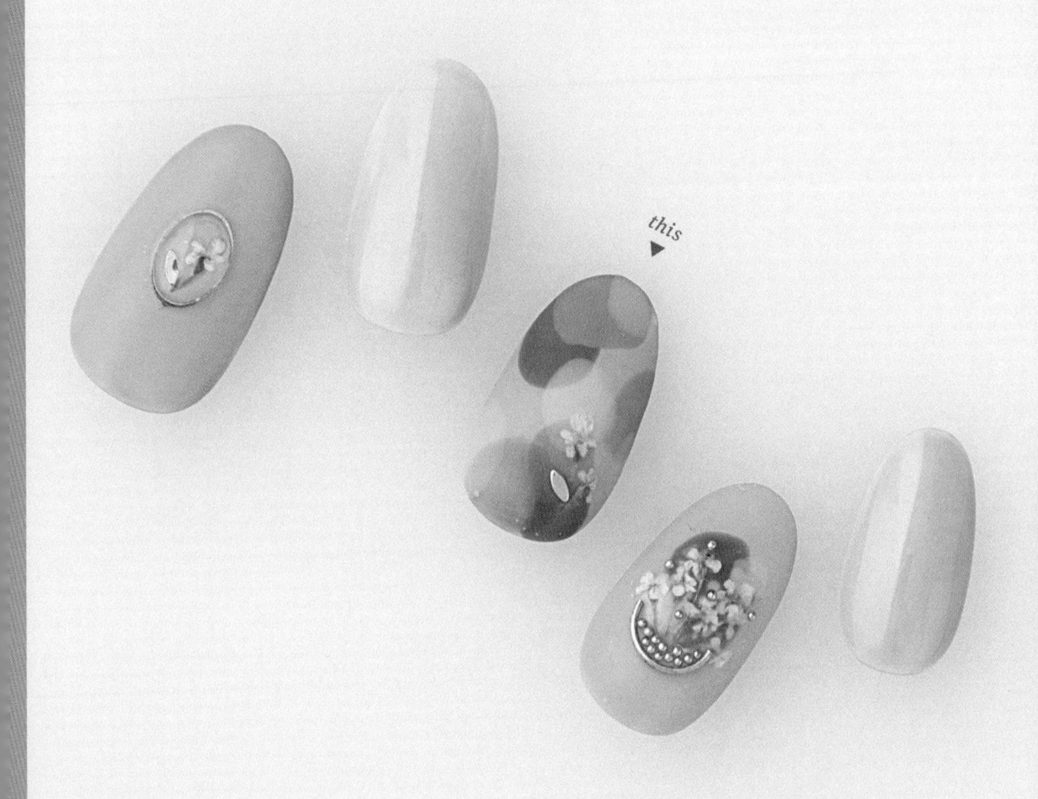

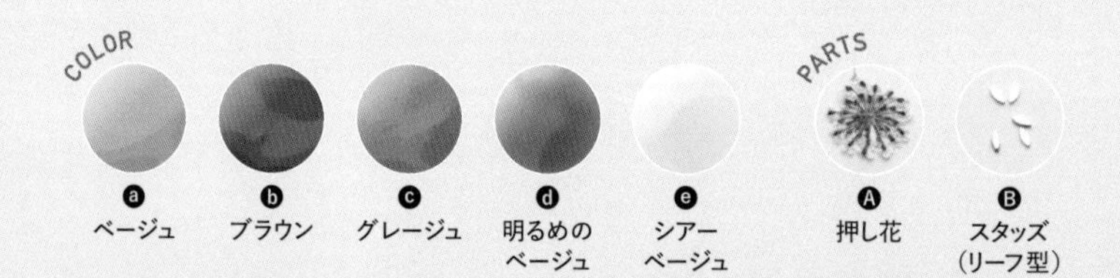

POLISH GEL

トーンの異なるブラウンは、少しずつ色を重ねながら塗り、全体をしっくりとなじませます。メタルパーツや押し花などのパーツは、数を控えめにすると上品です。

P ポリッシュの説明 / G ジェルの説明

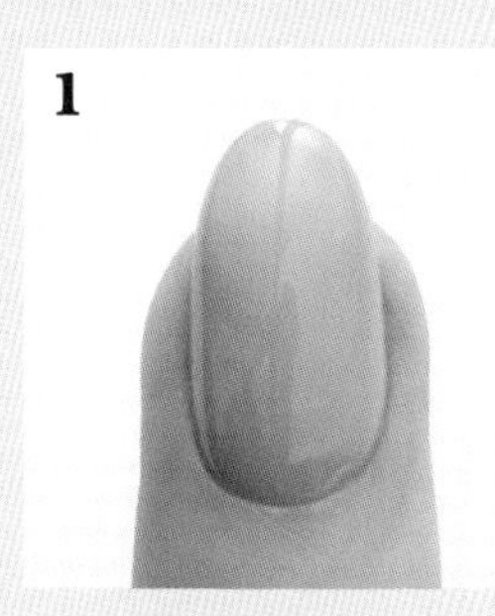

1
爪全体にⓐベージュを塗る。
P 表面を乾かす
G 硬化させる

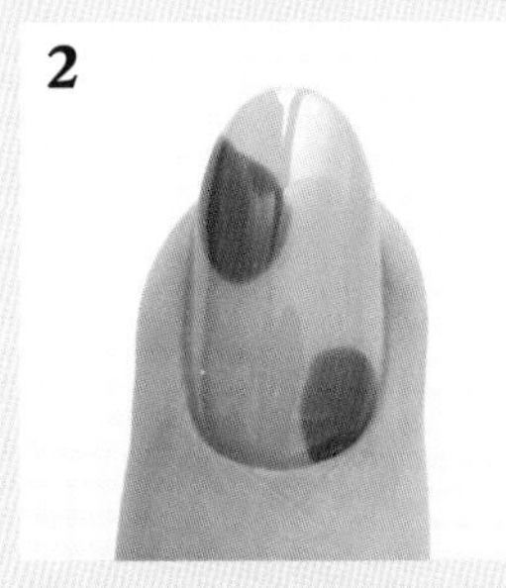

2
ⓑブラウンで少しゆがんだ丸を描く。
P 表面を乾かす
G 硬化させる

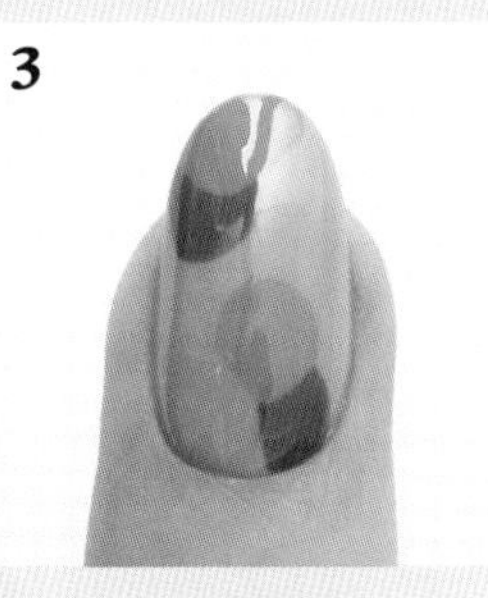

3
ⓒグレージュで**2**に重なるようにして同じように変形の丸を描く。
P 表面を乾かす
G 硬化させる

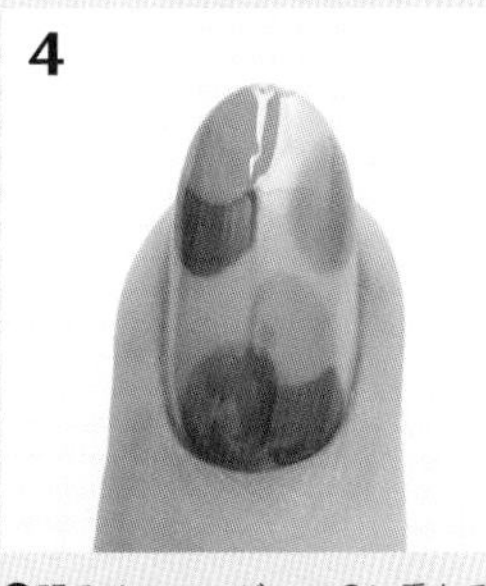

4
ⓓ明るめのベージュで**3**に重なるようにして同じように変形の丸を描く。
P 表面を乾かす
G 硬化させる

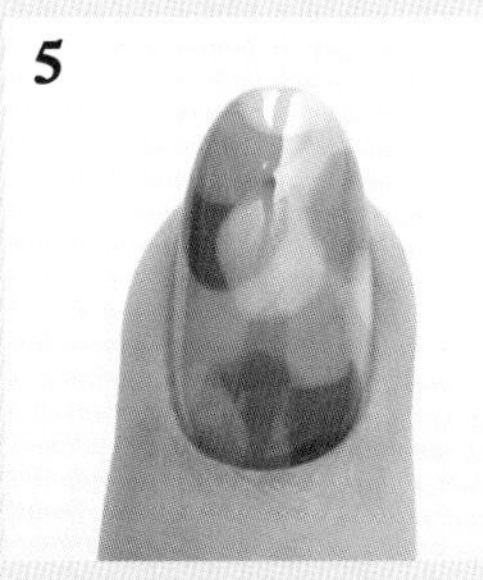

5
4と同様にしてⓔシアーベージュで丸を描く。
P 表面を乾かす
G 硬化させる

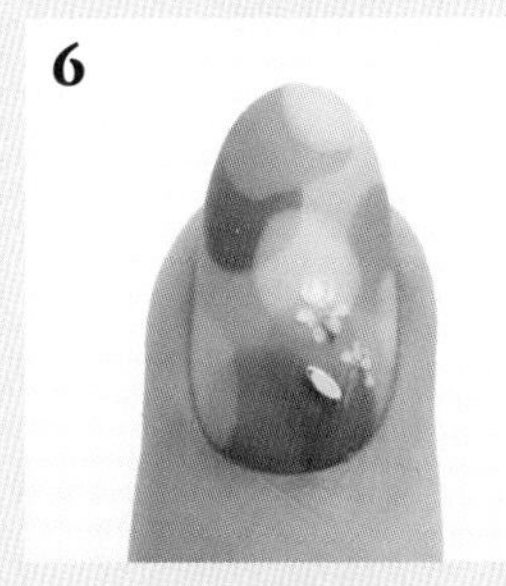

6
P トップコートを少し塗ってからⒶ押し花、Ⓑスタッズをのせ、全体にマットコートを塗り、乾かす
G トップジェルを少しのせ、Ⓐ押し花、Ⓑスタッズをのせ、硬化させてから全体にマットジェルを塗り、再度硬化させる

OTHER *nails*

単色塗りにした２本のグレージュは、メインと同じ色を使っていますが、ツヤのある質感に変えてアクセントにしています。アートもメインと同じ押し花を使って統一感をアップさせています。

BEIGE × ミラーネイル

クールに輝くメタリックなベースにアースカラー。
異質な組み合わせが絶妙にマッチした大人のアートです。

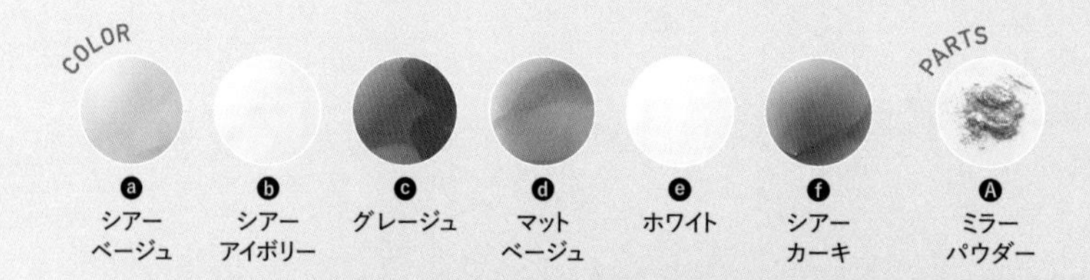

GEL *only*

まるで鏡のような仕上がりのミラーネイルの爪先にアースカラーをのせ、ひびのような線（クラック）を描いて鉱物を思わせる仕上がりに。ミラーを完全に隠さないところがポイントです。

1

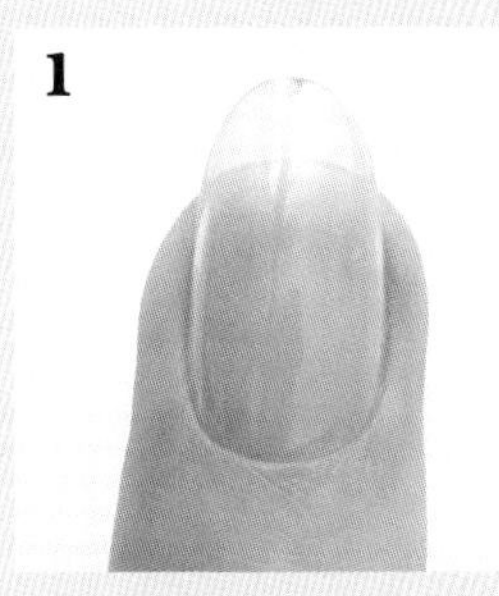

爪全体にⓐシアーベージュを塗って硬化させ、さらにふき取り不要のノンワイプトップジェルを塗って硬化させる。

2

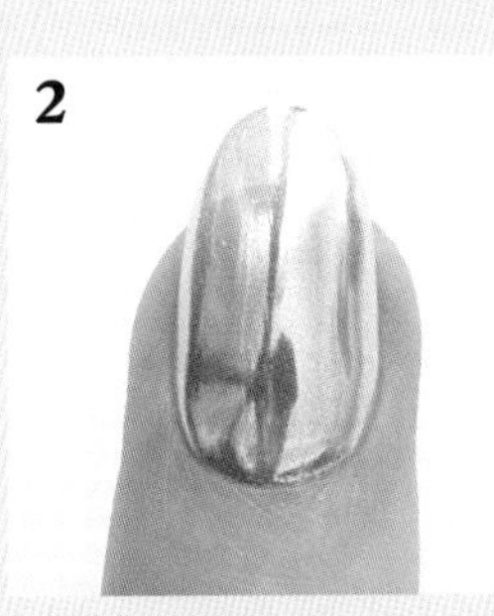

1の上からⒶミラーパウダーをのせ、下記のPOINTを参照して全体をミラーのデザインにする。

3

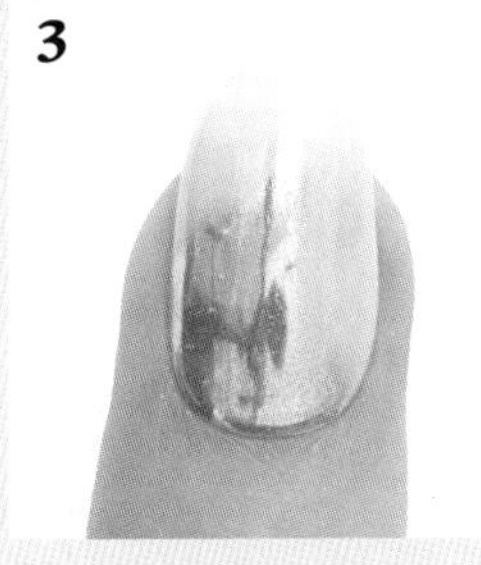

爪の先から根本に向かってⓑシアーアイボリーをランダムに塗り、硬化させる。

4

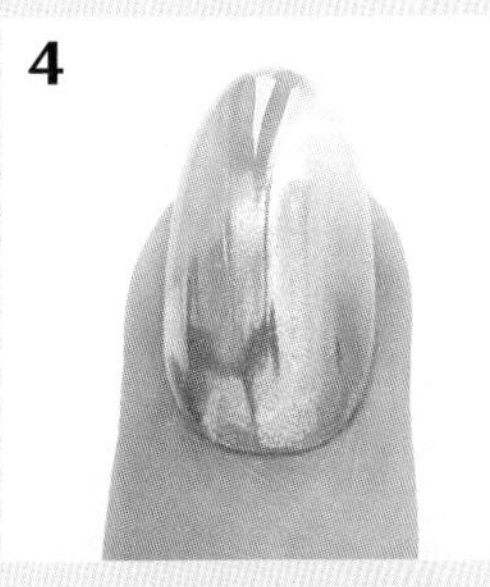

3のシアーアイボリーにところどころ重なるようにⓒグレージュをランダムに塗る。

5

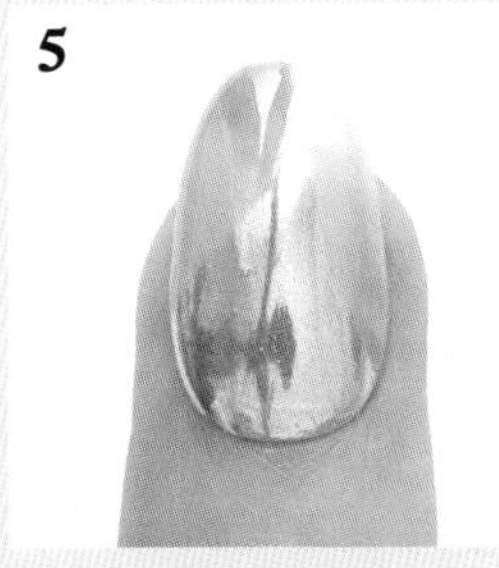

4で塗ったグレージュの横にⓓマットベージュを塗り、硬化させる。

6

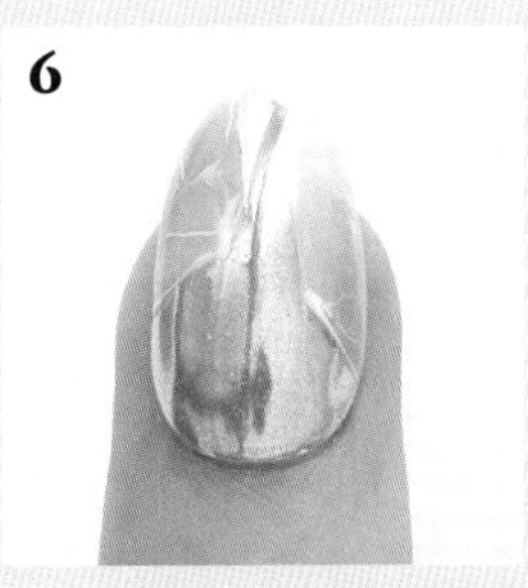

ミラーと**3**～**5**で塗った色の境目を区切るようにⓔホワイトでラインを描き、さらに細いラインを足してクラックのようにして硬化させる。

7

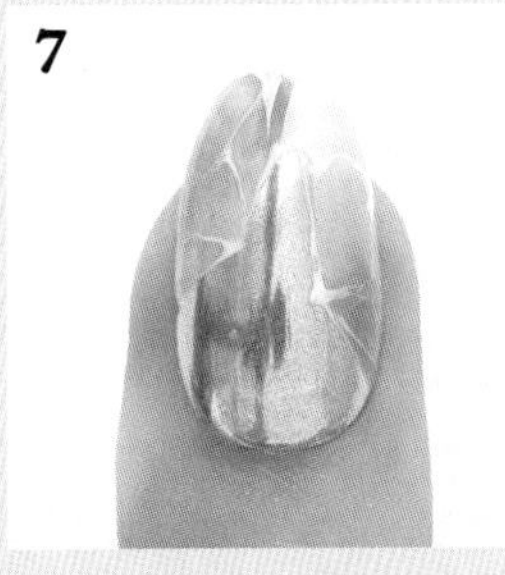

部分的にⓕシアーカーキを塗ってポイントにし、硬化させる。

POINT

ミラーネイルのつくり方

ミラーパウダーはアイシャドウチップで少量ずつのせ、爪全体についたらアイシャドウチップでこすりつけるようにし、余分な粉を払う。

OTHER *nails*

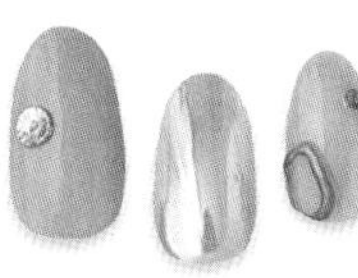

メインと同じミラーネイルやベージュを使い、全体をまとめています。小指は高粘性トップジェルを使って盛り上がった輪をつくり、天然石のように仕上げて統一感を出します。

BEIGE × モノトーンの小花

生地のように仕上げたベースにモノトーンの小花がまるで刺繍のよう。
クラフト感いっぱいのアートです。

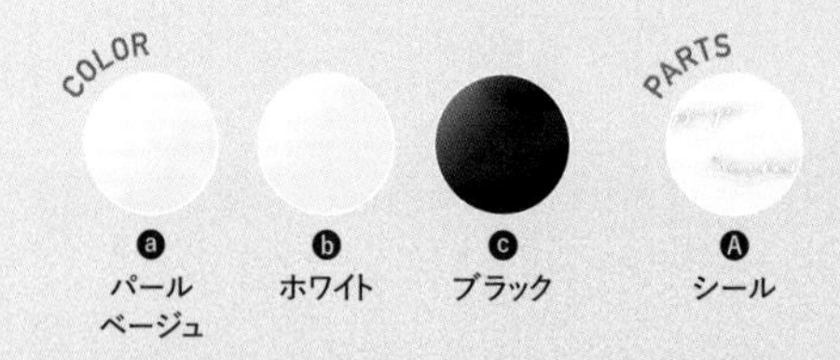

ベースの色を塗ったあと、ブラシで爪の表面をぽんぽんと叩くようにして色をのせ、凹凸をつくります。マットコートでツヤを消したことで、ツイードの生地のような質感に仕上がります。

1

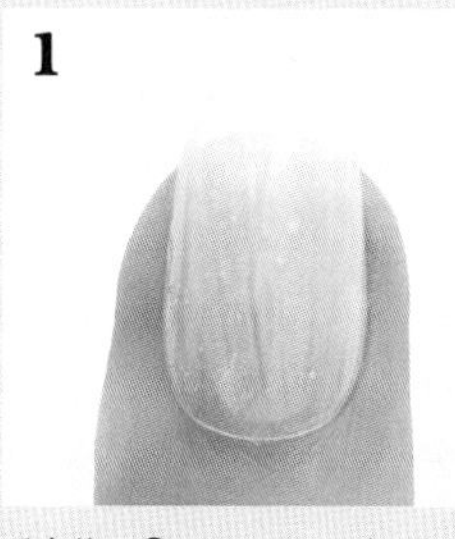

爪全体にⓐパールベージュを塗る。このとき、多少ムラになっても構わない。塗り終えたら硬化させる。

2

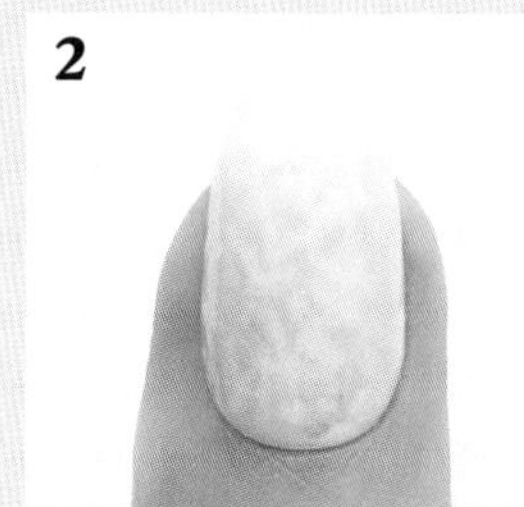

ⓑホワイトを取り、爪表面を叩くようにして色をのせ、凹凸をつくり、硬化させ、未硬化のジェルをふき取る。

3

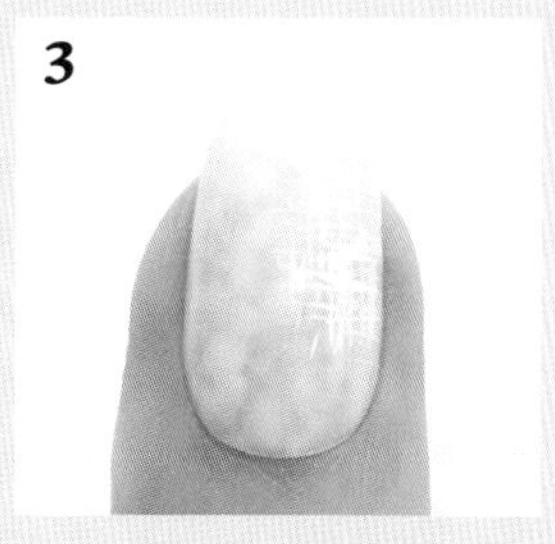

ショートライナー筆にホワイトを取り、細い線で縦・横のラインをランダムに重ねてチェック柄を描いて硬化させる。

4

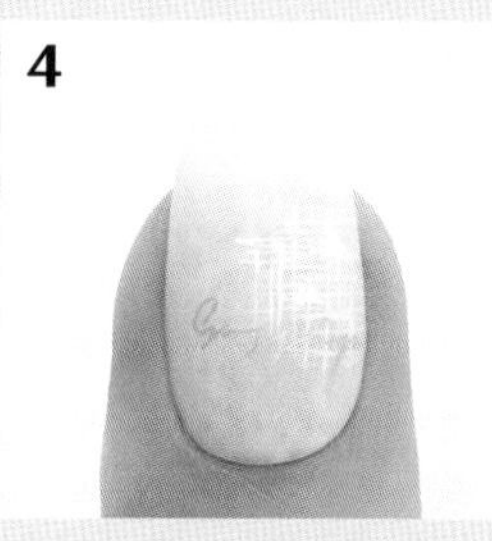

3のチェック柄の下にⒶシールを貼り付けてからマットコートを全体に塗り、硬化させ、未硬化のジェルをふき取る。

5

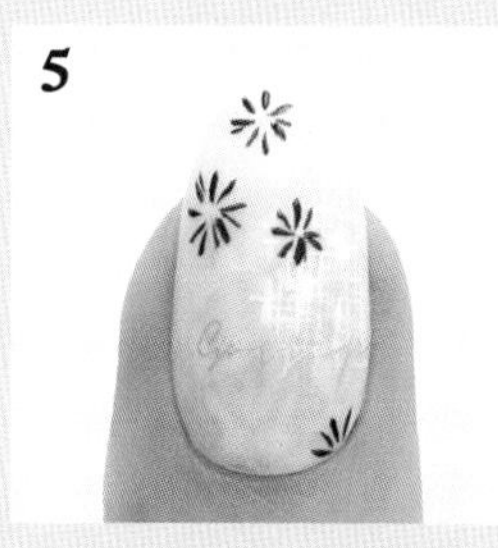

ショートライナー筆にⓒブラックを取り、バランスよく小花を描く。

6

5で描いた黒の小花の隙間を埋めるようにしてⓑホワイトでさらに花びらを重ねて描き、硬化させる。このとき、白と黒が混ざってもよい。

7

5、**6**と同様に小花の下にⓑホワイトとⓒブラックで葉を描き、硬化させる。

8

ⓑホワイトで小花の間に細い曲線を描き、小花の中央にドットを描いて花芯をつくり、硬化させる。小花の部分の未硬化ジェルをふき取る。

他の爪はメインと同色の単色塗りでシンプルに。表面に粒状のラインストーンを散らして華やかさをプラスします。

PASTEL × 繊細なレースの白い花

お菓子のようなパステルカラーを使ったグラデーションに、
レースとクールなスタッズを添えて。甘くなりすぎないアートです。

２つの色を溶け込ませてつくるグラデーションはジェルネイルならではのテクニック。パステルカラーの甘い雰囲気を崩さないよう、白と組み合わせました。ゴールドのスタッズで辛口に引き締めます。

1

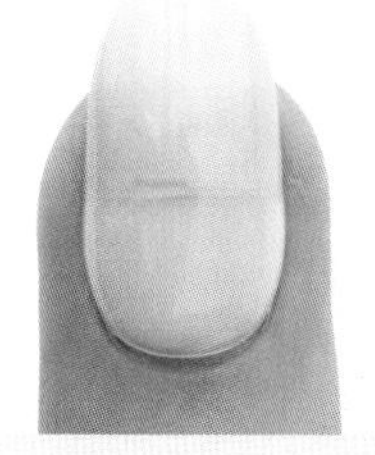

ⓐシアーホワイトを爪の根元、ⓑグリーンを爪の先に塗る。

2

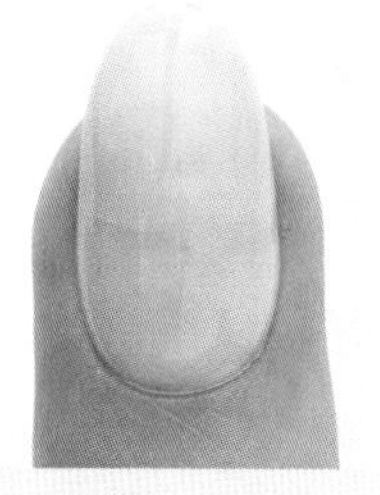

P.70 ～ 71を参照して、根元のシアーホワイトをブラシでなじませ、グラデーションにする。

3

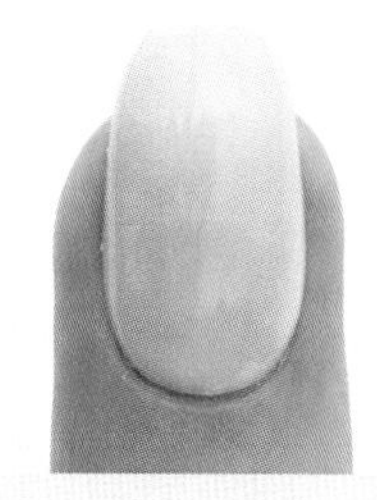

さらにシアーホワイトをグリーンになじませ、きれいなグラデーションにして硬化させる。

4

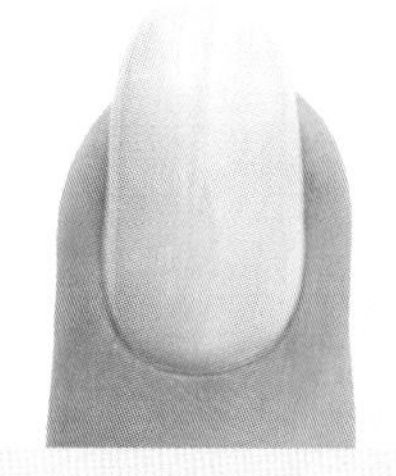

できあがったグラデーションの上にⓐシアーホワイトを塗り、硬化させ、未硬化ジェルをふき取る。

5

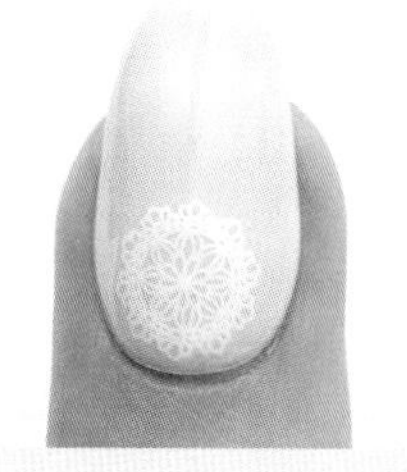

Ⓐレース柄のシールをしっかりと密着させて貼る。

6

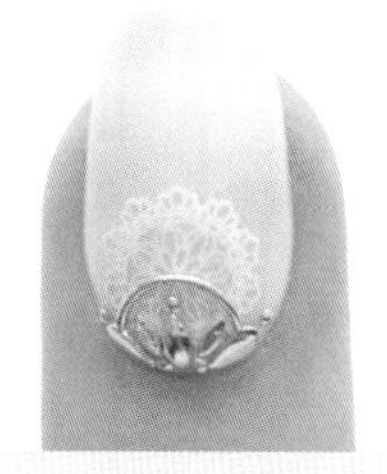

表面にトップジェルを塗り、Ⓑ～Ⓓのパーツをのせて硬化させる。

7

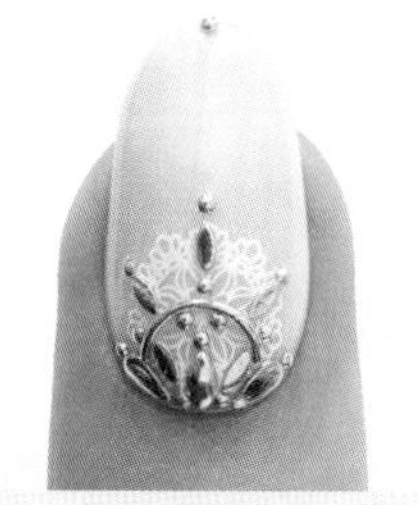

さらにパーツを組み合わせてのせ、模様をつくり、硬化させる。

OTHER *nails*

５本とも同じ色にしてもよいのですが、２本だけパステルトーンのピンクをプラスするとより華やかになります。アートはメインの爪と同じパーツを使い、並べ方を変えて違う柄にして変化をつけます。

PASTEL×クールなマーブル

涼しげなパールピンクに淡いブルーとピンクを塗り、
シルバーをあしらった、夏にぴったりのアートです。

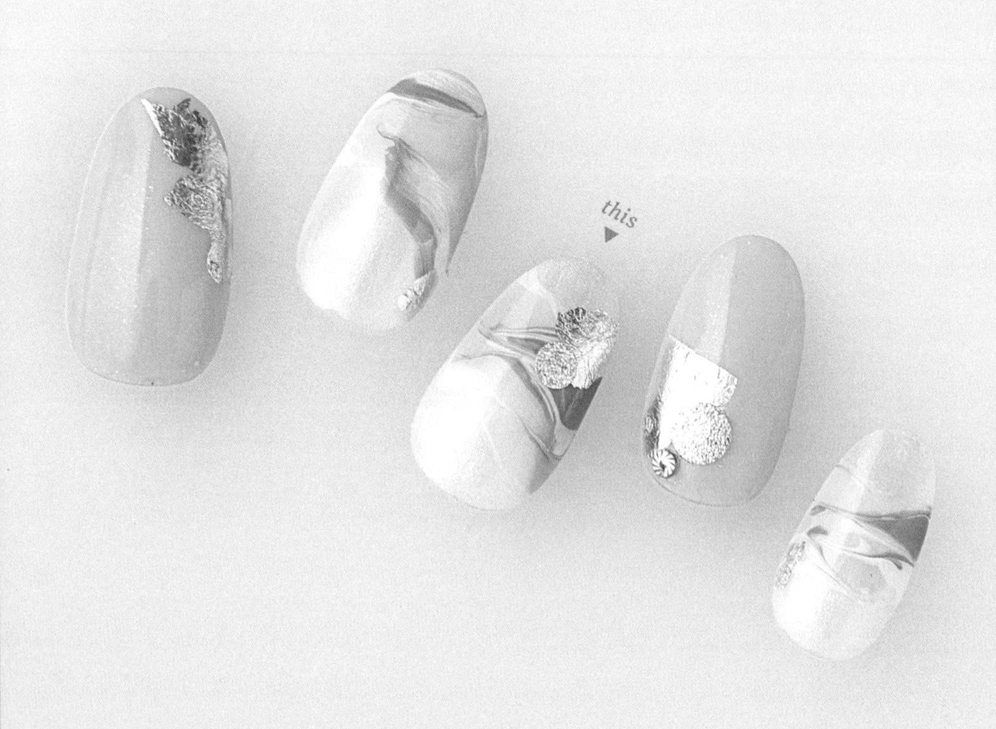

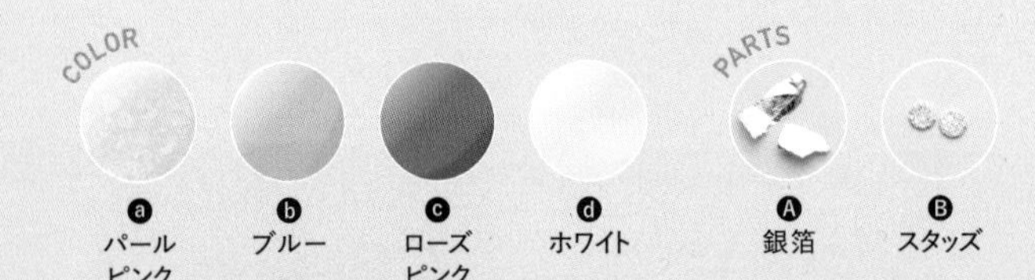

POLISH GEL

ブルーとピンクの2色が溶け合うマーブル風の模様ですが、色を混ぜすぎないことでそれぞれの色が濁らずきれいに発色し、クールでありながら可愛いい雰囲気がでます。

P ポリッシュの説明 / G ジェルの説明

1

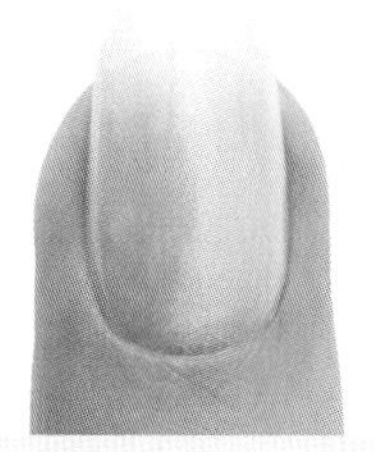

爪全体にⓐパールピンクを塗る。
P 乾く前に**2**へ
G 硬化させる

2

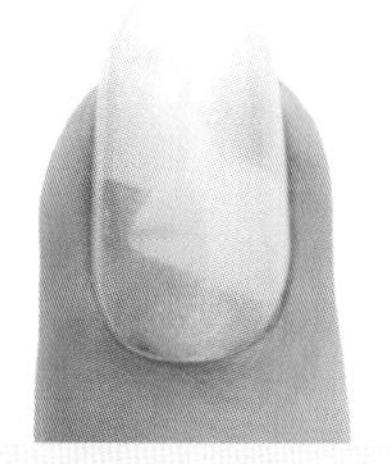

爪の中央にⓑブルーを帯状に塗る。
P 乾く前に**3**へ
G 硬化させずに**3**へ

3

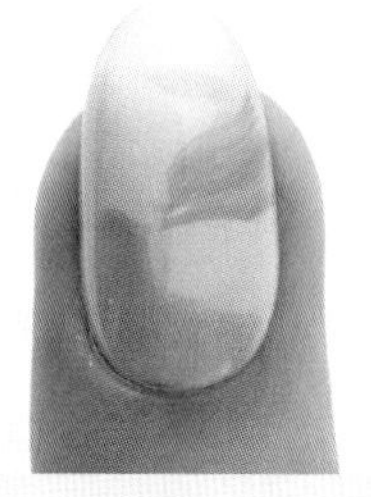

2のブルーの間にⓒローズピンクを塗る。
P 乾く前に**4**へ
G 硬化させずに**4**へ

4

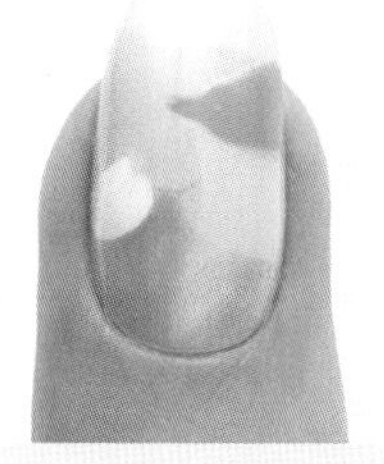

ブルー、ローズピンクの間にⓓホワイトを塗る。多少色が重なってもOK。

5

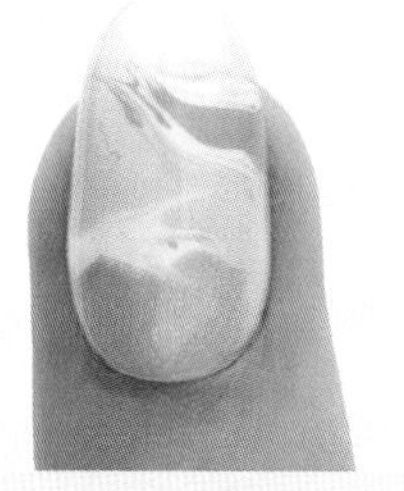

4で入れたホワイトが乾かないうちに、ショートライナー筆で引っ張りながらマーブルをつくる。このとき、色を混ぜすぎないよう注意。
P しっかりと乾かす
G 硬化させる

6

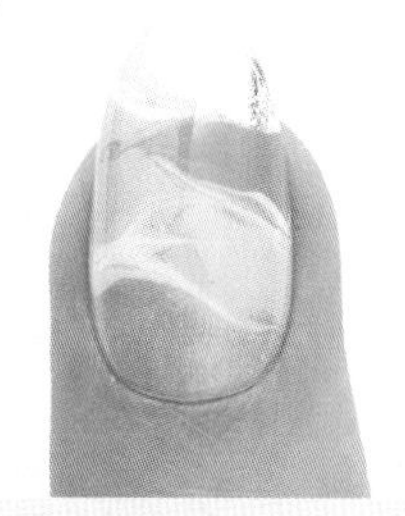

P 銀箔をのせる場所にトップコートを塗り、Ⓐ銀箔をのせる
G 未硬化ジェルの上にⒶ銀箔をのせて硬化させる

7

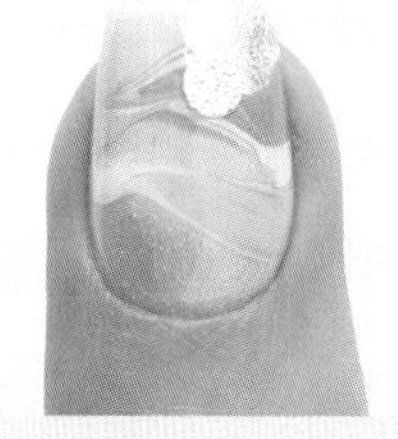

P **6**に続けてⒷスタッズをのせ、乾かす
G トップジェルを塗り、Ⓑスタッズをのせて硬化させる

OTHER *nails*

メインの爪で使ったブルーと少し変化をつけ、ブルーグリーンの単色塗りを加えました。これだけだと浮いてしまうので、メインの爪と同じ銀箔やスタッズを使い、統一感を出しています

PASTEL × 大人キュート

キュートなイメージのパステルカラーも組み合わせる色によって
クールな表情に。ちょっとスパイスを効かせて大人のキュートを演出！

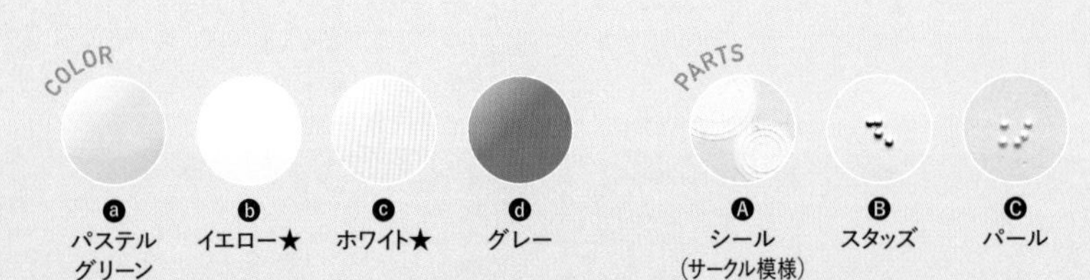

★ポリッシュの場合は
アクリル絵の具を使う

POLISH GEL

パステルカラーにグレーを合わせると、クールなイメージになります。さらにスポンジを使って黄色と白（アクリル絵の具またはジェル）を少量のせてアクセントに。大人っぽさをアップします

P ポリッシュの説明 ／ G ジェルの説明

1

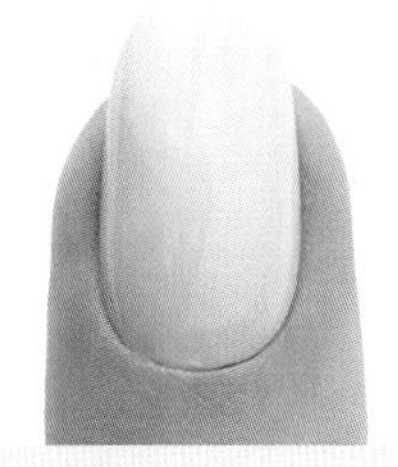

爪全体にⓐパステルグリーンを塗る。
P しっかりと乾かす
G 硬化させる

2

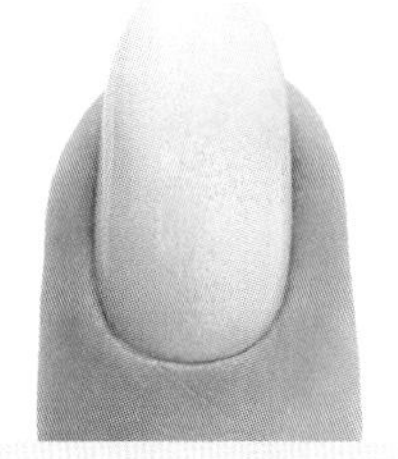

ⓑイエロー（Pアクリル絵の具／Gジェル）をスポンジに少量含ませ、丸くなるように叩いてのせる。
P 乾かないうちに**3**へ
G 硬化させる

3

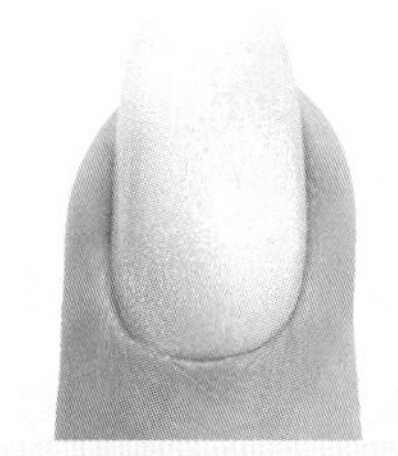

2と同様にしてⓒホワイト（Pアクリル絵の具／Gジェル）をスポンジで丸くのせる。
P しっかりと乾かす
G 硬化させる

4

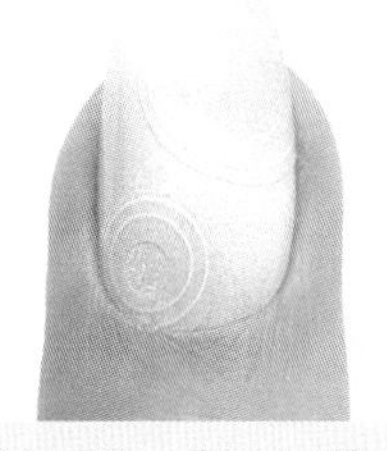

P 爪全体にトップコートを塗り、しっかり乾いてからⒶシールを貼る
G 爪全体にトップジェルを塗り、硬化させてふき取ってからⒶシールを貼る

5

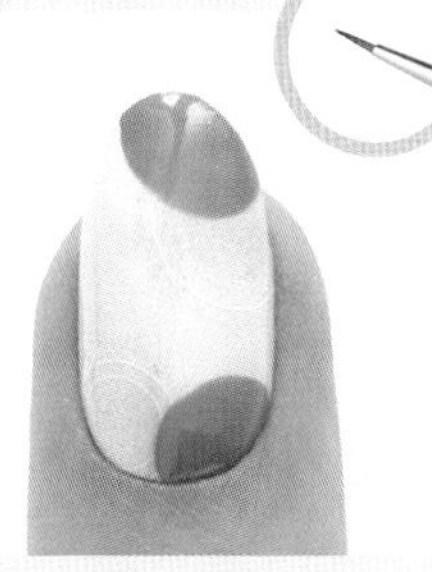

ラウンド筆にⓓグレーを取り、**2**で入れたイエローに重なるように２箇所に丸を描く。
P しっかりと乾かす
G 硬化させる

6

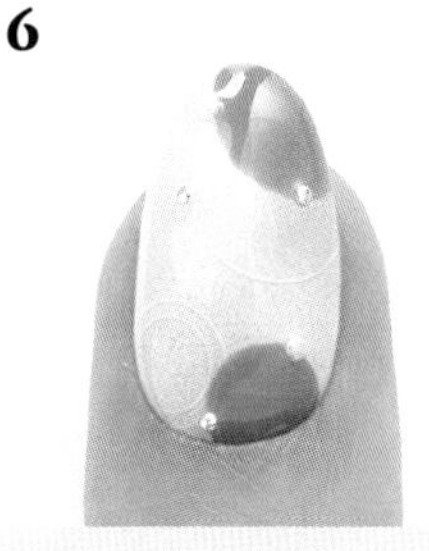

P 爪全体にトップコートを塗り、Ⓑスタッズ、Ⓒパールをのせ、乾かす
G 爪全体にトップジェルを塗り、Ⓑスタッズ、Ⓒパールをのせ、硬化させる。

OTHER *nails*

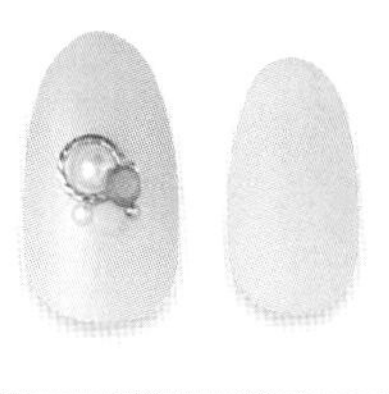

メインアートで使用したイエローや、パステルグリーンとトーンを合わせたピンクをバランスよく組み合わせました。パーツの色もメインで使用したグリーンと合わせています。

PASTEL × スイートなレオパード

クールなレオパード柄も、ベースにパステルカラーを選べば柔らかで可愛いイメージに。爪先のピンクがアクセントです。

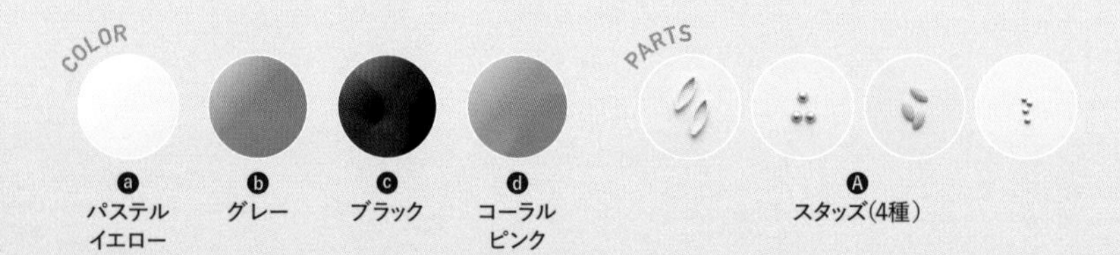

POLISH GEL

ベースの色を塗ったあと、爪の両側からグレーで細い線を入れ、毛並みのようなニュアンスをプラスしています。レオパード柄の中心を描くときは、大きな柄から描くとバランスがとりやすくなります。

P ポリッシュの説明 / G ジェルの説明

1

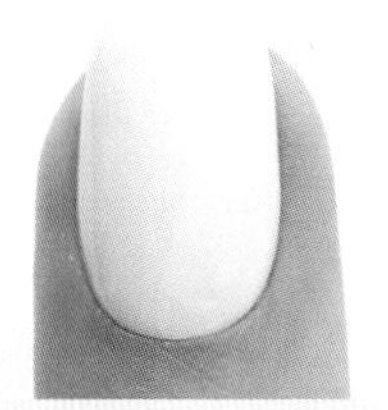

爪全体にⓐパステルイエローを塗る。
P しっかりと乾かす
G 硬化させる

2

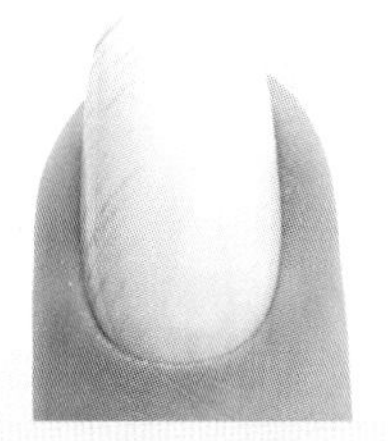

ショートライナー筆にⓑグレーを取り、爪のサイドから爪先に向け、斜めに細いラインを入れる。
P 乾く前に**3**へ
G 硬化させる

3

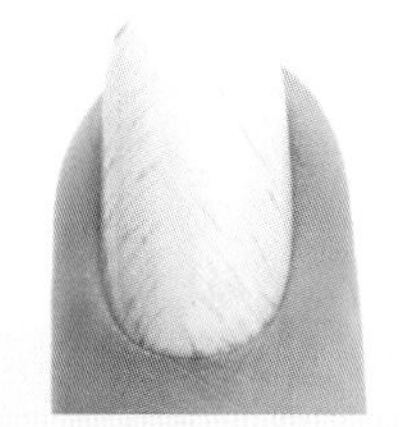

2と同様に、反対側からもグレーの細いラインを入れる。
P 乾く前に**4**へ
G 硬化させる

4

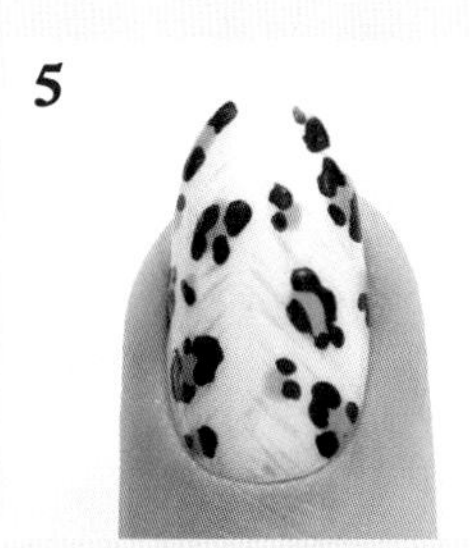

P.67を参照してラウンド筆にⓑグレーを取り、レオパードの中心を描く。
P 乾く前に**5**へ
G 硬化させる

5

4のグレーを囲むようにⓒブラックで小さいドットを描く。
P 乾く前に**6**へ
G 硬化させずに**6**へ

6

ショートライナー筆を使って**5**で入れたブラックをひっぱるように細い線を入れる。
P 表面を乾かす
G 硬化させる

7

ⓓコーラルピンクで爪先を細くふち取る。
P 表面を乾かす
G 硬化させる

8

P トップコートを塗り、Ⓐスタッズを花びらのようにのせ、乾かす
G トップジェルを塗り、Ⓐスタッズをのせ硬化させる

OTHER *nails*

メインの爪でベースや爪先に使った色で単色塗りにします。1本だけ寒色系のパステルカラーを入れると、他の爪がより引き立ちます。

PASTEL × ふわふわフォギー

まるでふわふわのベロアのような不思議な質感のネイルは、
ソフトフォーカスをかけたような花柄がポイント。丁寧な仕上げが決め手です。

ⓐ パステルブルー　ⓑ ホワイト★　Ⓐ シール

★ポリッシュの場合はアクリル絵の具を使う

POLISH **GEL**

ふわふわの質感は、スポンジで叩いてつけた白色と、マット仕上げで生まれます。ポリッシュの場合、花は時間をかけず素早く描くのがきれいに仕上げるコツです。

P ポリッシュの説明 / G ジェルの説明

1

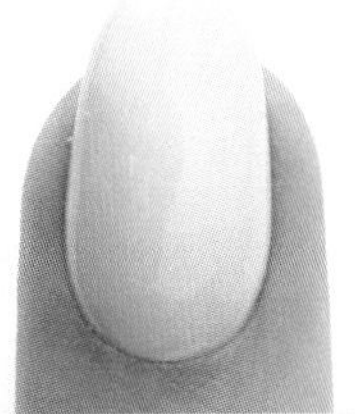

爪全体にⓐパステルブルーを塗る。
P しっかりと乾かす
G 硬化させる

2

ⓑホワイト（P アクリル絵の具/G ジェル）をパレットの上でしっかりとスポンジになじませ、爪表面に軽く叩いてのせる。
P しっかりと乾かす / G 硬化させる

3

ラウンド筆にⓑホワイト（P アクリル絵の具/G ジェル）を取り、花を描く。

4

さらに2枚の花びらと葉を描く。
P **5**へ
G 硬化させる

5

ショートライナー筆にⓑホワイト（P アクリル絵の具/G ジェル）を取り、花の周囲をふち取る。
P しっかりと乾かす
G 硬化させる

6

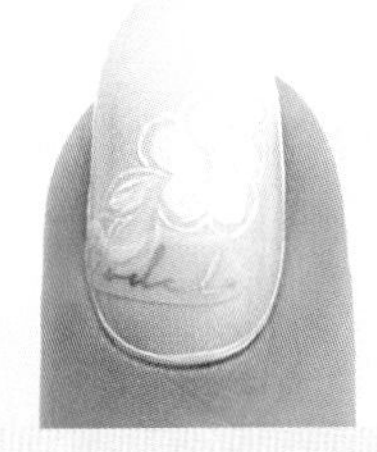

P Ⓐシールをしっかりと密着させて貼り、ショートライナー筆にⓑホワイト（アクリル絵の具）を取り、爪の表面を囲むようにラインを引く
G トップジェルを塗り、硬化させてふき取ったあとⒶシールを貼り、ショートライナー筆でⓑホワイトをとって爪の周囲を囲むようにラインを引き、硬化させる

7

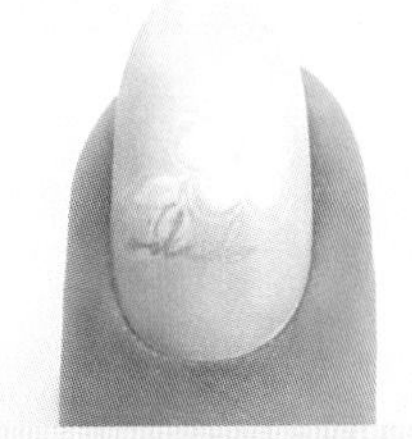

P マットコートを塗って乾かす
G マットジェルを塗って硬化させる

OTHER *nails*

メインのパステルブルーと同じトーンのピンク、グリーンを使用し、同じテクニックでふわふわ感のある仕上げにします。親指、中指など面積の大きな爪にはストーンで花をつくり、アクセントにします。

CHIC × カーキでカモフラージュ柄

落ち着きのあるカーキもカモフラージュ柄にするとクールでハードな印象に。
輝きを抑えたブロンズが大人っぽさをアップします。

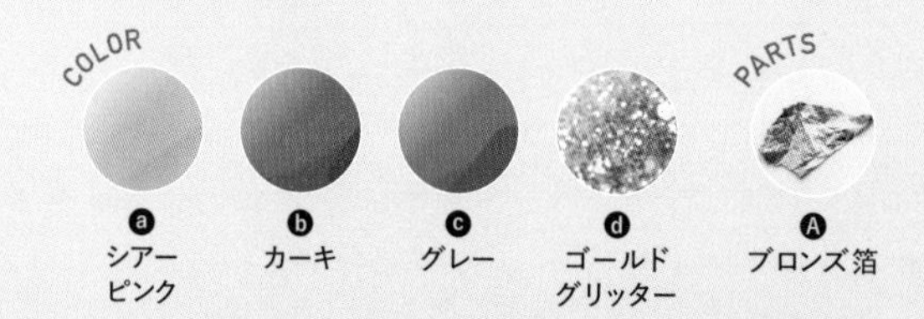

POLISH GEL

先に貼ったブロンズ箔にかぶせるように色をのせることで、輝きを抑えました。箔を貼るとき、色をのせるときは常に仕上がりのカモフラージュ柄をイメージすることがポイントです。

Ⓟ ポリッシュの説明 / Ⓖ ジェルの説明

1

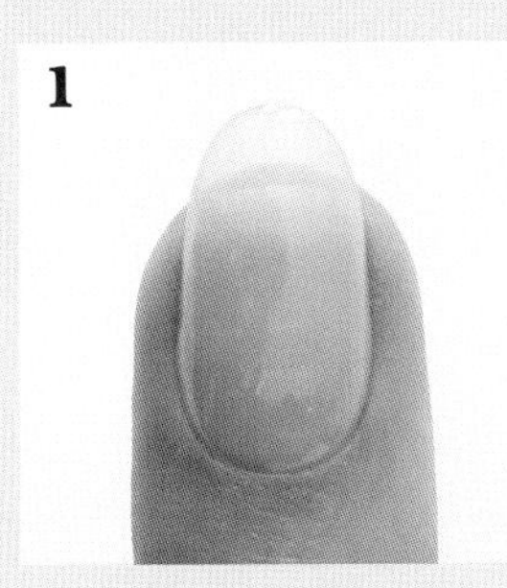

爪全体にⓐシアーピンクを塗る。
Ⓟ しっかりと乾かす
Ⓖ 硬化させる

2

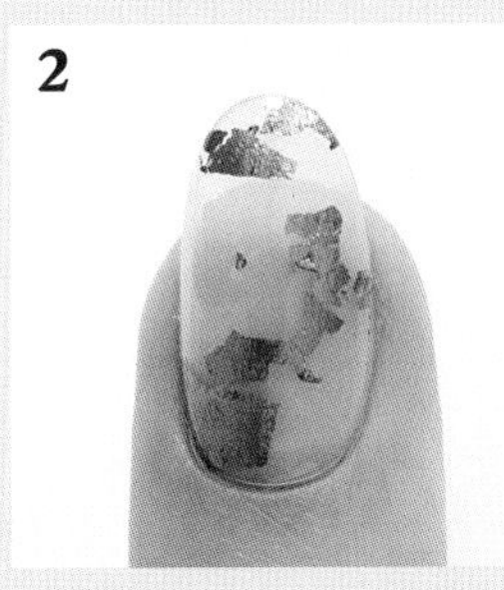

Ⓟ 爪全体にトップコートを塗り、Ⓐブロンズ箔をカモフラージュ柄になるようにランダムに貼って表面を乾かす
Ⓖ 爪全体にトップジェルを塗り、カモフラージュ柄になるようにⒶブロンズ箔を貼る

3

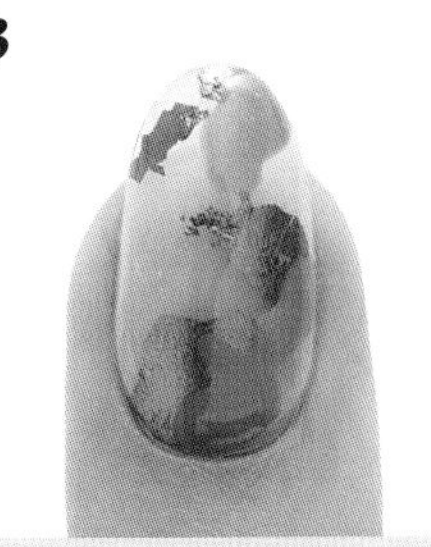

ブロンズ箔に少し重ねながら、**2**と同様にカモフラージュ柄になるようにⓑカーキをランダムに塗る。
Ⓟ 表面を乾かす
Ⓖ 硬化させる

4

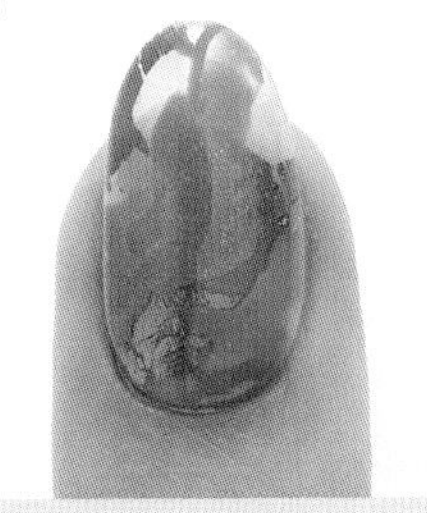

3と同様にⓒグレーを塗る。
Ⓟ 表面を乾かす
Ⓖ 硬化させる

5

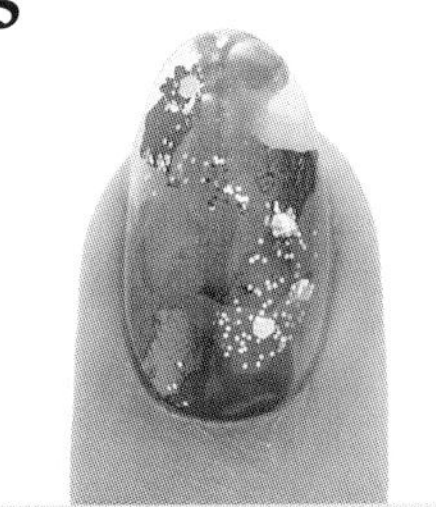

Ⓟ ⓓゴールドグリッターを部分的に塗り、乾かす
Ⓖ ⓓゴールドグリッターを部分的に塗り、硬化させる

OTHER *nails*

1本を斜めフレンチにするなど分量を変えながら3本をカモフラージュ柄にしました。単色塗りはメインで使ったカーキとグレーを1本ずつ。ブロンズ箔に合わせた色のパーツも乗せています。

CHIC × シルバーグレー

インパクトの強いシルバーも、ブルーグレーのニュアンスで
落ち着いた雰囲気に。シックな色合いのストーンが大人っぽいアートです。

COLOR

ⓐ メタリックシルバー

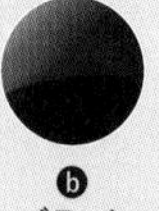

ⓑ ブラック

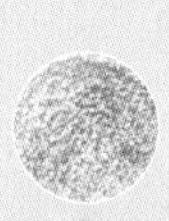

ⓒ パールホワイト

ⓓ シルバーグリッター

PARTS

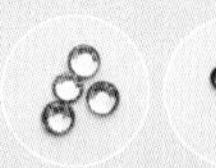

Ⓐ ラインストーン（4種）

Ⓑ スタッズ

POLISH GEL

ブラックの模様はブラシを動かした刷毛目を残してラフなイメージを強調します。ラインストーンはあえてくすんだ色をチョイス。寒色のブルーと反対色のオレンジを入れてポイントにします。

P ポリッシュの説明 / G ジェルの説明

1

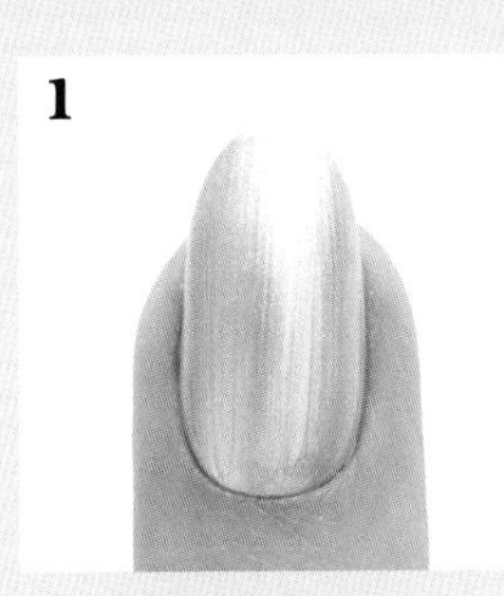

爪全体に ⓐ メタリックシルバーを塗る。
P しっかりと乾かす
G 硬化させる

2

ブラシの先端を使い、スッと動かしながら ⓑ ブラックで長方形っぽい形を描く。
P 表面を乾かす
G 硬化させる

3

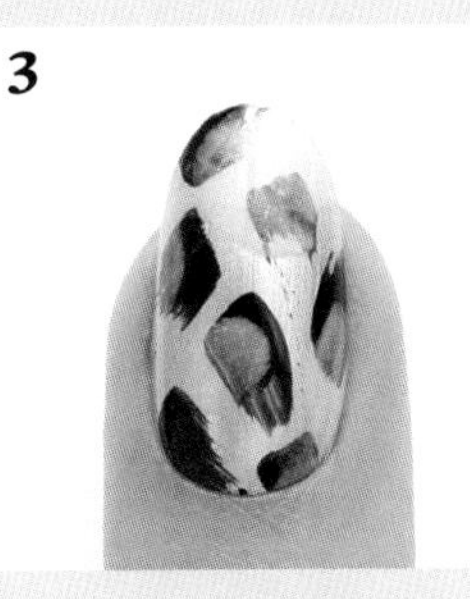

ブラックに重ねながら、**2**と同様の方法で ⓒ パールホワイトを塗る。
P 表面を乾かす
G 硬化させる

4

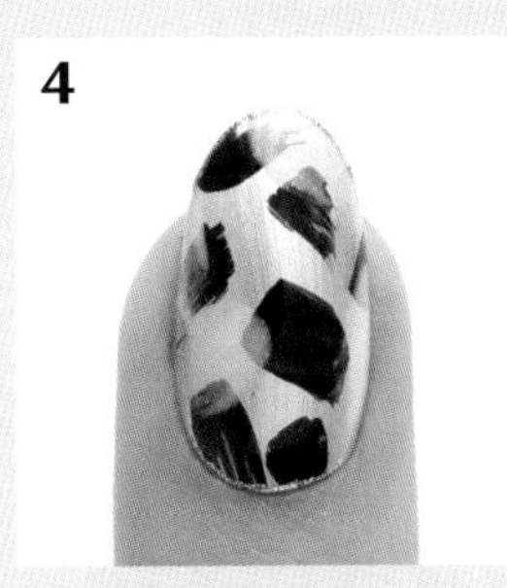

ショートライナー筆に、ⓓ シルバーグリッターを取り、爪の周囲を囲むように細いラインを引く。
P 表面を乾かす
G 硬化させる

5

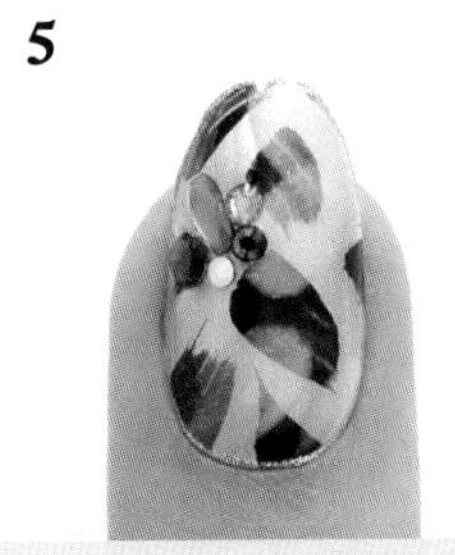

P トップコートを塗り、Ⓐ ラインストーンをバランスよくのせる
G トップジェルを塗り、Ⓐ ラインストーンをバランスよくのせる

6

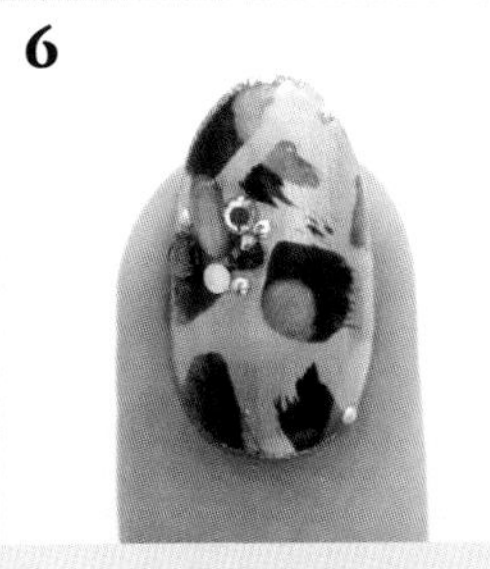

P **5**のトップコートが乾いていたら再度トップコート塗り、バランスよく Ⓑ スタッズをのせ、乾かす
G Ⓑ スタッズをのせ、硬化させる

OTHER *nails*

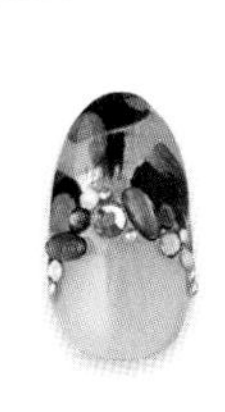

メインの爪と同様のテクニックでフレンチネイルを1本つくり、その他はシルバーグレー×ブラックのニュアンスに合ったネイビーの単色塗りに。ストーンはメインと同じ色のものを使って統一感を出します。

CHIC × 手描きマーブル

深みのあるシックなブラウンにシルバーがしっくりマッチ。
濃い色を柔らかくソフトに見せ、上品な仕上がりになりました。

赤みのあるブラウンに手描きで2色の太さの違う線を重ね、マーブルのように描きます。1箇所につけたグリッターやホログラムや爪の根元にいれたゴールドのラインがアクセント。マットに仕上げます。

P ポリッシュの説明 / G ジェルの説明

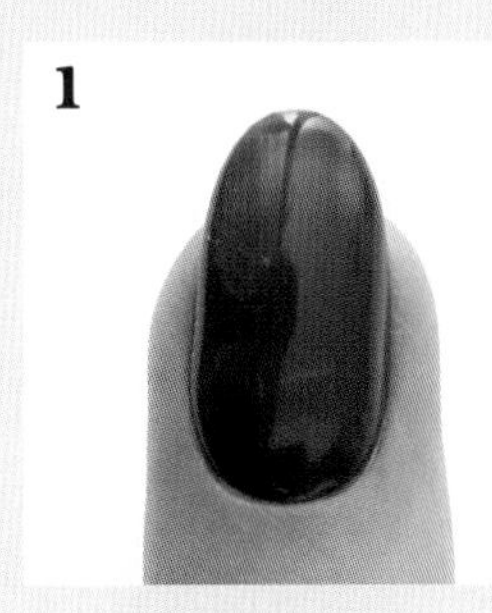

1
爪全体にⓐブラウンを塗る。
P しっかりと乾かす
G 硬化させる

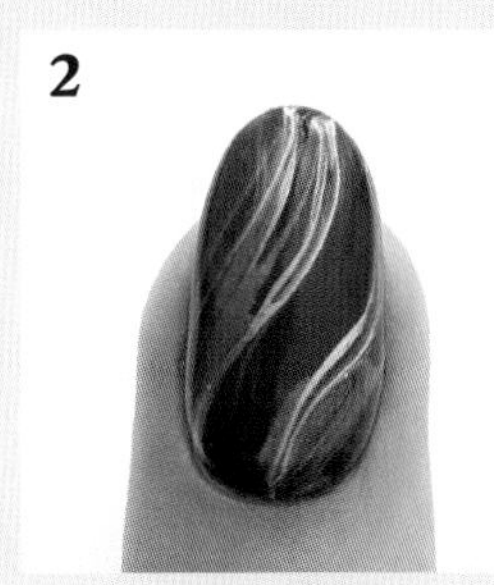

2
ショートライナー筆にⓑパールグレーを取り、太い波のような曲線を描き、さらにショートライナー筆にⓒパールシルバーを取ってその上を細くなぞる。
P しっかりと乾かす/G 硬化させる

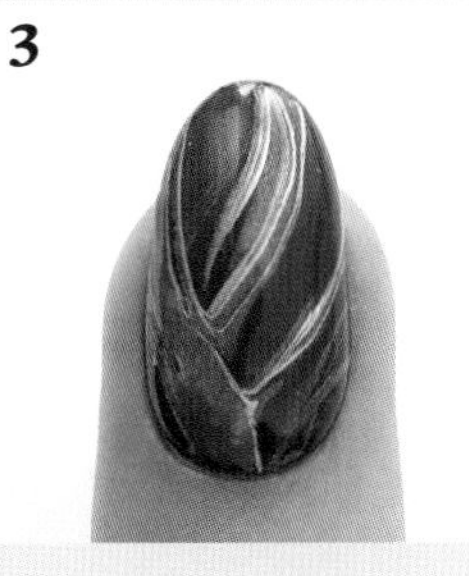

3
2と同じ方法で、交差するように2色で太さの違うラインを描く。
P しっかりと乾かす
G 硬化させる

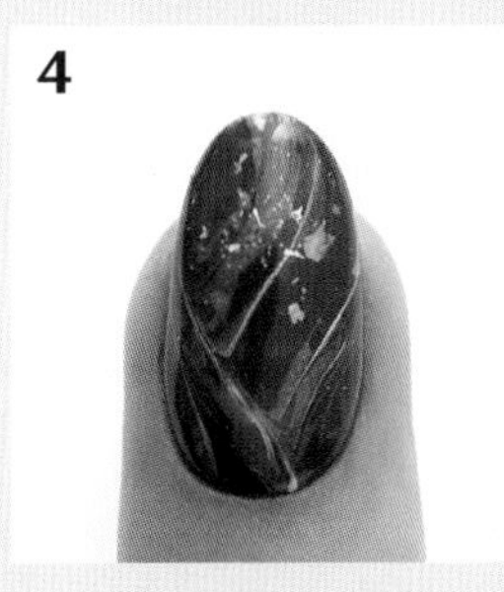

4
P 爪全体にトップコートを塗り、Ⓐホログラム、Ⓑゴールドグリッターパウダーをのせ、表面を乾かす
G 爪全体にトップジェルを塗り、Ⓐホログラム、Ⓑゴールドグリッターパウダーをのせ、硬化させる

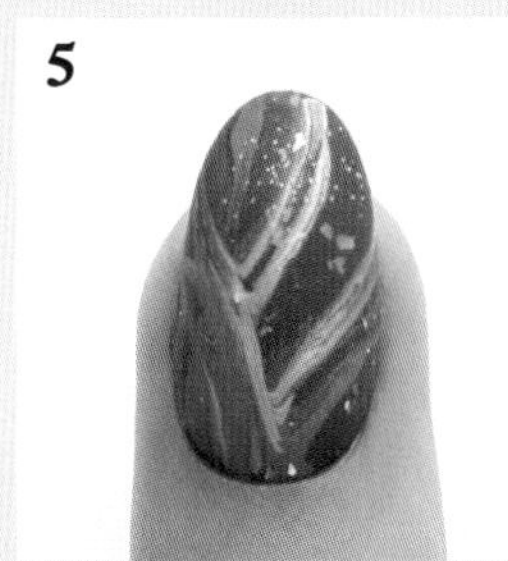

5
P 爪全体にマットコートを塗り、表面を乾かす
G 爪全体にマットジェルを塗り、硬化させる

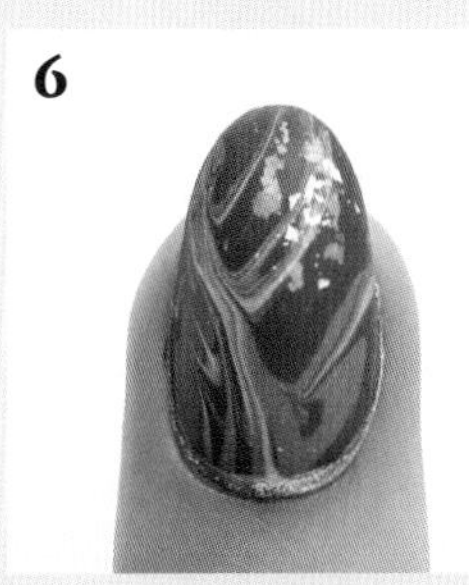

6
ショートライナー筆にⓓゴールドを取り、爪の根元に細いラインを入れる。
P しっかりと乾かす
G 硬化させる

OTHER *nails*

赤みブラウンのシックな雰囲気を生かして3本を同じアートでまとめます。2本はメインの爪と同じ色の単色塗りにし、ベースの色と同化するような赤みがかった色のストーンをのせてアクセントに。ここだけツヤのある仕上がりにするのもポイントです。

CHIC × ブラックの小花

甘さを抑えたくすんだカラーとブラックの組み合わせがフェミニン。
どこかクラシックな雰囲気のアートが大人の女性を演出します。

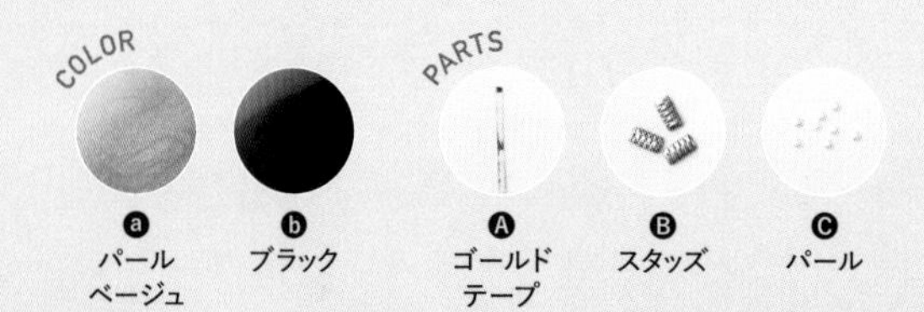

POLISH GEL

茎や葉まで描きこんだ大小の花をジェルで描く場合は、1ステップずつ硬化させることで美しく描けます。スタッズは溝の入ったものを選んで輝きを抑え、よりシックな仕上がりにします。

P ポリッシュの説明 / G ジェルの説明

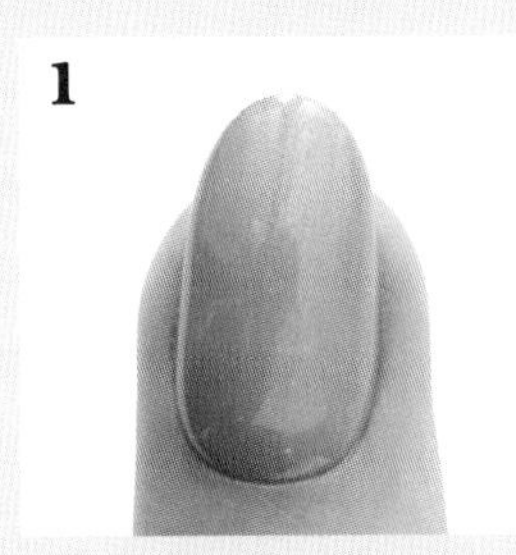

1

爪全体にⓐパールベージュを塗る。
P しっかりと乾かす
G 硬化させる

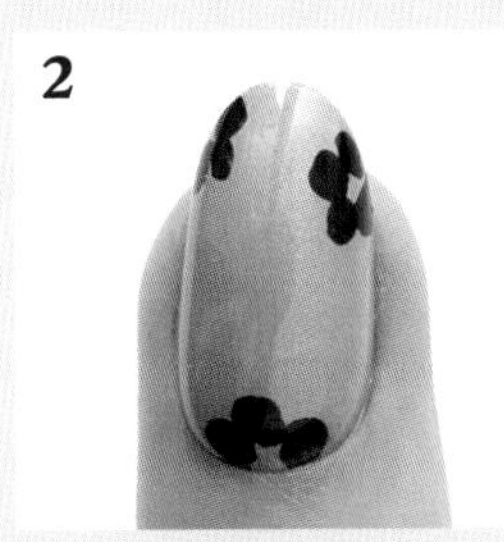

2

ラウンド筆を使ってⓑブラックで爪の端に部分的に半分の小花を描く。
P 乾く前に**3**へ
G 硬化させる

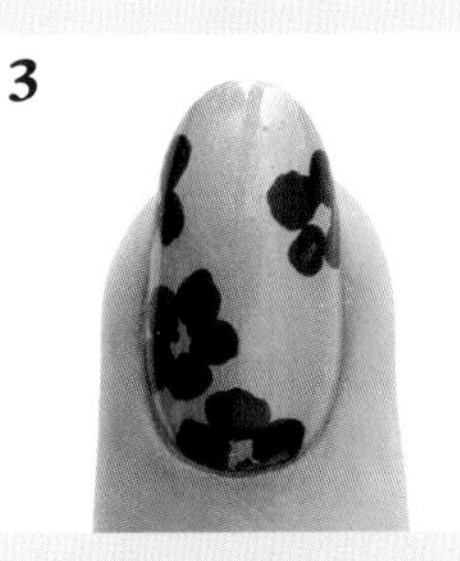

3

バランスを見ながら小花を描き足す。
P 乾く前に**4**へ
G 硬化させる

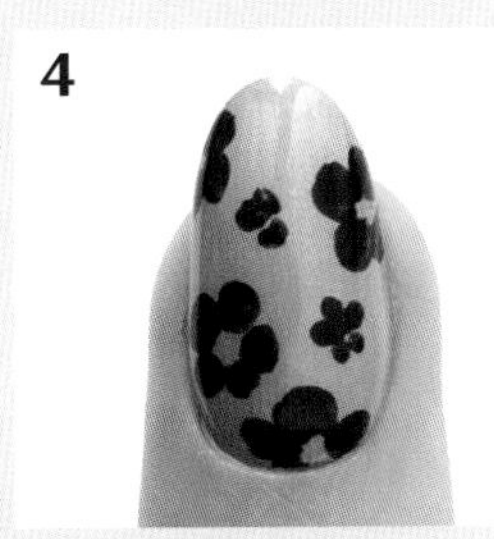

4

隙間に小さな花を描き足す。
P 乾く前に**5**へ
G 硬化させる

5

ショートライナー筆にブラックを取り、それぞれの花に茎を描く。
P 乾く前に**6**へ
G 硬化させる

6

さらに茎に葉を描き足す。
P しっかりと乾かす
G 硬化させる

7

P 爪の中央よりやや下にⒶゴールドテープを貼る
G トップジェルを塗り、硬化させてふき取ってから爪の中央よりやや下にⒶゴールドテープを貼る

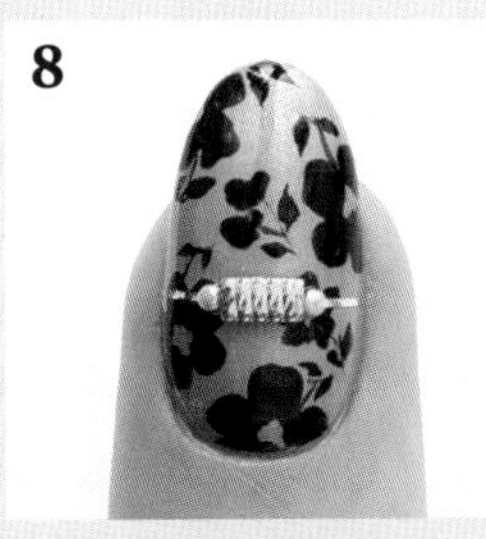

8

P トップコートを塗りⒷスタッズ、Ⓒパールを置き、しっかりと乾かす
G トップジェルを塗りⒷスタッズ、Ⓒパールを置き、硬化させる

OTHER *nails*

明るさを出すため、サブの爪にはくすみのないピンクを使います。単色塗りにしたり、メインのアートと単色塗りを組み合わせて変化をつけるのもポイントです。

CHIC × ニュアンスアート

ニュアンスアートとは複数の色をつかって微妙な色バランスを出す手法のこと。
大人っぽさとポップさの両方を表現します。

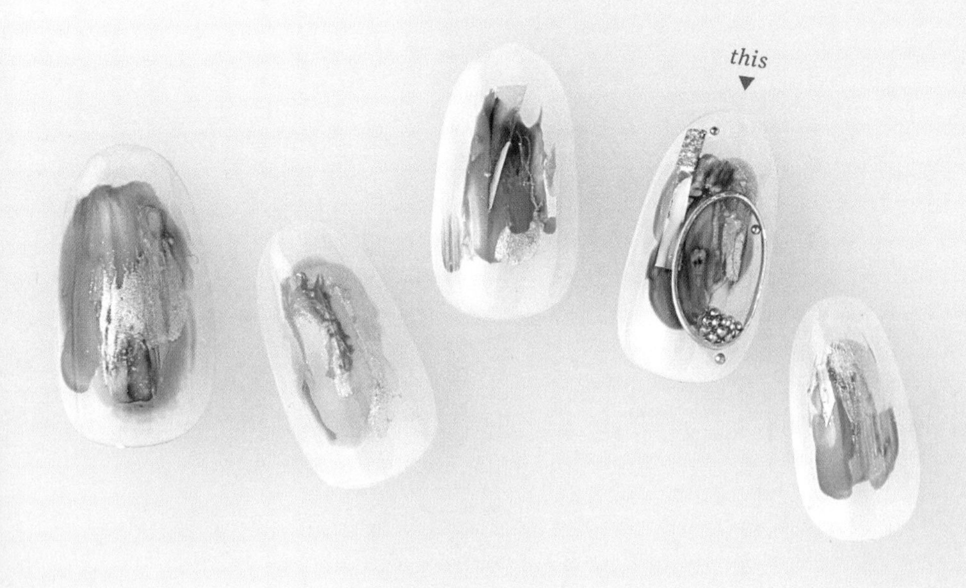

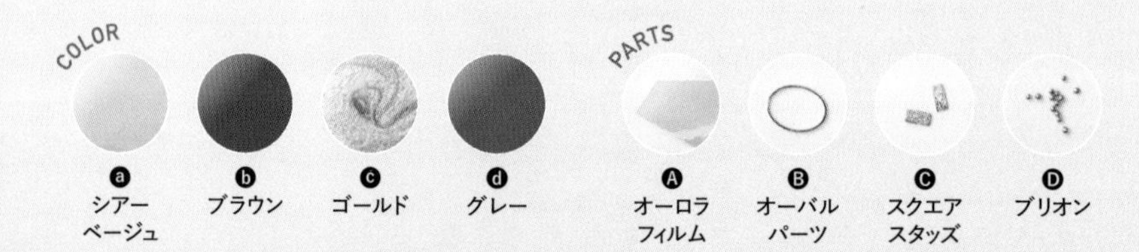

POLISH　GEL

色のトーンを合わせ、重ねて統一感を出したアート。ここではベージュ、ブラウン、ゴールドと茶系でまとめています。透明感のあるベースが落ち着いた印象を生み出しています。

P ポリッシュの説明 / G ジェルの説明

1

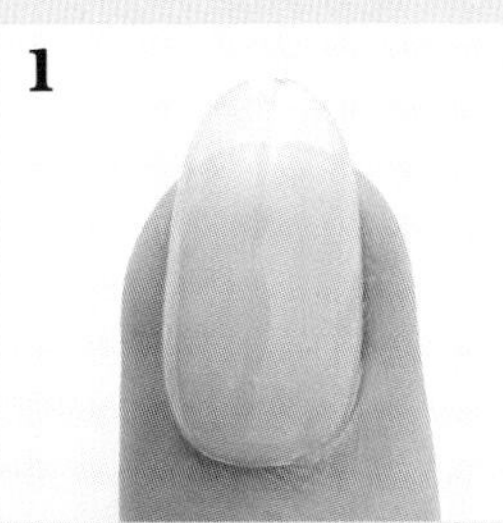

爪全体にⓐシアーベージュを塗る。
P 表面を乾かす
G 硬化させる

2

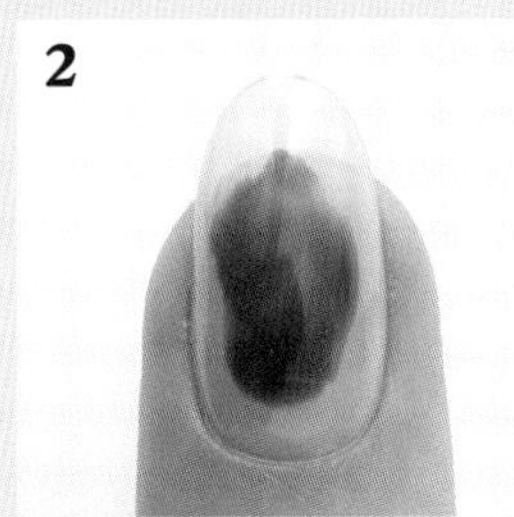

爪の中央にⓑブラウンを塗る。
P 表面を乾かす
G 硬化させる

3

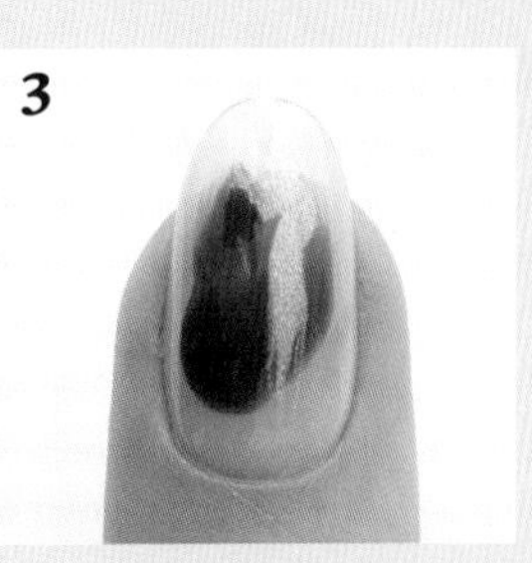

ブラウンの右側にⓒゴールドを縦長に塗る。
P 表面を乾かす
G 硬化させる

4

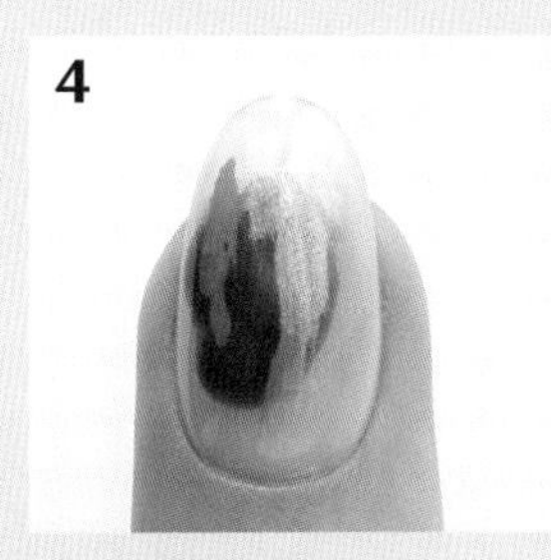

部分的にⓓグレーを縦長に塗る。
P 表面を乾かす
G 硬化させる

5

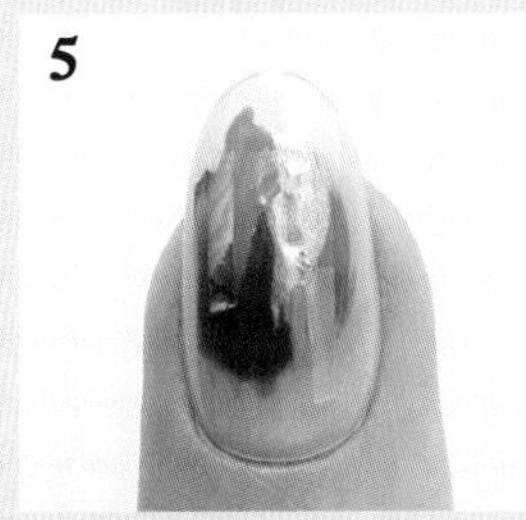

P 爪全体にトップコートを塗り、カットしたⒶオーロラフィルムをのせ、乾かす
G 爪全体にトップジェルを塗り、カットしたⒶオーロラフィルムをのせ、硬化させる

6

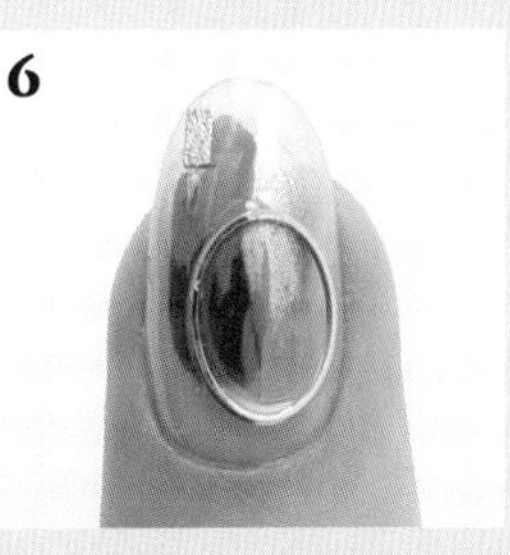

P 爪全体にトップコートを塗り、Ⓑオーバルパーツと©スクエアスタッズをのせる
G 爪全体にトップジェルを塗り、Ⓑオーバルパーツと©スクエアスタッズをのせる

7

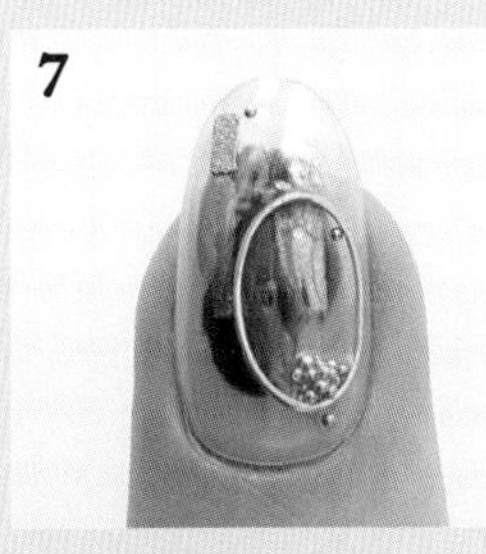

6に続けてⒹブリオンをのせる。
P しっかりと乾かす
G 硬化させる

POINT

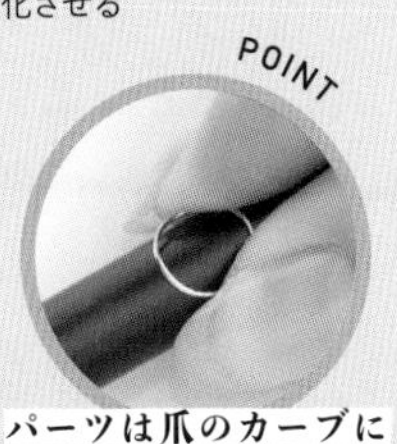

パーツは爪のカーブに合わせて曲げる

オーバルパーツはペンの軸などに押しつけて曲げ、爪のカーブに合わせるとフィットしやすい。

OTHER *nails*

他の爪は同じくくすんだトーンでカーキ、モーブ、ブルー、ベージュとニュアンスを変え、同じテクニックで作ります。メインの爪で使用したオーロラフィルムを使い、統一感を出します。

CHIC × 偏光パール

螺鈿細工のように妖艶な光を放つネイルは大人の女性に似合う
シックな輝き。粘度のあるクリアジェルでゴージャスに仕上げます。

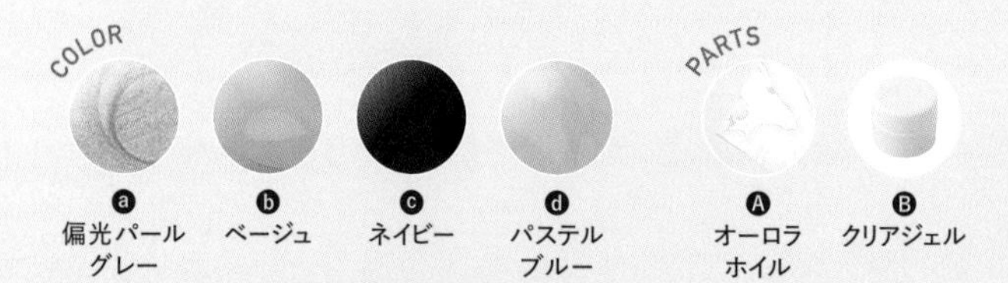

仕上げに粘度の高いジェルを使い、凸凹のあるラインを描くことで貝の内側のような神秘的な輝きを作ります。複数の色を爪の上で軽く混ぜたマーブルの作り方もポイントです。

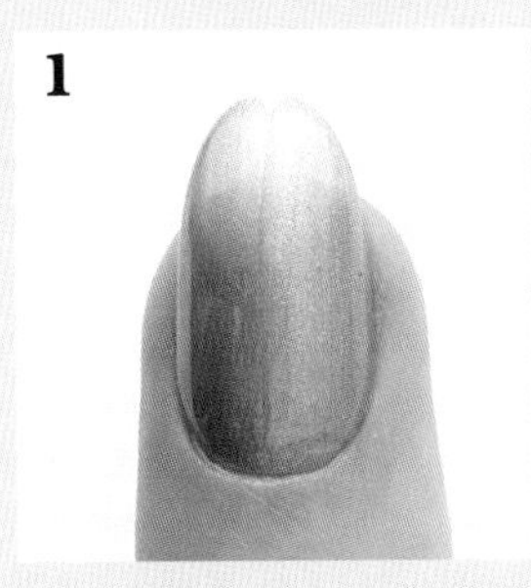

爪全体にⓐ偏光パールグレーを塗り、硬化させてから二度塗りし、硬化させずに**2**に進む。

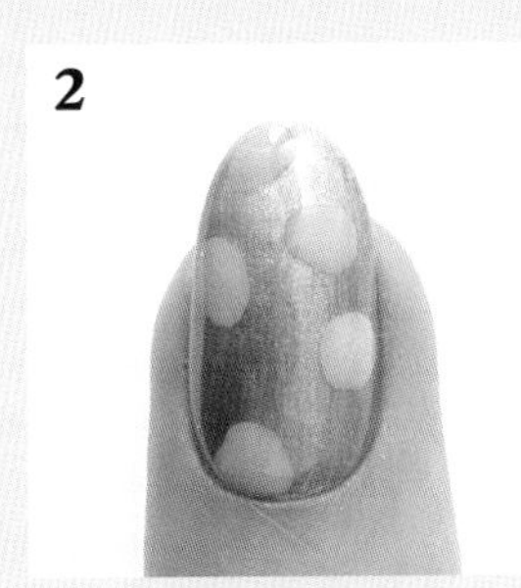

ショートライナー筆にⓑベージュを少量取り、爪に一滴落とすようにして丸をランダムに描く。

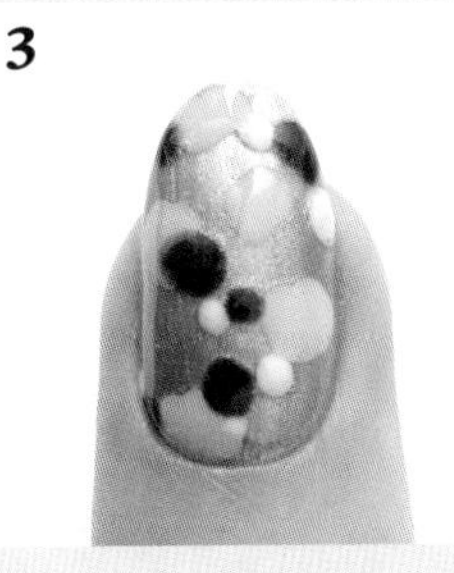

2と同様に爪に一滴落とすようにしてベージュの丸より小さな丸をⓒネイビーで描き、さらにⓓパステルブルーでドットを描く。

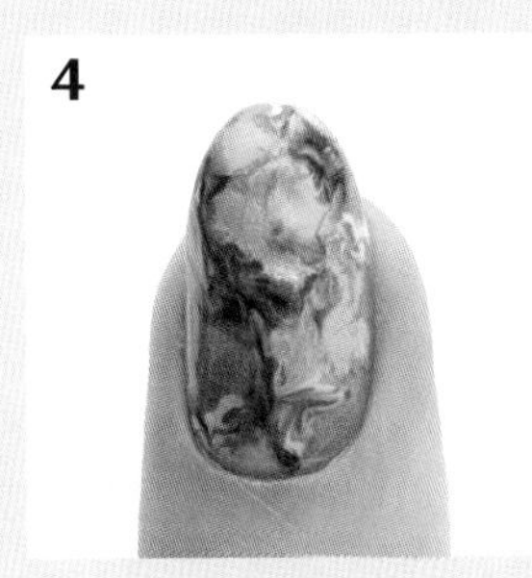

ショートライナー筆で**2**、**3**の丸をくずしながら色を軽く混ぜる、マーブルにして硬化させる。

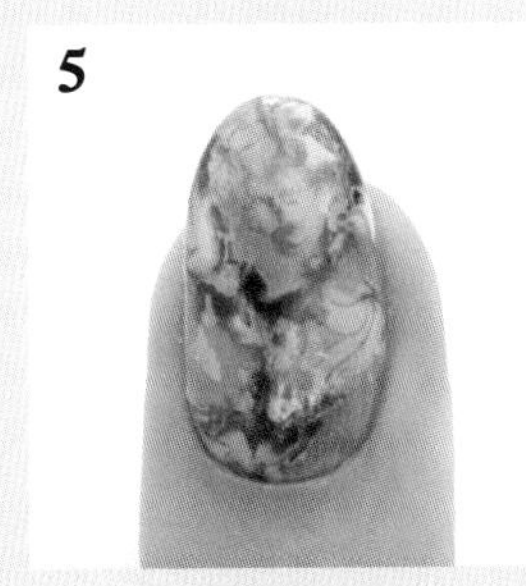

ところどころにⒶオーロラホイルを転写させてトップジェルを塗って硬化させ、ふき取る。

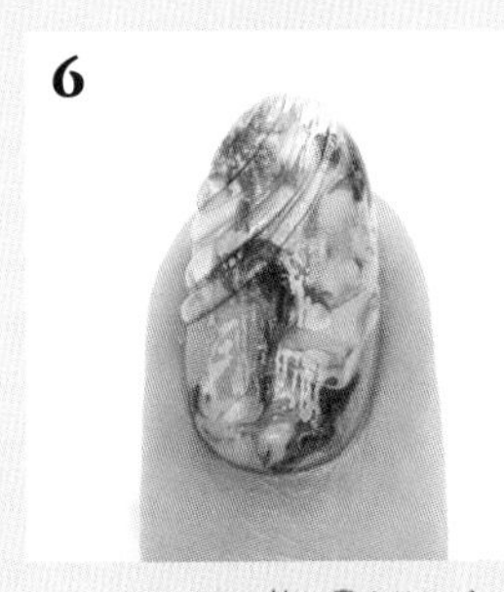

ショートライナー筆にⒷクリアジェルを取り、爪の表面に流れるようなラインを描く。3～4本描くごとに硬化させる。

少しずつ硬化させながら根元までラインを引いたら硬化させ、ふき取る。

クリアジェルで
ふくらみをつくる

凸凹が特徴的なアートをつくるには、粘度が高く硬いテクスチャーのクリアジェルを使用します。

サブの爪はマット仕上げにすると、メインの光沢のあるアートが引き立ちます。2本はシアーな色、1本はラメと変化をつけています。

VIVID×カラフルトロピカル

3つの色をぼかしこんでカラフルに仕上げたベースに、
繊細な線を重ねた花が南国の雰囲気。夏にぴったりのアートです。

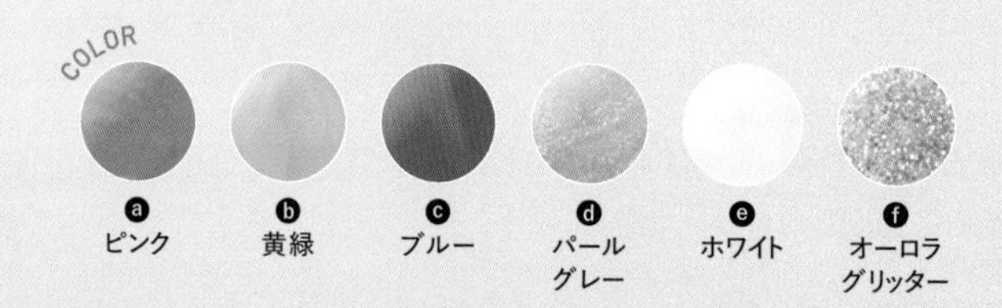

70～71ページで紹介したグラデーションのテクニックを使って3つの色を溶け込ませる、粘度のあるジェルならではのアートです。花びらに細い脈を描き入れ、南国の花のように仕上げます。

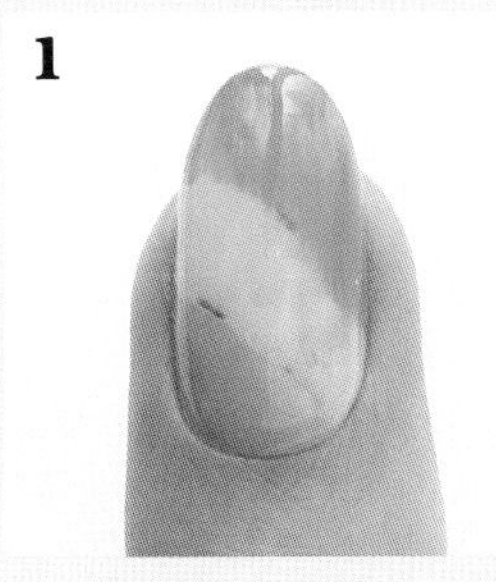

爪を三分割するように❹ピンク、❺黄緑、❻ブルーを斜めに塗る。

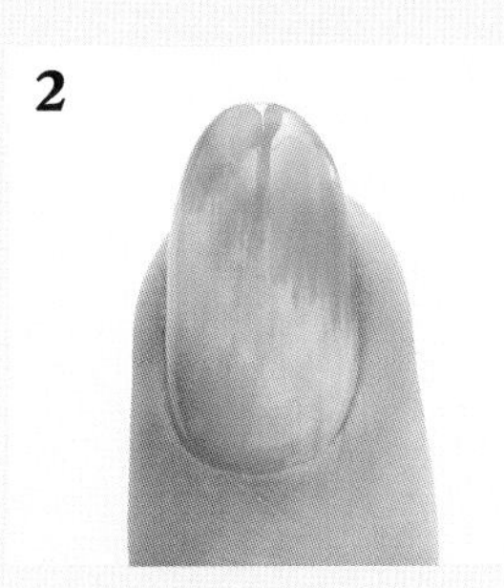

グラデーションになるよう、ロングライナー筆を使ってそれぞれのカラーを引いて動かす。一度できれいに混ざらなくてもOK。

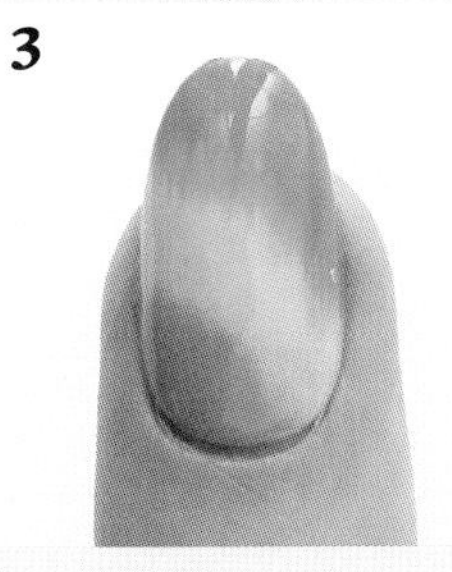

きれいなグラデーションになるように**1**、**2**をくり返し、硬化させる。

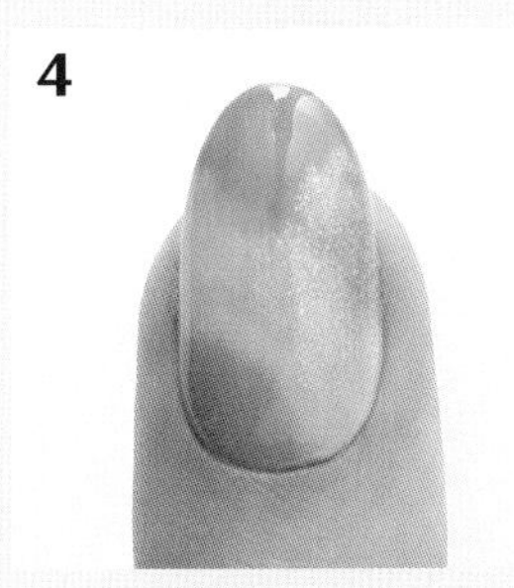

ラウンド筆に❼パールグレーを取り、花のシルエットを描き、硬化させる。

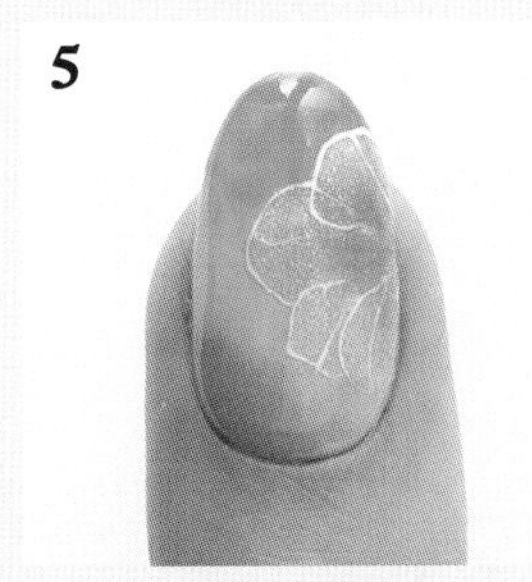

ショートライナー筆に❽ホワイトを取り、花びらの輪郭を描き、硬化させる。

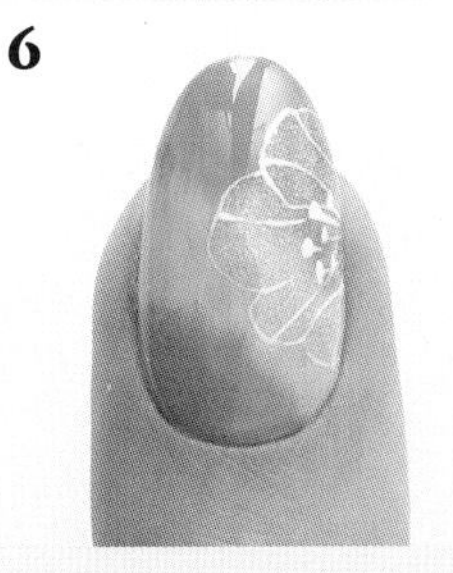

さらに❽ホワイトで花芯と花びらの脈を描き、硬化させる。

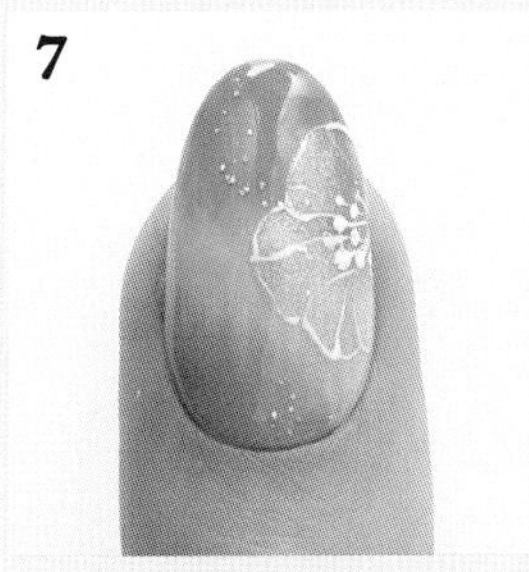

花芯から外に向かって❾オーロラグリッターを少量塗り、硬化させる。

OTHER *nails*

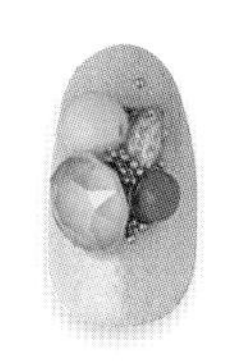

ビビッドなカラーのインパクトを中和させるため、サブの爪にグレーを合わせました。1本にはアートで使ったものと同色の大きめストーンを置き、全体の統一感を出しています。

VIVID×ビタミンカラー

白のベースに元気いっぱいのビタミンカラーを重ねたネイルは
アクセント使いにぴったり。ぱっと目を引くアートです。

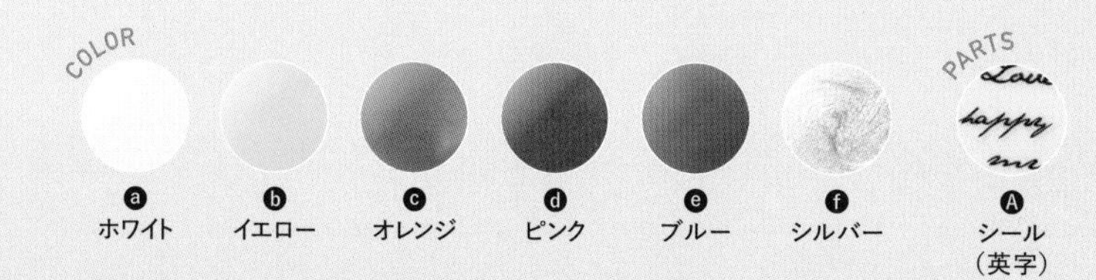

POLISH GEL

４色も使っているのに調和しているのは、色の明度が揃っていることと、すべて長方形を意識した塗り方をしていることに理由があります。細く入れたシルバーのラインが全体をまとめています。

Ⓟ ポリッシュの説明 ／ Ⓖ ジェルの説明

1

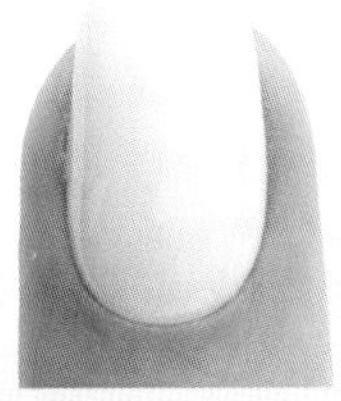

爪全体にⓐホワイトを塗る。
Ⓟ 表面を乾かす
Ⓖ 硬化させる

2

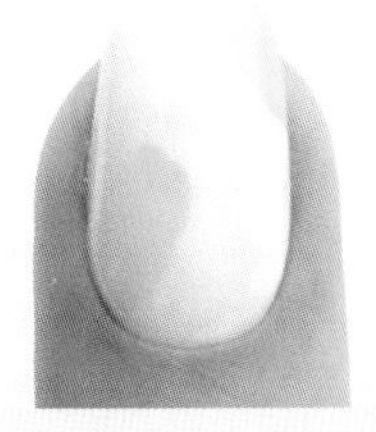

角度を変えながら長方形を意識し、刷毛目を生かしてⓑイエローをのせる。
Ⓟ 表面を乾かす
Ⓖ 硬化させる

3

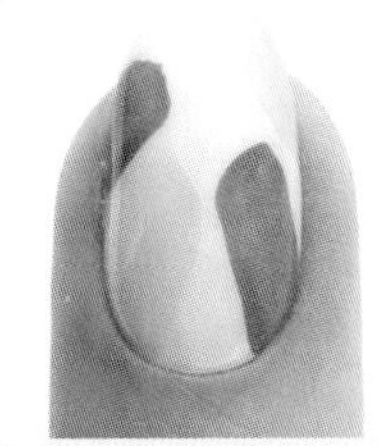

2と同じ方法でⓒオレンジをのせる。
Ⓟ 表面を乾かす
Ⓖ 硬化させる

4

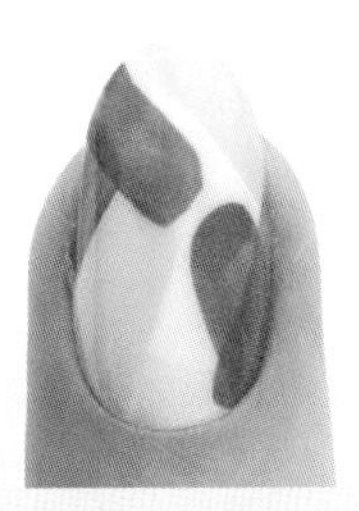

3と同様にⓓピンクをのせる。これ以降は色同士が重なってもOK。
Ⓟ 表面を乾かす
Ⓖ 硬化させる

5

4と同様にⓔブルーをのせる。
Ⓟ 表面を乾かす
Ⓖ 硬化させる

6

ショートライナー筆にⓕシルバーを取り、それぞれの色に交差させながら細いラインを描く。
Ⓟ 表面を乾かす
Ⓖ 硬化させる

7

Ⓟ Ⓐシールをしっかりと貼る
Ⓖ トップジェルを塗り、硬化させてふき取ってからⒶシールを貼る

OTHER *nails*

メインのアートを引き立てるため、サブの爪はメインと同じオレンジ、ピンクの単色塗りに。シアーな色みを選ぶとヌケ感が生まれます。メインと同じ刷毛目を生かした塗り方で揃えると統一感もアップします。

VIVID×トリコロール

赤×白×青のトリコロールでつくったネイルは、金のスタッズがアクセント。他の爪とのコーディネートが決め手です。

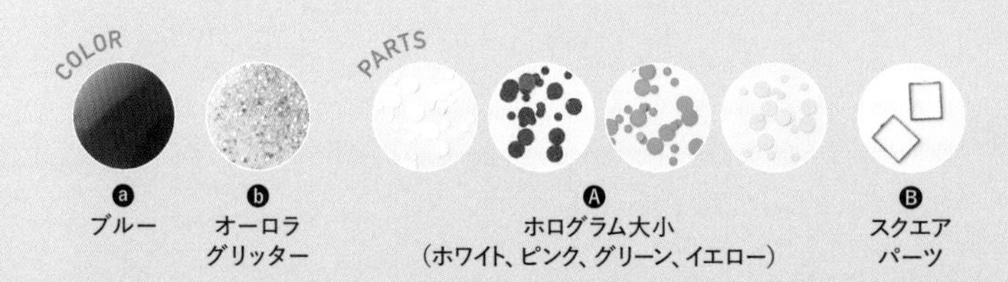

POLISH　GEL

パキッとしたブルーの単色塗りに、スタッズと大小のホログラムをのせたシンプルなアート。他の爪に赤や白を加えることで、トリコロールを完成させます。ホログラムののせ方でリズムをつけています。

P ポリッシュの説明 / G ジェルの説明

1

爪全体にⓐブルーを塗る。
P 表面を乾かす
G 硬化させる

2

P 爪の中央にⓑオーロラグリッターを塗って乾かす
G 爪の中央にⓑオーロラグリッターを塗って硬化させる

3

P **2**の上にトップコートを塗り、Ⓐホログラムの大きいものをのせ、乾かす
G トップジェルを塗り、Ⓐホログラムの大きいものをのせ、硬化させる

4

P さらにトップコートを塗り、Ⓐホログラムの小さいものをのせ、乾かす
G トップジェルを塗り、Ⓐホログラムの小さいものをのせ、硬化させる

5

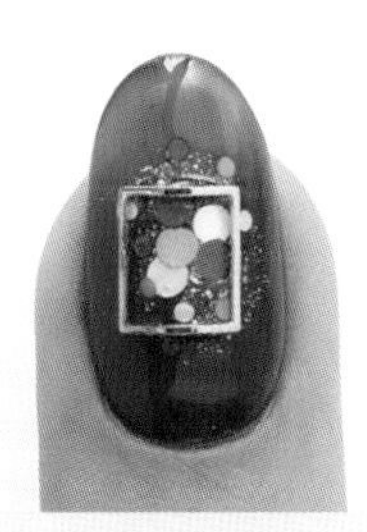

P **4**の上にトップコートを塗り、Ⓑスクエアパーツをのせる
G **4**の上にトップジェルを塗り、Ⓑスクエアパーツをのせ、硬化させる

OTHER *nails*

５本の爪でトリコロールを作るため、赤、白、青の単色塗りをつくります。白はメインの爪と同じ方法でホログラムをのせ、爪の根元にブラックのチェーンをのせることで、引き締まった印象をプラスします。

VIVID×ブラックネイル

クールなブラックネイルはビビッドでカラフルなアートと
組み合わせると、可愛さがアップ！　ロックなイメージで作ります。

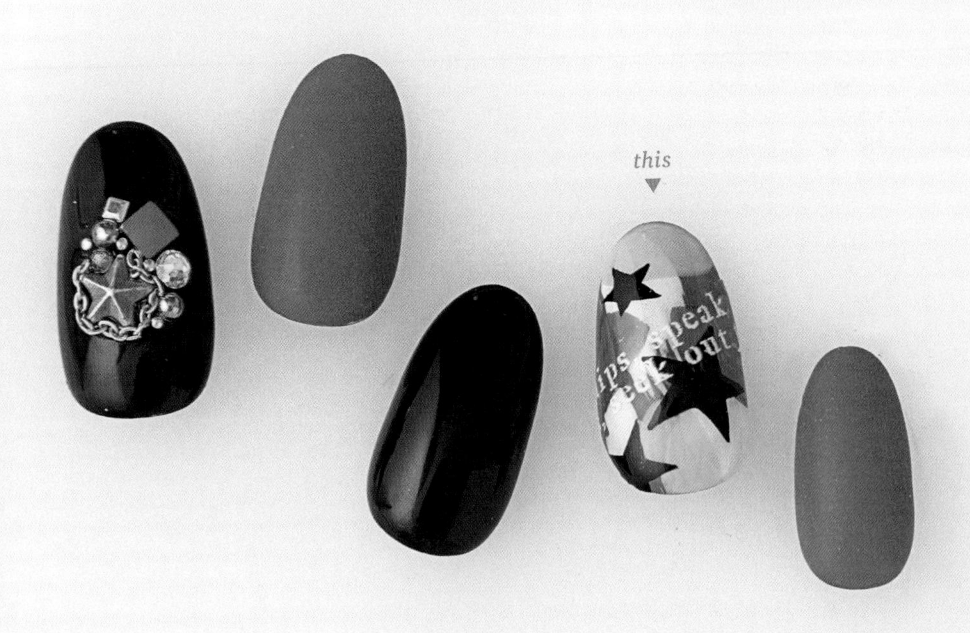

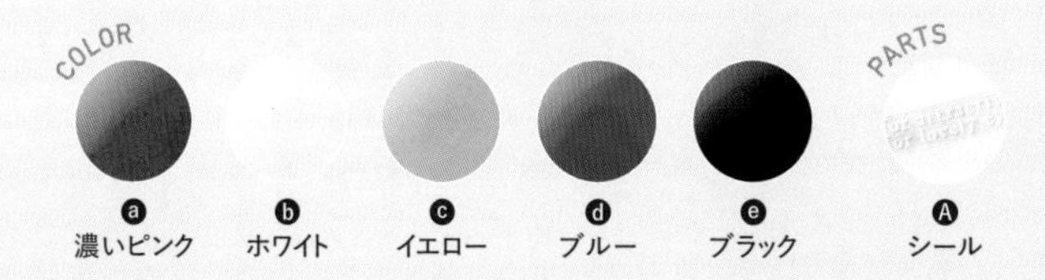

POLISH GEL

ランダムにのせたカラフルなカラーを引き締めるのは、ブラックのスター。きっちり線を引き、パキッとした形を作るのがポイントです。1辺ずつ、着実に進めましょう。

P ポリッシュの説明 / G ジェルの説明

1

爪全体にⓐ濃いピンクを塗る。
P 表面を乾かす
G 硬化させる

2

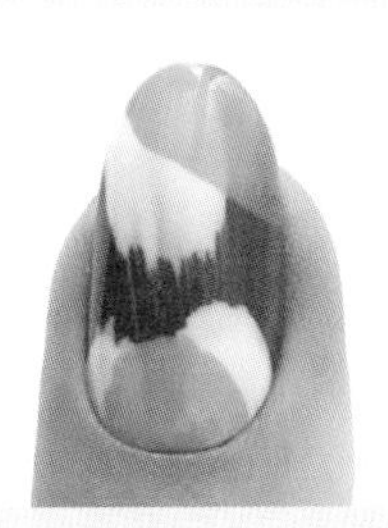

ⓑホワイトを爪先から根元に塗り、乾かした（G 硬化させる）あとでⓒイエローを塗る。
P 表面を乾かす
G 硬化させる

3

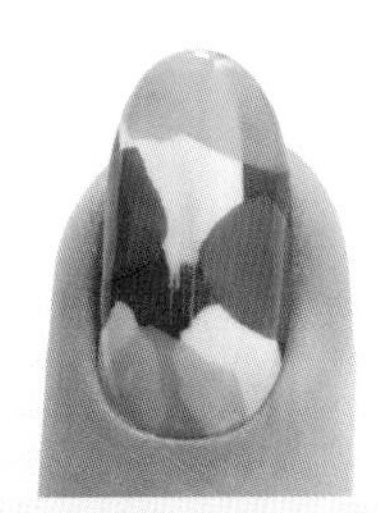

ⓓブルーを左右から塗る。
P 表面を乾かす
G 硬化させる

4

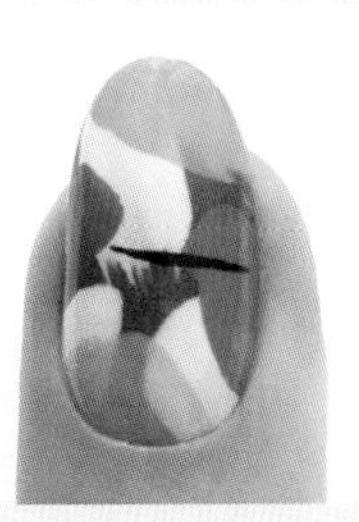

ショートライナー筆にⓔブラックを取り、星の一辺を描く。
P 表面を乾かす
G 硬化させる

5

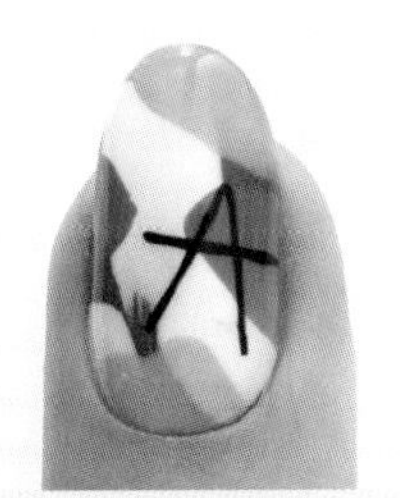

4と同様にして星を一辺ずつ描く。
P 乾く前に**6**へ
G １本線を引くたびに硬化させる

6

バランスを見ながら星を完成させる。
P 乾く前に**7**へ
G １本線を引くたびに硬化させる

7

4～**6**の方法で星を３つ描いたら、ⓔブラックで塗りつぶす。
P しっかりと乾かす
G 硬化させる

8

P Ⓐシールをしっかりと貼る
G トップジェルを塗り、硬化させてふき取ってからⒶシールをしっかりと貼る

OTHER *nails*

ブラックとマット仕上げのピンク、２種の単色塗りがアクセント。親指の爪は、ビビッドな色のスタッズのほか、星型のスタッズでアートとの統一感を出します。

VIVID×ミリタリー調

華やかな濃いピンクとオレンジを配置して、カモフラージュ柄に。
ミリタリーをポップに仕上げたモダンなアートです。

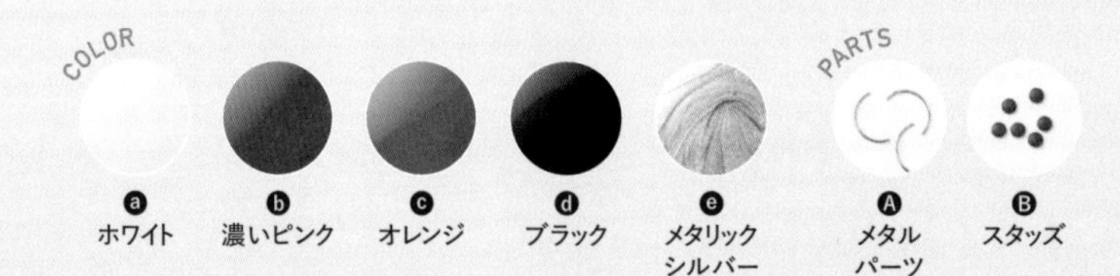

POLISH GEL

可愛いイメージになりがちなピンクとオレンジはラフにざっと塗ることでハードなイメージを出すことができます。さらにスポンジで叩いてのせたブラックとシルバーでカモフラージュ柄っぽい仕上がりに！

P ポリッシュの説明 / G ジェルの説明

1

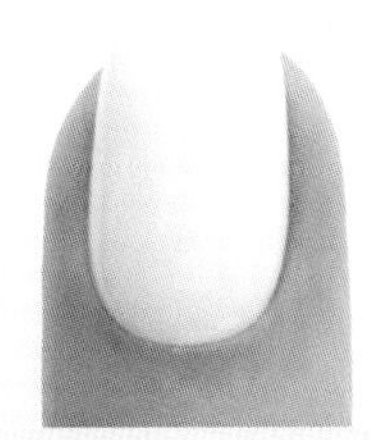

爪全体にⓐホワイトを塗る。
P 表面を乾かす
G 硬化させる

2

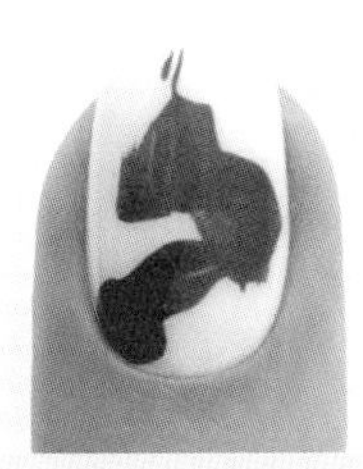

ⓑ濃いピンクをランダムに塗る。
P 表面を乾かす
G 硬化させる

3

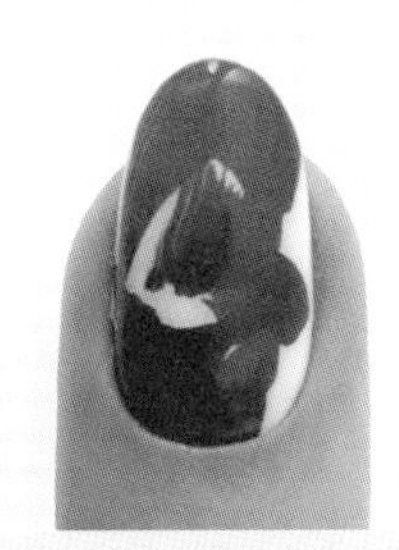

ベースのホワイトを少し残すようにしながらⓒオレンジをランダムに塗る。
P 表面を乾かす
G 硬化させる

4

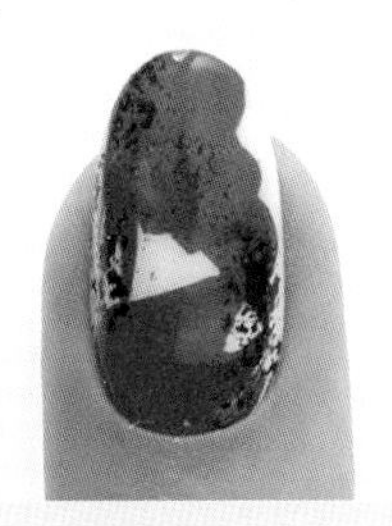

ⓓブラックをパレットに出してスポンジに少量含ませ、爪表面をランダムに叩いてのせる。
P 表面を乾かす
G 硬化させる

5

ⓔメタリックシルバーも**4**と同様の方法でのせる。
P 表面を乾かす
G 硬化させる

6

P トップコートを塗り、爪の根元に沿わせるようにⒶメタルパーツをのせ、両端にⒷスタッズをのせて乾かす
G トップジェルを塗り、Ⓐメタルパーツ、Ⓑスタッズをのせて硬化させる

OTHER *nails*

ミリタリー調に仕上げたメインの爪に合わせ、サブの爪はアーミーグリーンの単色塗りに。ハードなイメージを崩さないよう、パーツもスクエアな形を選びます。

RED×ゴールドの輝き

3つの色を重ねてつくった深紅を思わせる鮮やかな赤は、
それだけで完成された美しさが。色数を抑えてゴージャスにまとめます。

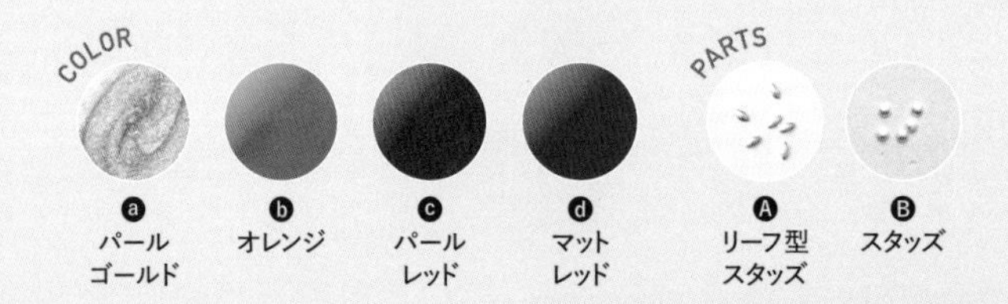

POLISH　GEL

色みの異なる赤は重ね塗りするのではなく、いったんペーパーの上に置き、ブラシですくいとって爪におくという塗り方をしています。色が自然に混ざりあい、独特の深みが生まれます。

P ポリッシュの説明 / G ジェルの説明

1

爪全体にⓐパールゴールドを塗る。
P 表面を乾かす
G 硬化させる

2

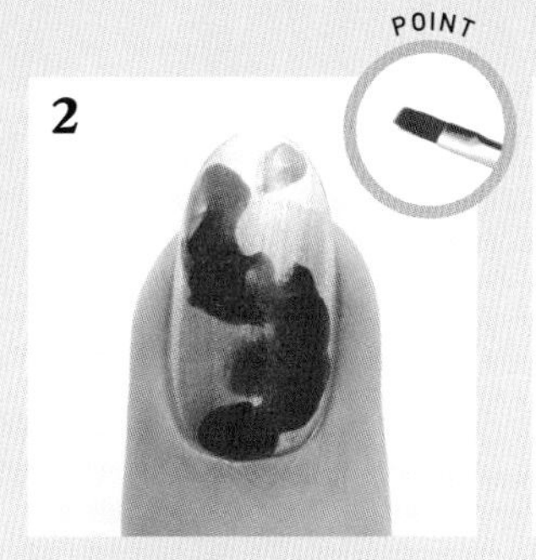

ⓑオレンジ、ⓒパールレッドをパレットの上に置き、平筆でそれぞれ取ってそのまま爪の上におくようにして塗る。
P 表面を乾かす
G 硬化させる

3

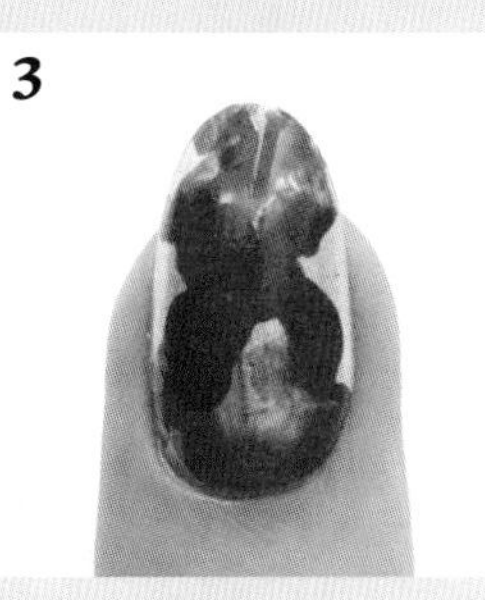

もう一度**2**を繰り返す。**2**でつくった柄と交差させながら、少しパールゴールドが残るようにする。
P 表面を乾かす
G 硬化させる

4

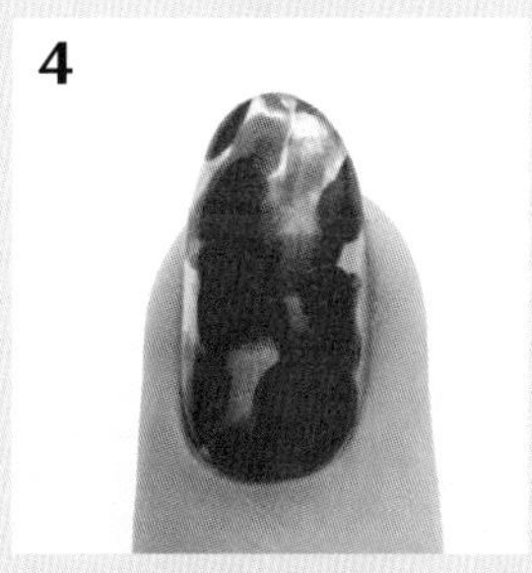

ⓓマットレッドを**3**の上にラフに塗る。
P 表面を乾かす
G 硬化させる

5

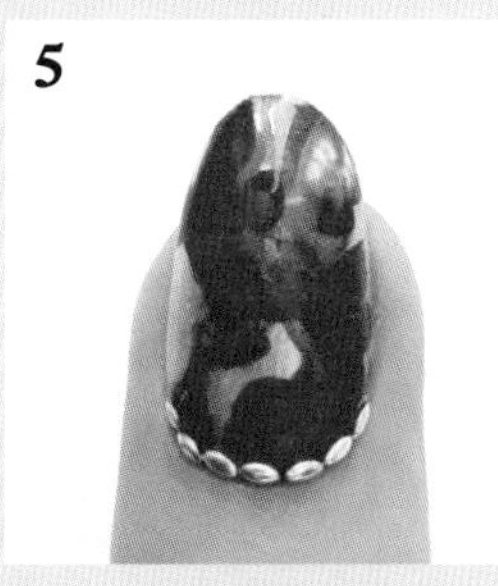

P トップコートを塗り、爪の根元にⒶリーフ型スタッズを並べ、乾かす
G トップジェルを塗り、爪の根元にⒶリーフ型スタッズを並べ、硬化させる

6

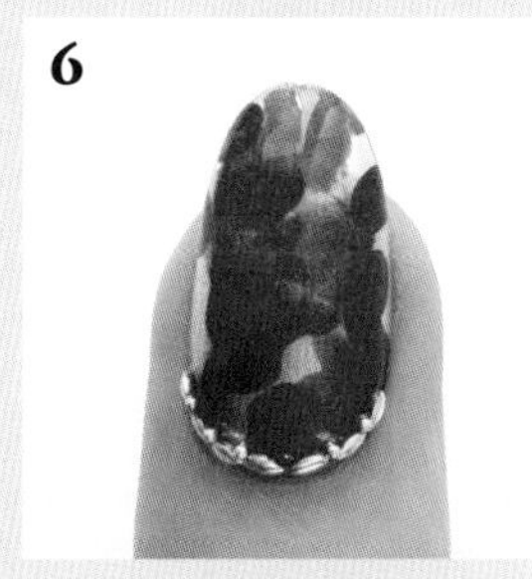

P トップコートを塗り、Ⓐスタッズの隙間にⒷスタッズをおいて乾かす
G トップジェルを塗り、Ⓐスタッズの隙間にⒷスタッズをおいて硬化させる

OTHER *nails*

パワーのある赤は、輝きのあるゴールドやシルバーと組み合わせると、より力強い仕上がりになります。ベースで使用したパールゴールドの単色塗りを加えることで、より赤が引き立ちます。

RED×クロコダイルジェル

マットに仕上げたワインレッドのネイルに、つややかなジェルで
クロコダイルのような凹凸をつけました。ジェルの使い分けがポイントです。

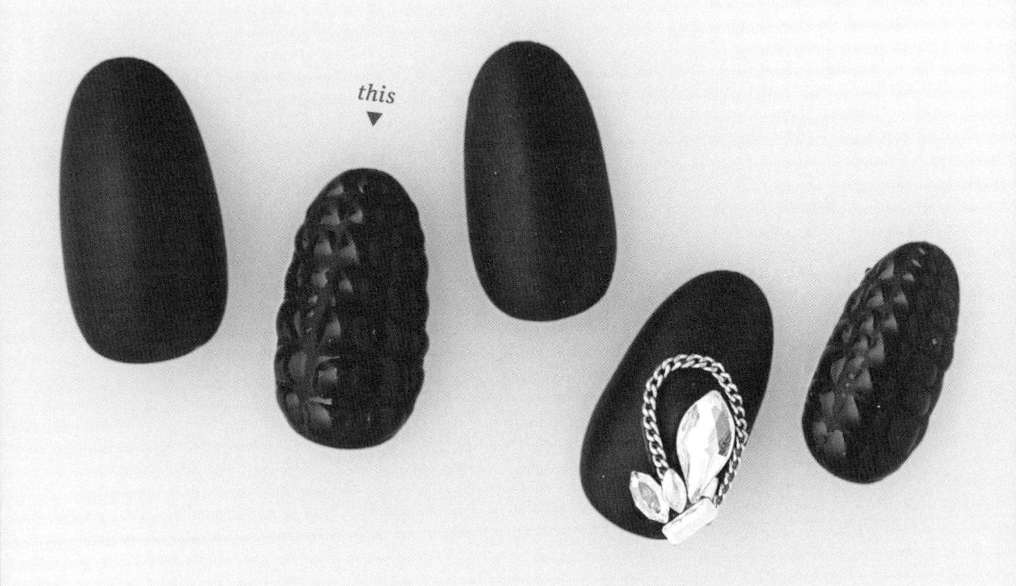

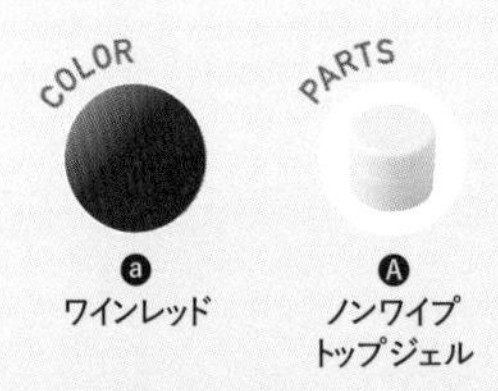

透明のドットは拭き取り不要のノンワイプトップコートジェルで作ります。このことでマットなベースと凹凸のツヤのコントラストが生まれ、より光沢感のある仕上がりになります。

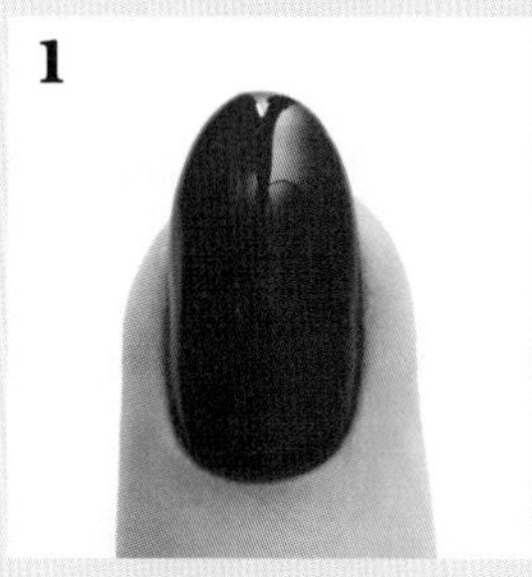

爪全体にⓐワインレッドを塗り、硬化させる。

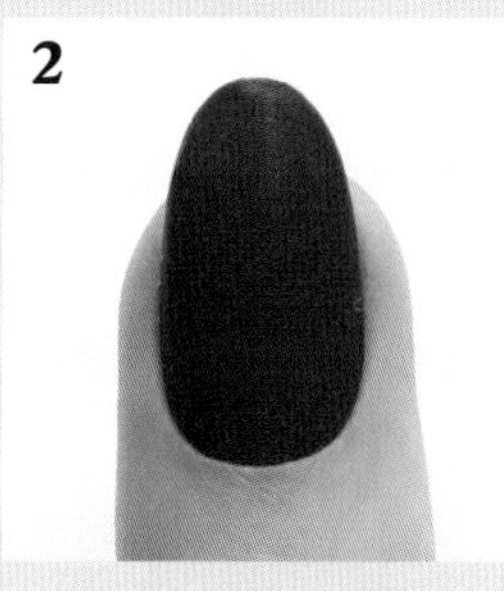

マットジェルを塗り、硬化させる。未硬化のジェルはふき取る。

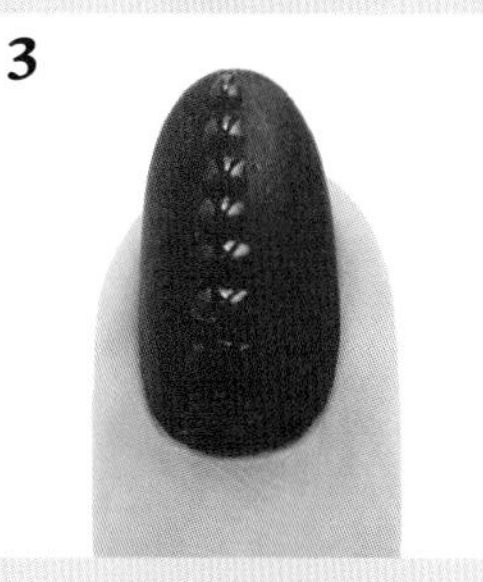

ショートライナー筆にⒶノンワイプトップジェルをとり、爪の根元から爪先に向かって少しずつ小さくなるように一滴ずつおいて硬化させる。

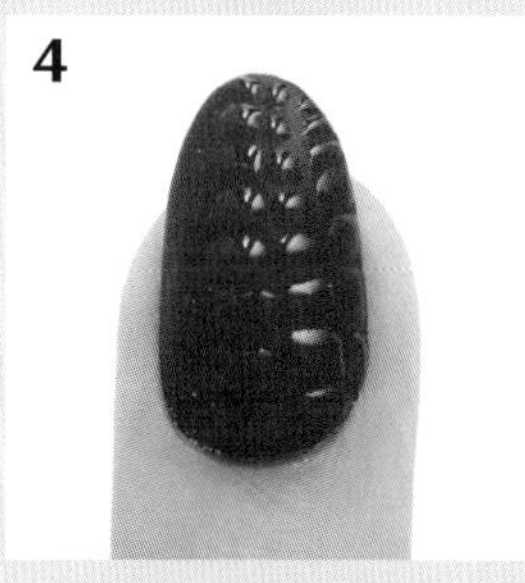

一列並べるごとに硬化させながら、**3**と同様にⒶノンワイプトップジェルを並べていく。

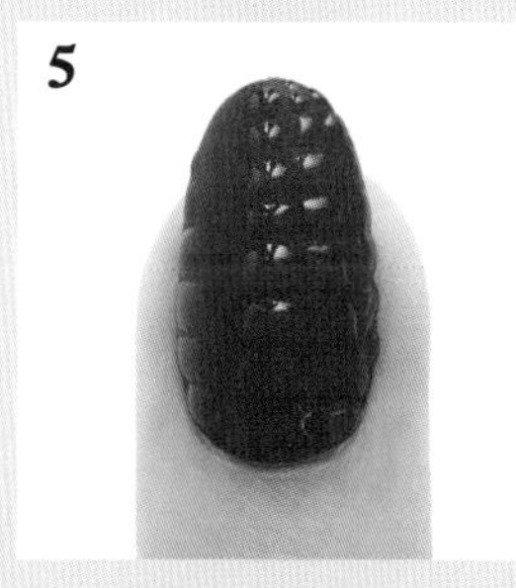

片側が終わったら、反対側はサイドから一滴ずつ並べ、硬化させる。

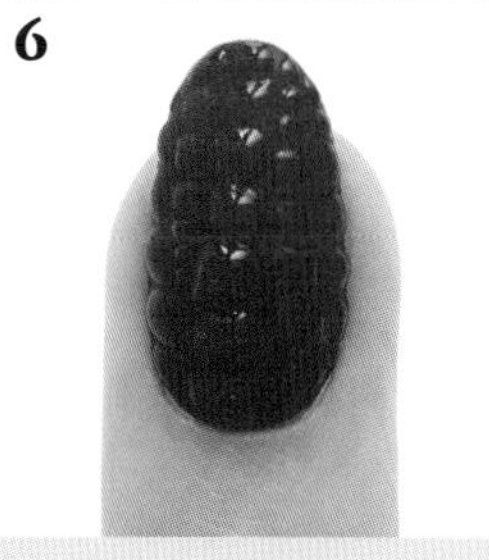

5の隙間にも一滴ずつ並べ、硬化させる。

ノンワイプタイプでより美しく

凹凸はクリアジェルでも作れますが、マットなベースとジェルのツヤ感のコントラストを生かすには、ノンワイプトップジェルがオススメです。

OTHER *nails*

深みのある赤の美しさを際立たせるため、メインの爪はジェルのドットで光沢感を、サブはマットのままで仕上げています。ポイントにした爪には大粒のラインストーンやチェーンをおいてジュエリーのような仕上げに。赤の美しさをより引き立てます。

RED×ブルー&シルバー

1色だけでも華やかなレッドのネイルは、他の色を組み合わせると
ポップなイメージに一変！　弾けつつも大人っぽくまとめました。

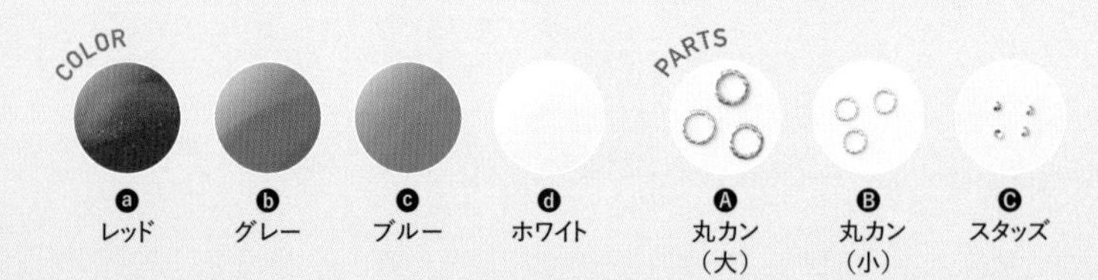

POLISH GEL

鮮やかな赤とブルーはポップな組み合わせですが、ブルーの面積を小さくする、グレーをプラスするなど、大人っぽく仕上げるコツがいっぱい！ シルバーで揃えたパーツが全体をまとめます。

P ポリッシュの説明 / G ジェルの説明

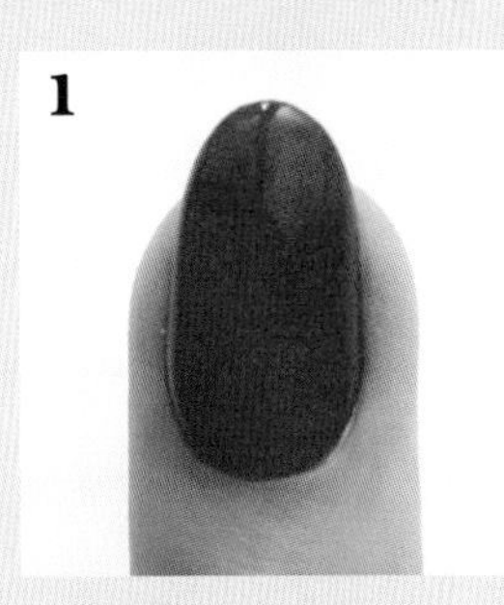

爪全体にⓐレッドを塗る。
P 表面を乾かす
G 硬化させる

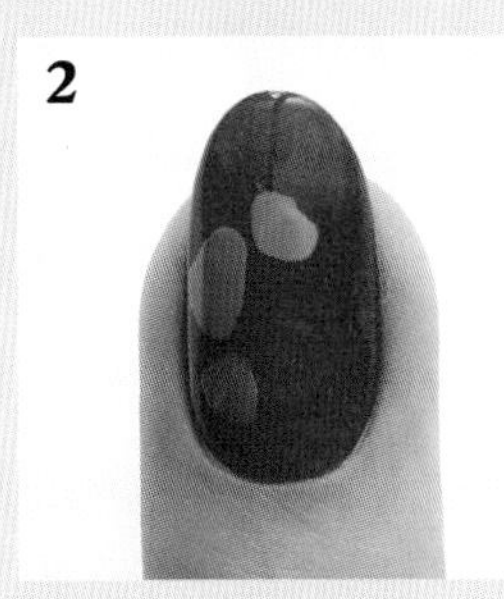

ⓑグレーで大きめの楕円をバランスよく3つ描く。
P 表面を乾かす
G 硬化させる

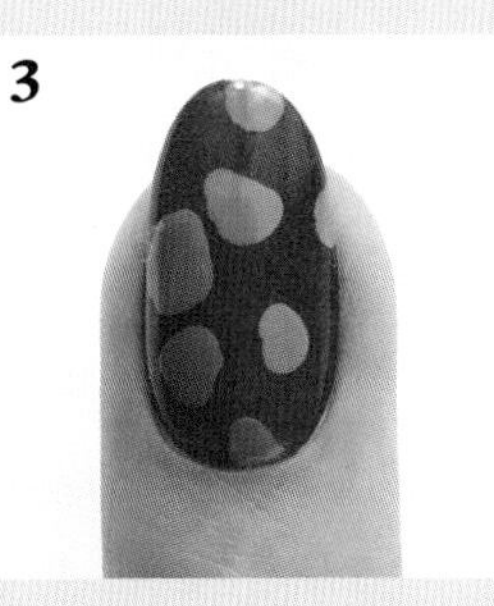

ランダムになるよう、少し小さめの楕円をⓑグレーで描く。
P 表面を乾かす
G 硬化させる

ⓒブルーで小さなドット、ⓓホワイトでさらに小さなドットを描く。
P 表面を乾かす
G 硬化させる

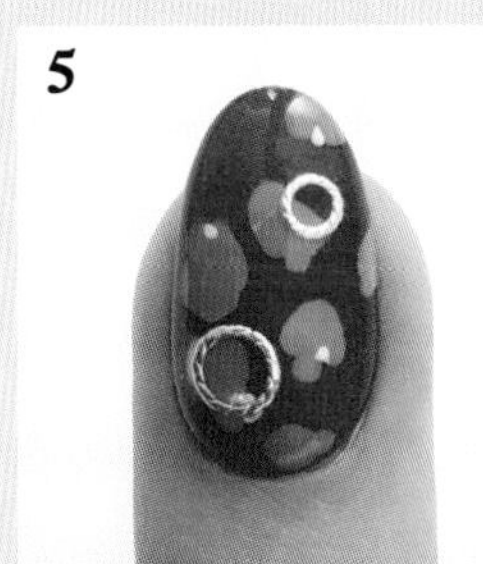

P トップコートを塗り、Ⓐ、Ⓑの丸カンをのせ、乾かす
G トップジェルを塗り、Ⓐ、Ⓑの丸カンをのせ、硬化させる

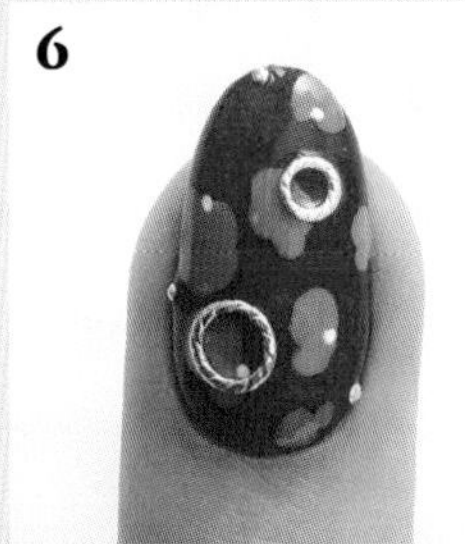

P トップコートを塗り、Ⓒスタッズをのせる
G トップジェルを塗り、Ⓒスタッズをのせ、硬化させる

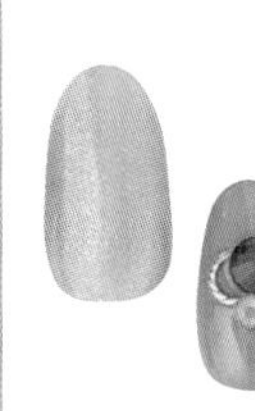

メインの爪に使ったレッドとブルーだけでまとめると少し強めの雰囲気になってしまうので、パール感のあるシアーなナチュラルカラーを入れ、ヌケ感を出します。ブルーの単色塗りにはメインと同じパーツ、メインカラーのストーンをおき、統一感を出します。

プロが教える

Nail Column

ジェルネイルの注意点

ジェルネイルは数週間くらい持つのが魅力のひとつ。
美しい状態を保つために、いくつか注意したい点があります。

オフのタイミングを守る

ジェルネイルが浮いてきたら、必ずオフしてください。ジェルが浮いた状態のまま放置すると、爪とジェル間に水分や汚れがたまり、「グリーンネイル」と呼ばれる爪の感染症になる危険性があります。

ジェルがキューティクルなどの皮膚につくと、アレルギー反応が起こることもあります。塗る際には注意して、はみ出したジェルはきちんとふき取ってから硬化させましょう。

もし異変を感じたらすぐに使用をやめ、医師の診断を受けてください。

ライトの当て方に注意する

ライトから出る波長がジェルを施した爪にきちんと当たらないとしっかり硬化しません。硬化不足はジェルが浮く、ツヤが出ないことの原因になるので、とくに親指、小指はしっかりとライトが当たるように向きや置く位置に注意しましょう。

ジェルが硬化する際には硬化熱を感じます。爪が傷や亀裂などで傷んでいるとき、ジェルの量が多いときは熱を感じやすいので、短い硬化時間を繰り返して一度に硬化させないようにすると、硬化熱を軽減できます。

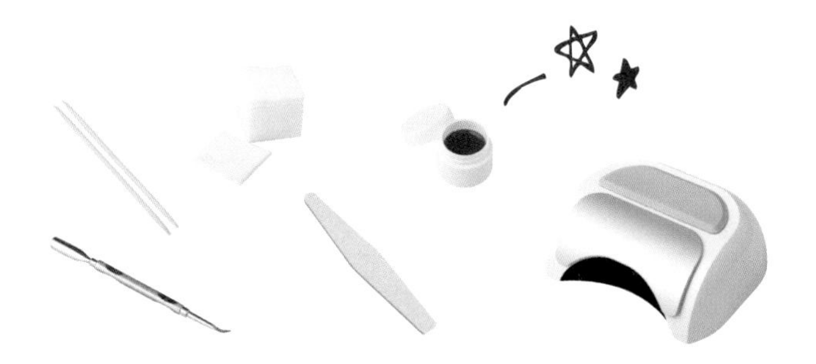

Part.6

Pedicure

仕事などの関係でハンドの爪のおしゃれが楽しめないなら、フットの指を彩るペディキュアがオススメです。手指では控えがちな色やアートに挑戦するなど、思い切り爪のおしゃれを楽しんでみましょう。

Pedicure

ペディキュアの基礎知識と道具

ペディキュアとは足爪のケアとカラーリングを指す言葉です。
足の爪のしくみなどは手の爪と基本的に同じですが、手の爪より硬く厚みがあります。
ペディキュアをする前に、その特徴を捉えましょう。

足爪の特徴

足は爪だけでなく爪の周りの皮膚や不要なキューティクルも硬く、厚みがあります。また、雑菌が繁殖しやすい、靴の影響による変形などのトラブルが起きやすいのも足の爪の特徴です。ケアをする際はこれらの特徴を踏まえて力の入れすぎに注意すること、清潔を保つことに注意しましょう。

フット専用の道具

ペディキュアの道具は、一部を除いて基本的にハンドの道具と同じです。ケアのための道具は10ページ、ポリッシュカラーリングの道具は34ページ、ジェルネイルの道具は46ページを参照してください。ハンドの道具と兼用できますが、足のケアに使ったあとは、必ず消毒するように心がけましょう。

フットバス
お湯を張り、足を洗うと同時にキューティクルや角質を柔らかくするために使う。

トゥーセパレーター
カラーリングした爪が他の指に触れて傷つかないようにするため、足の指にはめて使う。

ペディキュアの手順

足爪の手入れとカラーリングのプロセスは、基本的にハンドの場合と同じです。スムーズに行うために、手順を覚えましょう。

Step.1 準備 ➡P.154

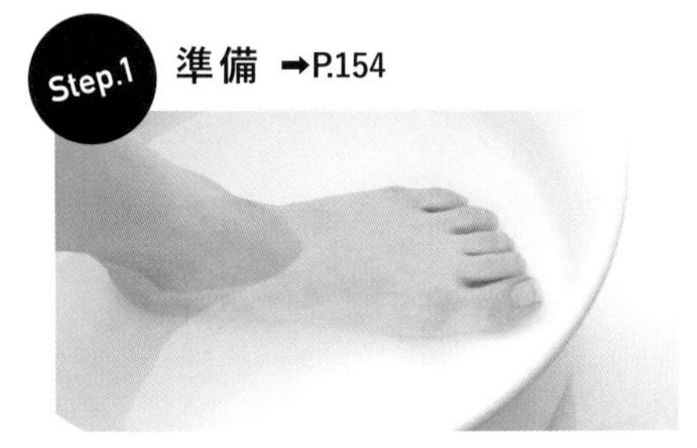

フットバスで足を清潔にするとともに、硬い角質やルースキューティクルを柔らかくします。

Step.2 爪の長さを整える ➡P.155

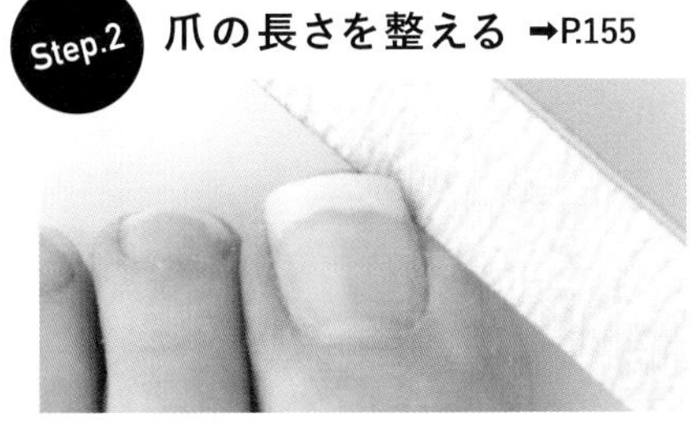

エメリーボードやバッファーを使い、爪の長さを整えます。短くしすぎるとトラブルの原因に。

Step.3 キューティクルを整える ➡P.156

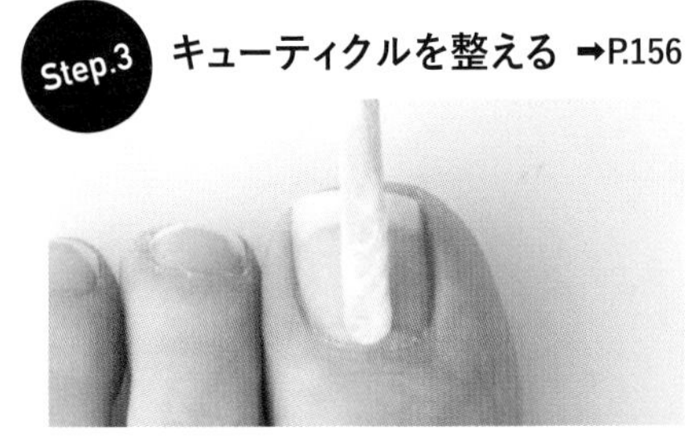

キューティクルを丁寧に押し上げてから、不要なルースキューティクルを除去します。

Step.4 ハイシャイン ➡P.157

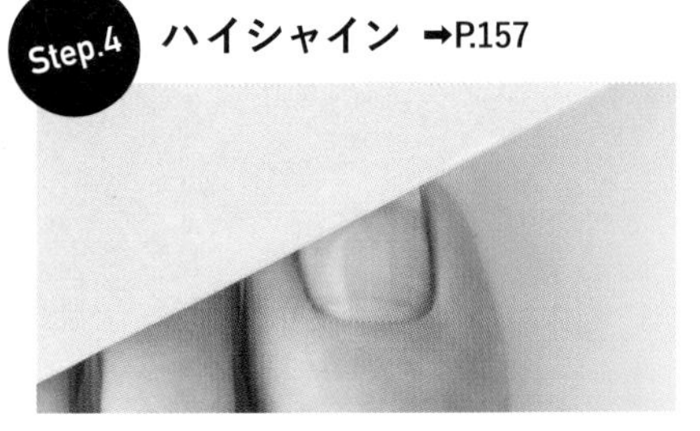

爪にバッファーやシャイナーをかけて表面をなめらかに整え、自然なツヤを出します。

Step.5 カラーリング ➡P.158

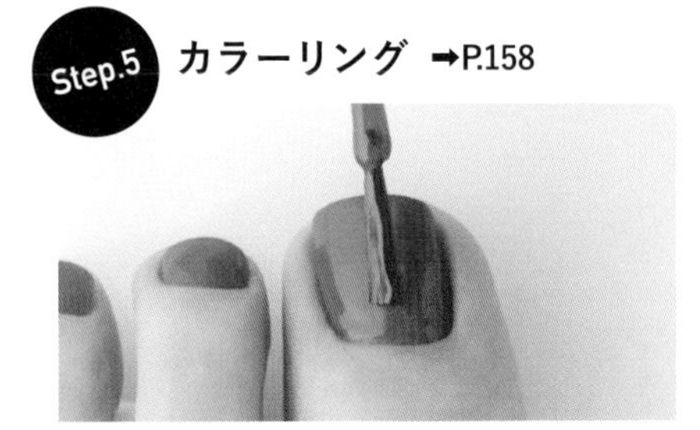

爪の表面にポリッシュやジェルネイルを塗り、彩ります。

※「ペディキュアの方法」ではポリッシュを用いたカラーリングを解説しています。ジェルネイルを使用する場合は50ページからの「ジェルネイルの方法」を参照してください

ペディキュアの方法

ペディキュアで重要なのは、きちんとしたケアを行ってからカラーリングや
アートに進むこと。仕上がりが美しくなるだけでなく持ちもよくなります。
それぞれのプロセスを丁寧に行いましょう。

準備

Foot Bath

foot bath

フットケアを始める前に必ず行いたいのが、フットバスで温めること。
足を清潔にするだけでなく、お湯につけることで
キューティクルや角質がふやけ、ケアがしやすくなります。

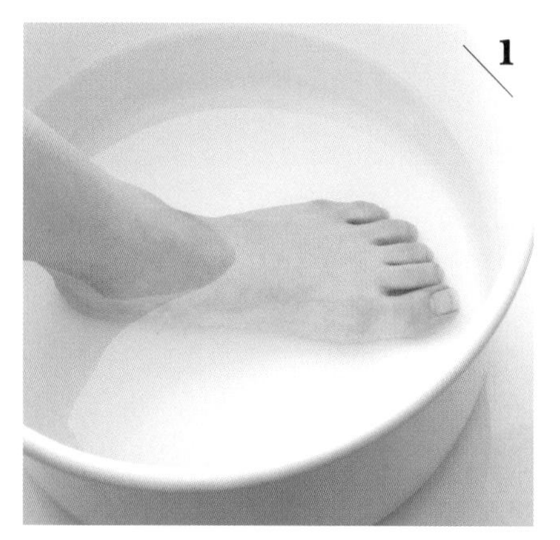

大きめの洗面器やバケツなどに気持ちいいと感じる温度のお湯を入れ、しばらく足をつける。

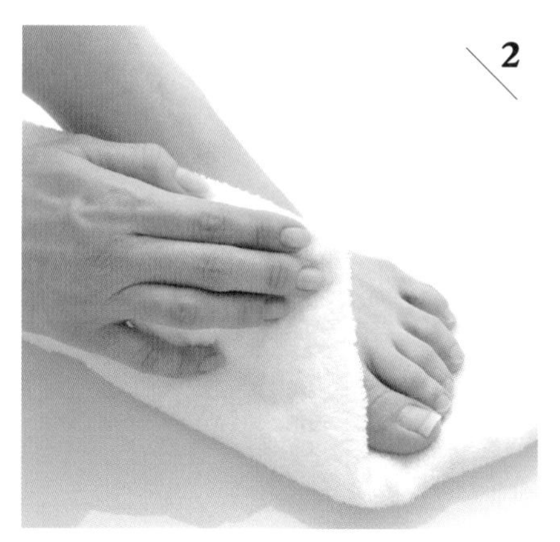

皮膚が柔らかくなったらお湯から足をあげ、タオルで水分をふき取っておく。

爪の長さを整える

Nail Length

emery board　buffer

足の爪は手の爪より固いのですが、
手の爪と同様、往復がけは爪を傷めるので避けましょう。

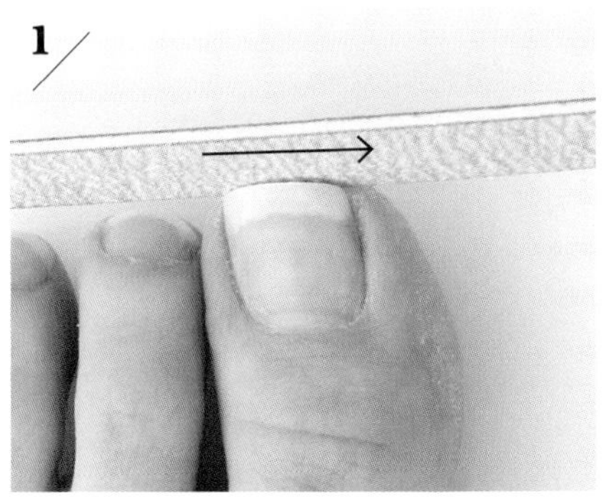

爪の先端を180Gのエメリーボードで削る。このとき、エメリーボードは一方向に動かし、往復がけしないよう注意。

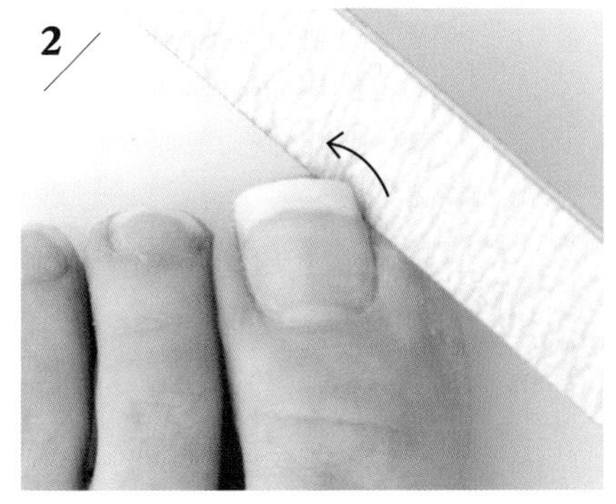

爪の両サイドの角を削る。このとき角を取りすぎると巻き爪の原因になるので注意する。

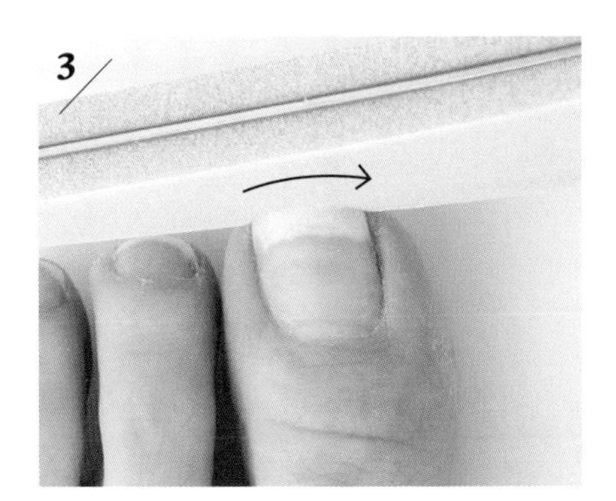

バッファーを使い、爪の裏側の削り残しを取り除く。

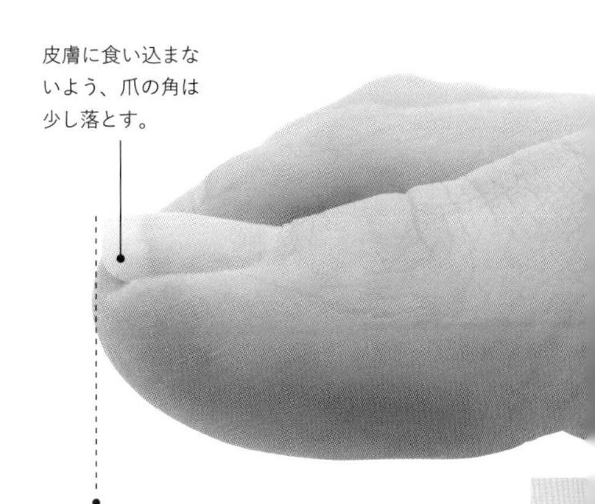

足の爪は長すぎても短すぎてもトラブルの原因になります。足指の先端から爪が出ない長さが理想。形は角を落としたスクエアオフにします。

キューティクルを整える

Prepare Cuticle

足爪にある不要なルースキューティクルや角質は手よりも厚く、
爪にしっかりついているので取れにくいもの。
爪やその周りの皮膚を傷めないよう、力の入れすぎには注意しましょう。

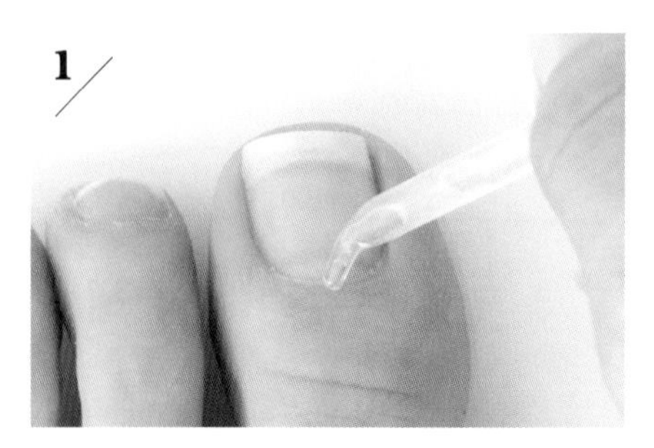

爪の根元にキューティクルリムーバーをつけ、キューティクルを柔らかくする。

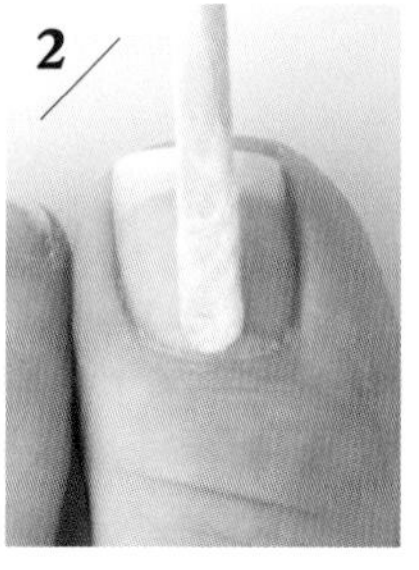

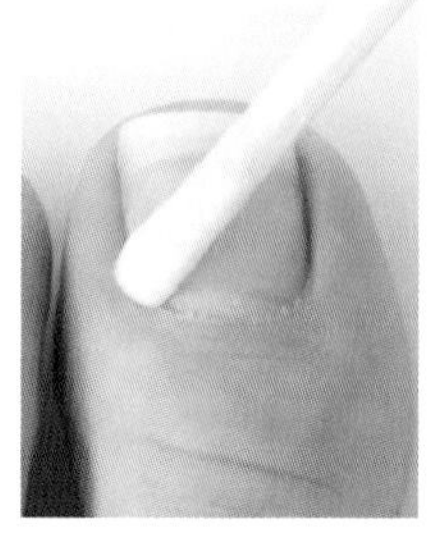

コットンを巻きつけたウッドスティックでキューティクルをやさしくプッシュアップする。

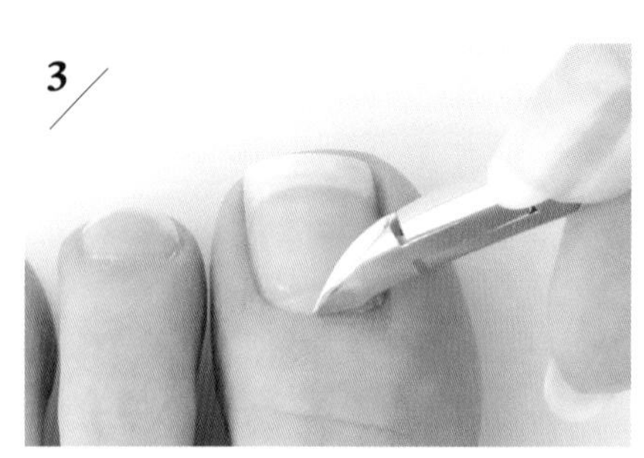

不要なルースキューティクルをキューティクルニッパーで取り除く。

●メタルプッシャーを使う場合

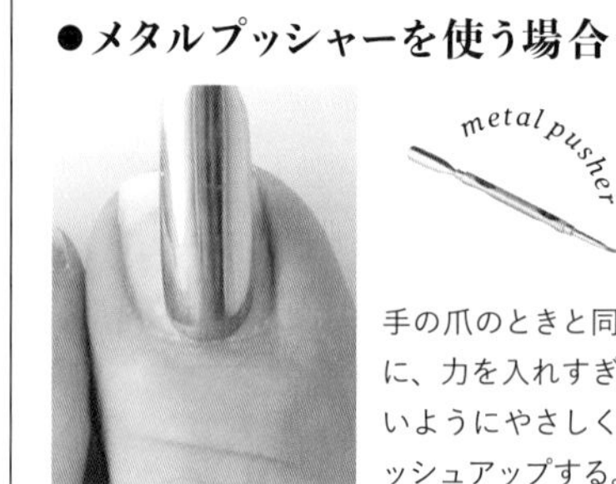

手の爪のときと同様に、力を入れすぎないようにやさしくプッシュアップする。

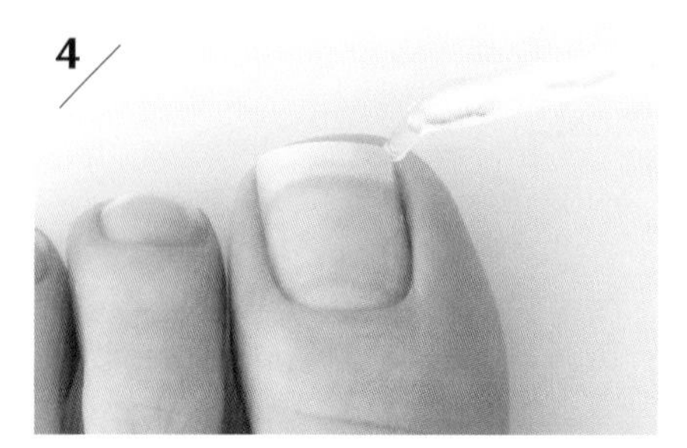

爪の周りの硬くなっている皮膚に再度キューティクルリムーバーを少量つける。

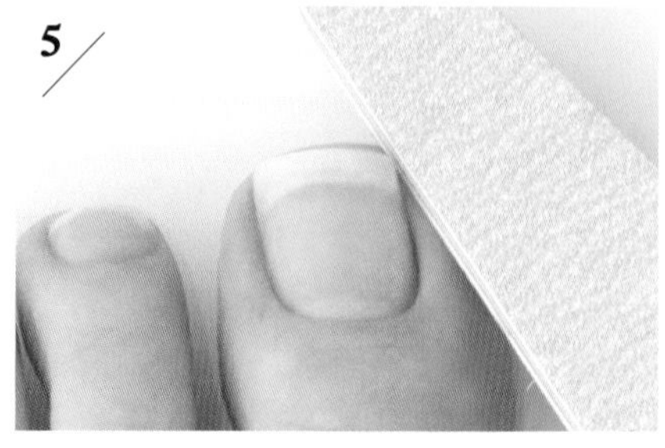

皮膚の硬くなっている部分を目の細かいファイルやバッファーでやさしく取り除く。

ハイシャイン

High Shine

shiner

キューティクルを整えたら、仕上げに爪の表面をなめらかに整え、
ツヤを出します。ハンドのときと同じように
シャイナーのA面、B面の順に使い、爪表面をなめらかに整えます。

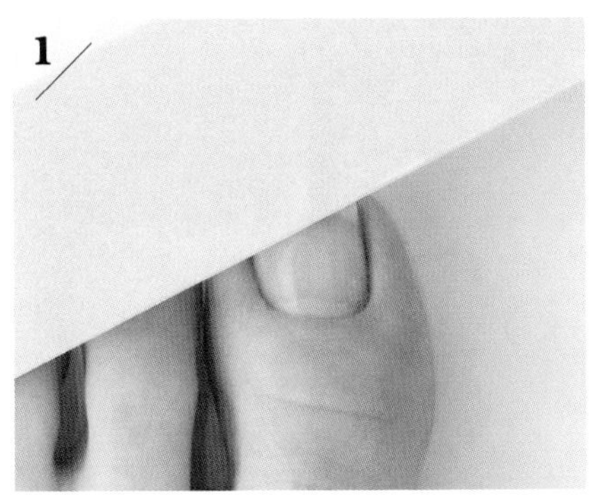

1

爪の表面をシャイナーの目の粗いA面で整え、続いて目の細かいB面で磨く。

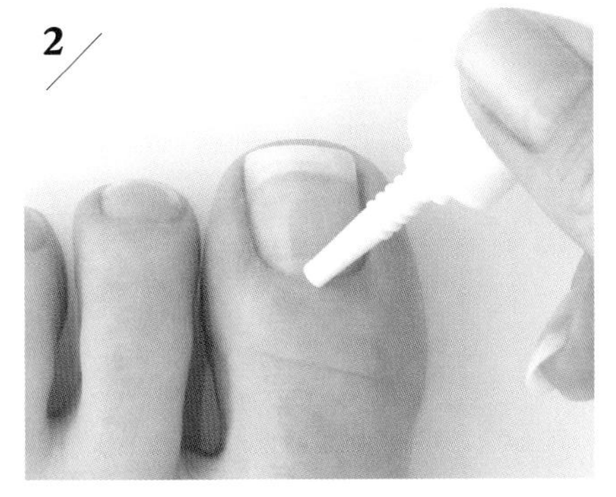

2

爪の生え際にキューティクルオイルをつけ、なじませて保湿する。

Finish!

爪の周りがすっきりと整えられ、爪の表面を磨いただけでもナチュラルで清潔感のある美しい足になります。

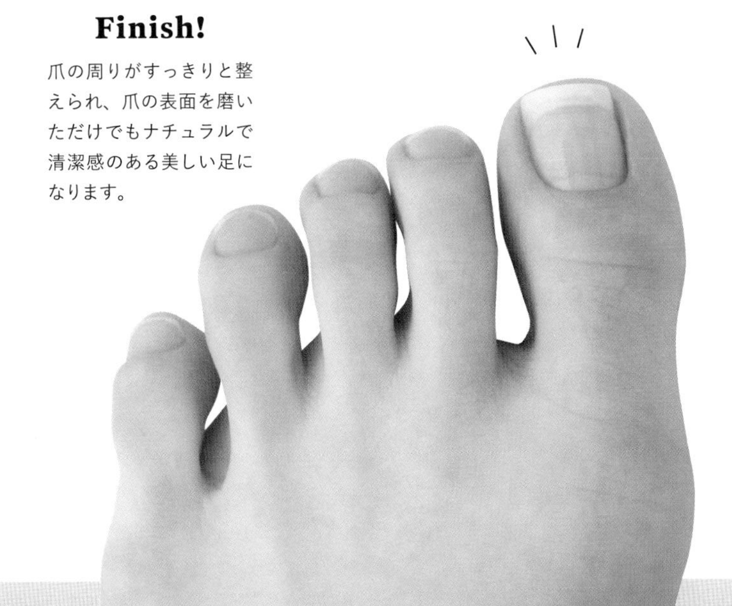

カラーリング

Coloring

足も手と同じく二度塗りが基本なので、一度で厚塗りせず、
薄く塗り重ねるのがきれいに仕上げるコツです。サイドの塗り残しが
ないよう、ムラなく塗り、はみ出したらきれいに取り除きましょう。

1

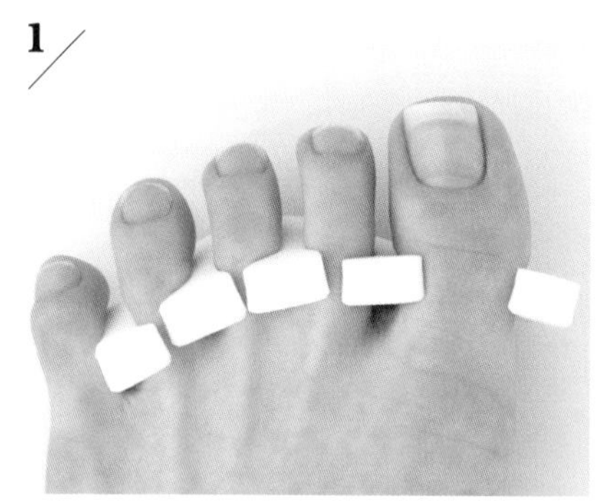

カラーを塗った爪表面に他の指が触れるのを防ぐため、トゥーセパレーターをつける。

2

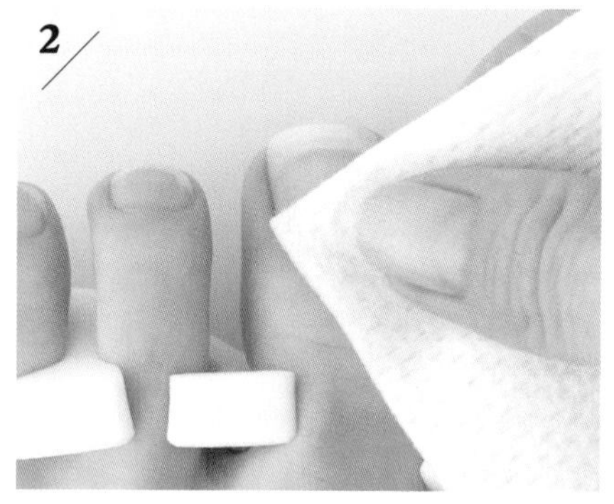

不織布に消毒剤を含ませて爪表面を拭き、油分を取り除く。プレプライマーを使ってもよい。

3

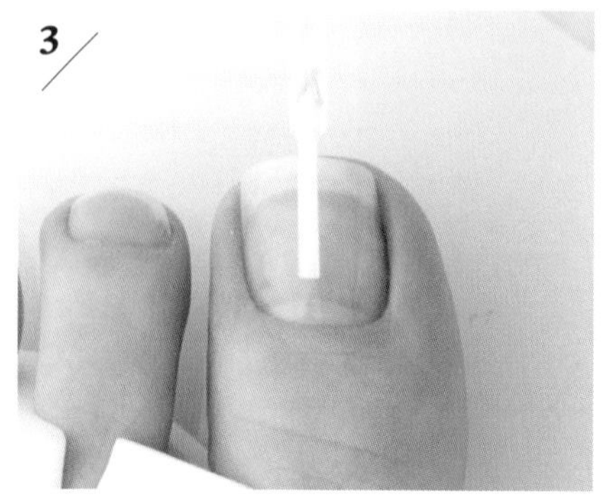

爪の表面にベースコートを塗る。エッジ（爪の断面）にも塗ると長持ちする。

4

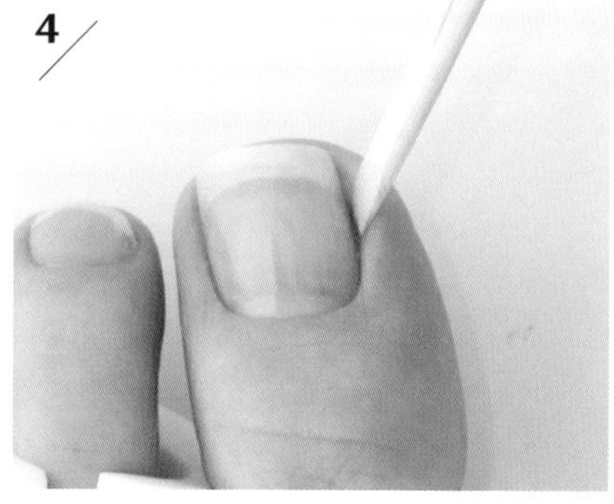

はみ出した部分や皮膚に付着した部分をウッドスティックで取り除く。

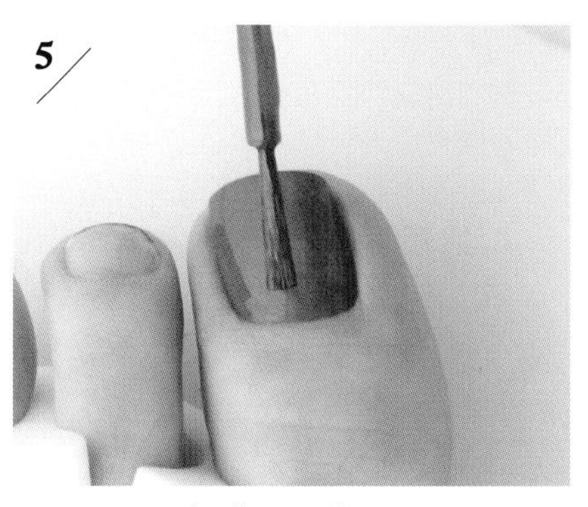

ベースコートを塗り終えたら続けてカラーポリッシュを爪の表面、エッジに塗る。はみ出しや皮膚に付着した部分やウッドスティックで取り除く。

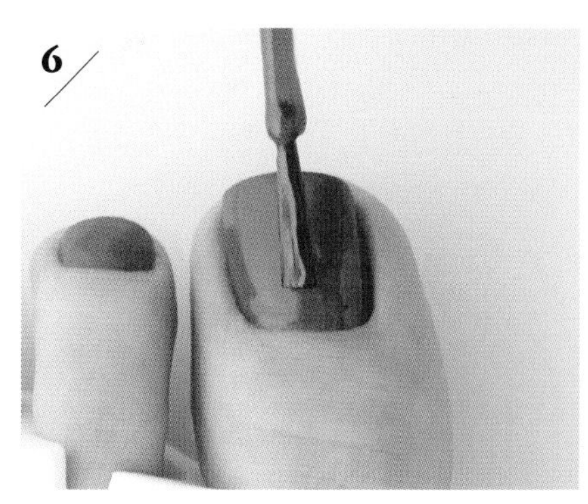

続けてカラーポリッシュを二度塗りする。はみ出しや皮膚に付着した部分やウッドスティックで取り除く。

爪の表面、エッジにトップコートを塗り、ツヤを出す。

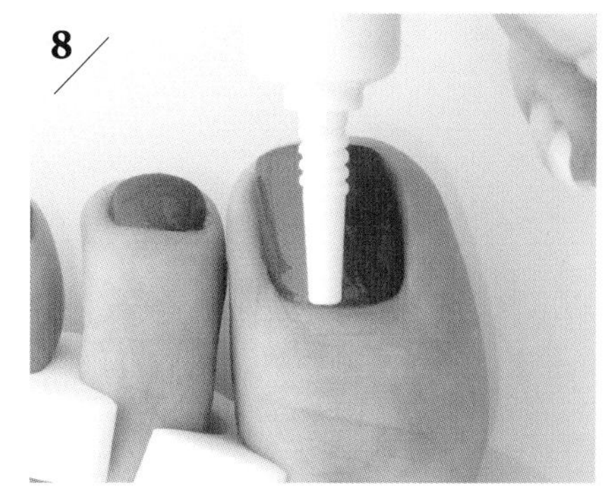

乾いたら爪の生え際に保湿のためにキューティクルオイルをつける。

Finish!

丁寧にキューティクルをケアすれば、カラーも美しく映える。足の爪はサイドを塗り残しやすいので、端までしっかり塗るのがコツ。

Pedicure
DESIGN IDEAS

ペディキュアデザイン集

仕事などの関係で手の爪のおしゃれを控えなければならなくても、ペディキュアならどんなに鮮やかなカラーも、華やかなデザインも思いのままに楽しむことができます。指ごとにデザインを変えたり、一番面積の広い親指だけデザインを施したり、自分スタイルで挑戦してみましょう。

- ペディキュアデザイン集では、写真上にthisマークがついたものの作り方を紹介しています。
- P.154 〜 157を参照し、爪の表面を整えてからカラーリングを始めることをおすすめします。
- Pポリッシュの説明と、Gジェルネイルの説明を併記しています。
- ポリッシュの場合は最初にベースコートを塗り、最後にトップコートを塗り、しっかりと乾かして仕上げます。(P.158 〜 159参照)
- ジェルの場合はP.50 〜 57を参照して最初にサンディングしてからベースジェルを塗って硬化させ、最後にトップジェルを塗って硬化させて仕上げます。

鈍いシルバーのミラーフレンチ

GEL *only*

渋いグリーンに鈍く輝くシルバーでフレンチラインを入れました。

1/ 爪全体にⓐ黄緑を塗り、硬化させる。

2/ 1の上からⓑシアーブラウンをかすれるように薄く塗り、硬化させる。

3/ 2の上にⓒホワイトでかすれるような線を薄く入れ、硬化させる。

4/ ノンワイプトップジェルを塗り、硬化させる。

5/ 爪の先¼くらいを残し、爪をテープでおおう。

6/ Ⓐミラーパウダーをつけ、こすって爪にのせ、テープをはずし、硬化させる。

COLOR

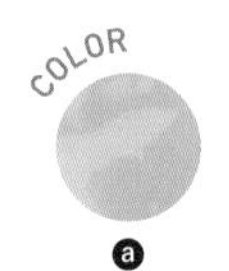

ⓐ 黄緑

ⓑ シアーブラウン

ⓒ ホワイト

PARTS

Ⓐ ミラーパウダー

OTHER *nails*

爪先に入れたミラー、シアーブラウンと同系色のパーツがポイントです。

トラッドなチェック

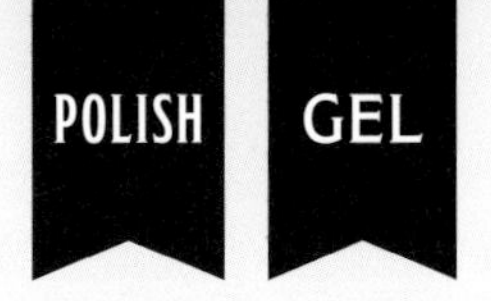

ポイントでのせたカラーストーンで
可愛らしさをアップさせています。

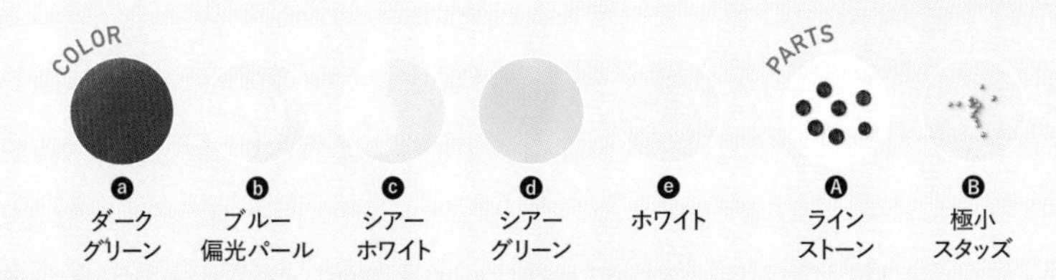

ⓐ ダーク グリーン
ⓑ ブルー 偏光パール
ⓒ シアー ホワイト
ⓓ シアー グリーン
ⓔ ホワイト
Ⓐ ライン ストーン
Ⓑ 極小 スタッズ

1／ 爪全体にⓐダークグリーンを塗る。
Ⓟ しっかりと乾かす
Ⓖ 硬化させる

2／ チェック柄の縦になる部分にⓑブルー偏光パールを塗る。
Ⓟ しっかりと乾かす
Ⓖ 硬化させる

3／ 続いてチェック柄の横部分にも**2**と同様にⓑブルー偏光パールを塗る。
Ⓟ しっかりと乾かす
Ⓖ 硬化させる

4／ **2**の横にⓒシアーホワイトを塗る。
Ⓟ しっかりと乾かす
Ⓖ 硬化させる

5／ **3**の横にⓓシアーグリーンを塗る。
Ⓟ しっかりと乾かす
Ⓖ 硬化させる

6／ ⓔホワイトでチェックの縦横に細いラインを描く。
Ⓟ しっかりと乾かす
Ⓖ 硬化させる

7／ **6**のライン上にⓔホワイトで細かい斜めのラインを細く描く。
Ⓟ しっかりと乾かす
Ⓖ 硬化させる

8／ Ⓟ トップコートを塗り、ⒶとⒷのパーツをバランスよくのせて乾かす
Ⓖ トップジェルを塗り、ⒶとⒷのパーツをバランスよくのせて硬化させる

ぷっくりラインがアクセント

高粘性ジェルでつくった
立体感のあるラインがポイントです。

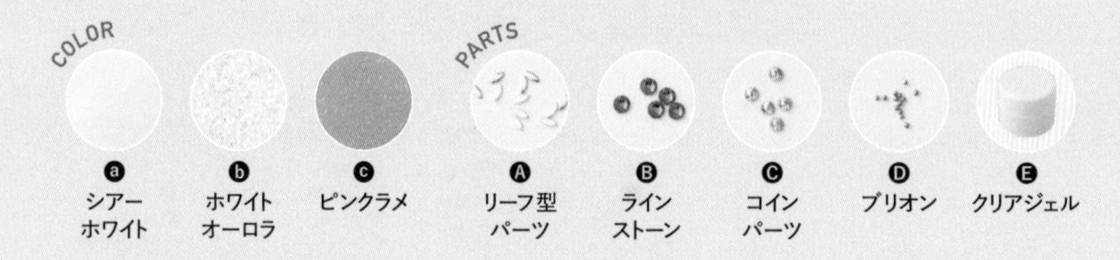

1／ 爪全体にⓐシアーホワイトを塗り、硬化させる。

2／ 爪全体にⓑホワイトオーロラを重ねてのせ、硬化させる。

3／ 70～71ページを参照してⓒピンクラメでグラデーションをつくり硬化させる。

4／ トップジェルを塗ってから、Ⓐ～Ⓓのパーツをバランスよくのせ、硬化させる。

5／ 全体にトップジェルを塗って硬化させ、未硬化のジェルをふき取る。

6／ Ⓔクリアジェルで放射状にラインを描き、硬化させる。

OTHER *nails*

ぷっくりラインとパーツをつけた２本のほかはシンプルにグラデーションのみで仕上げました。

ビビッドカラーのフレンチ

ベージュの爪の先端にビビッドな色をオン。遊び心が光ります。

1/ 爪全体にⓐベージュを塗る。
[P] しっかりと乾かす / [G] 硬化させる

2/ 細いブラシを使い、ⓑ黄緑で爪の先端に細いフレンチラインを描く。
[P] しっかりと乾かす / [G] 硬化させる

3/ 再度ⓑ黄緑を重ね塗りする。
[P] しっかりと乾かす / [G] 硬化させる

4/ [P] トップコートを塗ってからⒶ、Ⓑのパーツをおいて乾かす
[G] トップジェルを塗ってからⒶ、Ⓑのパーツをおいて硬化させる

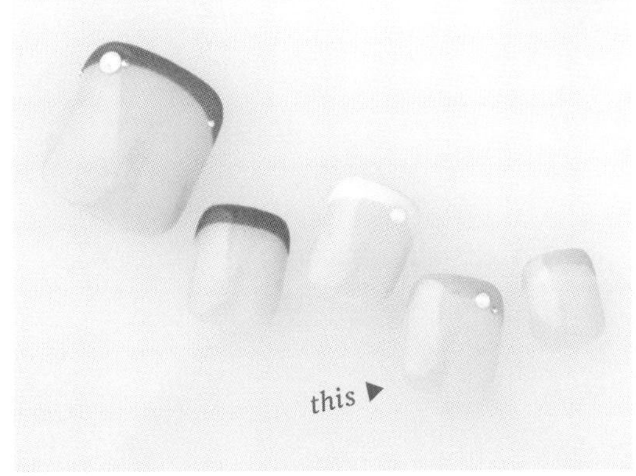

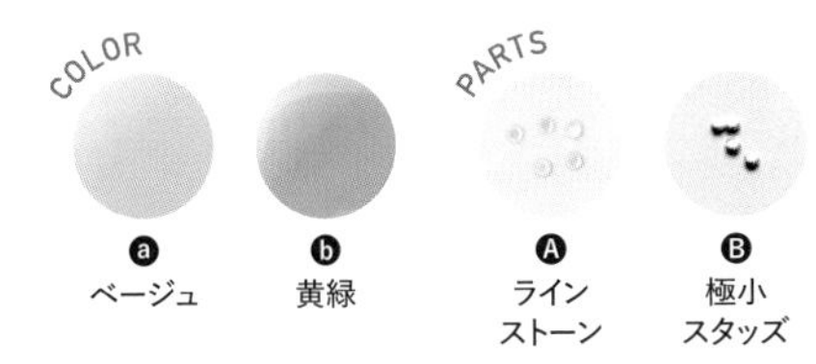

ⓐ ベージュ　ⓑ 黄緑　Ⓐ ラインストーン　Ⓑ 極小スタッズ

ネイビーにのせたカラフルパーツ

ネイビーにのせたさまざまなパーツは、バランスが決め手です。

1/ 爪全体にⓐネイビーを塗る。
[P] しっかりと乾かす / [G] 硬化させる

2/ 中央にⓑシルバーグリッターを塗る。
[P] しっかりと乾かす / [G] 硬化させる

3/ [P] トップコートを塗り、Ⓐ〜Ⓔのパーツをバランスよくのせ、乾かす
[G] トップジェルを塗り、Ⓐ〜Ⓔのパーツをバランスよくのせ、硬化させる

COLOR　PARTS

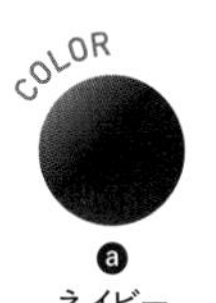
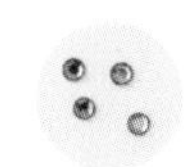
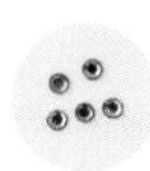
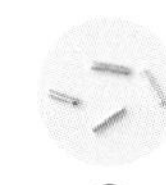

ⓐ ネイビー　ⓑ シルバーグリッター　Ⓐ ラインストーン（赤、ピンク、グリーン）　Ⓑ スティックパーツ　Ⓒ リーフ型ブリオン　Ⓓ メタルパーツ　Ⓔ スタッズ

パールとシアーでつくる透明感のある花

POLISH
GEL

薄い色を何色も重ねて繊細な花を描きました。

1/ 爪全体にⓐオレンジを塗る。
P しっかりと乾かす / G 硬化させる

2/ ⓑブルー偏光パールで花びらを描く。
P しっかりと乾かす / G 硬化させる

3/ ⓒホワイトで花びらの輪郭を描く。
P しっかりと乾かす / G 硬化させる

4/ ⓒホワイトで花芯を描く。
P しっかりと乾かす / G 硬化させる

5/ P Ⓐシールを貼る
G トップジェルを塗って硬化させ、ふき取ってからⒶシールを貼る

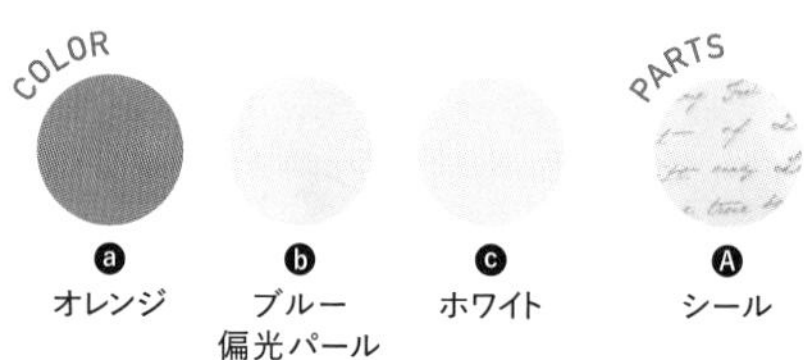

ブラシで描くボタニカルアート

POLISH
GEL

小さく描いたドットをブラシで引いて、草花のような模様に！

1/ 爪全体にⓐイエローを塗る。
P しっかりと乾かす / G 硬化させる

2/ ⓑホワイトを爪の先½に塗り（P 乾かないうちに / G 硬化させる前に）、ⓒブルーグリーン、ⓓダークグリーン、ⓔシアーブラウンで小さなドットを描く。

3/ ブラシで**2**のドットを左右交互に動かして引くようにし、模様を作る。
P しっかりと乾かす / G 硬化させる

4/ イエローとホワイトの境目にⓕピンクゴールドでラインを描く。
P しっかりと乾かす / G 硬化させる

5/ P トップコートを塗り、Ⓐスタッズをのせ、乾かす
G トップジェルを塗り、Ⓐスタッズをのせ、硬化させる

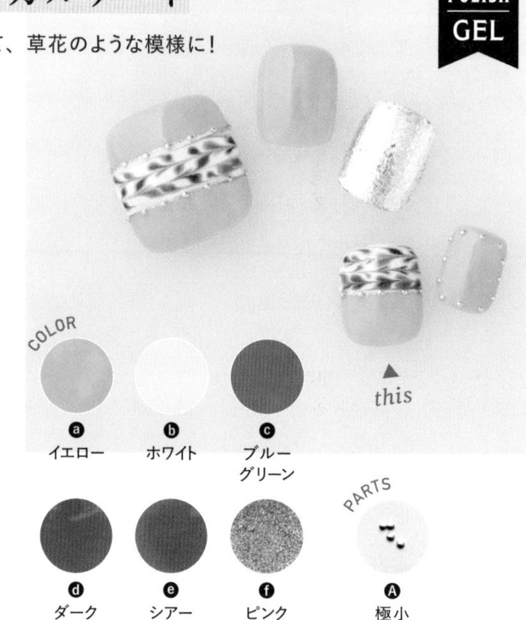

GEL
only

カラフルモダンな波模様

それぞれの色の間に黒のラインを入れることで
多色使いでも落ち着いたイメージになりました。

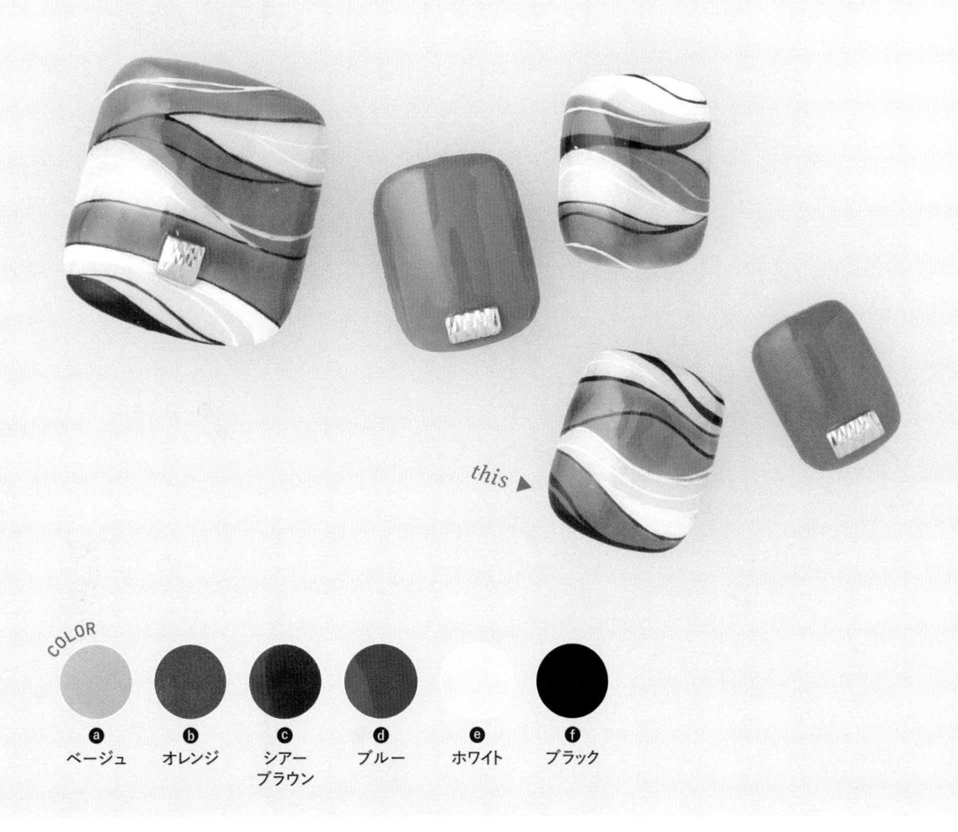

COLOR

ⓐ	ⓑ	ⓒ	ⓓ	ⓔ	ⓕ
ベージュ	オレンジ	シアーブラウン	ブルー	ホワイト	ブラック

1／ 爪全体にⓐベージュを塗り、硬化させる。

2／ ⓑオレンジを爪の下側に波のように塗り、硬化させる。

3／ ⓒシアーブラウンを波のように塗り、硬化させる。

4／ ⓓブルーを波のように塗り、硬化させる。

5／ ⓔホワイトを波のように塗り、さらに**1**と**4**の上にⓔホワイトでラインを入れ、硬化させる。

6／ ⓕブラックでそれぞれの色の間などに細いラインを描き、硬化させる。

7／ バランスを見ながらホワイト、ブラックで細いラインを描き足し、トップジェルを塗り、硬化させる。

OTHER *nails*

2本の単色塗りにはアートで使用したカラー、色や形を揃えたパーツを使うことで統一感を出しています。

輝くオーロラとクリアなブルー

ランダムにカットしたオーロラフィルムが
複雑に輝くデザインです。

COLOR

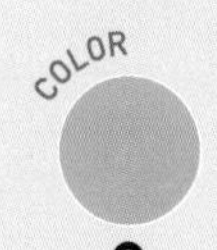

ⓐ ブルー

ⓑ シルバーラメ

ⓒ オーロララメ

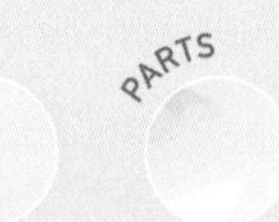

ⓓ ホワイト

PARTS

Ⓐ オーロラフィルム

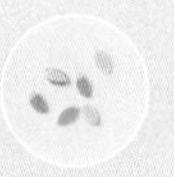

Ⓑ リーフ型ホログラム

Ⓒ リーフ型スタッズ

1／爪全体にⓐブルーを塗り、硬化させる。

2／ⓑシルバーラメを爪の中央に縦に塗り、硬化させる。

3／さらにⓒオーロララメを中心部分に重ねて塗り、硬化させる。

4／ⓓホワイトで縦に細いラインを描き、硬化させる。

5／トップジェルを塗って硬化させ、ふき取ってからランダムにカットしたⒶオーロラフィルムをのせ、硬化させる。

6／トップジェルを塗り、Ⓑリーフ型ホログラムをのせ、硬化させる。

7／トップジェルを塗り、Ⓒリーフ型スタッズをのせ、硬化させる。

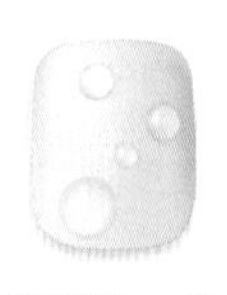

OTHER *nails*

シルバーラメのベースに、クリアジェルを使って水滴のようなふくらみをプラス。涼しげなイメージがアップします。

2色を使ったラメネイル

華やかなイメージのラメも、色選びで落ち着いた雰囲気に！

1/ 爪の左右半分ずつに ⓐオレンジグリッター、ⓑブルーグリッターを塗る。

2/ ブラシを使って境目をなじませる。
P しっかりと乾かす / G 硬化させる

3/ 一度塗りで色が薄ければ**1**、**2**をもう一度繰り返す。
P しっかりと乾かす / G 硬化させる

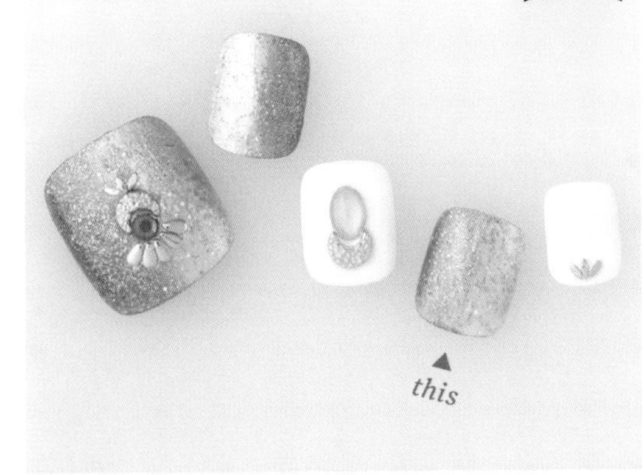

OTHER *nails*

メタリックなブルーとオレンジの夏っぽい雰囲気に合わせた白のネイルがポイントです。

COLOR

ⓐ オレンジグリッター

ⓑ ブルーグリッター

赤のネイルに シルバーのパーツ

大人な赤もさまざまなパーツをランダムにのせると、ポップな印象。

1/ 爪全体にⓐレッドを塗る。
P しっかりと乾かす / G 硬化させる

2/ P トップコートを塗り、Ⓐ〜Ⓕのパーツをランダムにのせる
G トップジェルを塗り、Ⓐ〜Ⓕのパーツをランダムにのせ、硬化させる

COLOR

ⓐ レッド

PARTS

Ⓐ スタッズ

Ⓑ メタルパーツ 丸

Ⓒ メタルパーツ 三角

Ⓓ メタルパーツ スクエア

Ⓔ ラインストーン

Ⓕ 丸カン

シアカラーでつくるべっ甲アート

クリアなブラウンを重ねれば、べっ甲のような仕上がりになります。

1/ ⓐブラックで爪の左下にランダムに楕円を描き、硬化させる。

2/ ⓑシアーオレンジ、ⓒシアーブラウンを混ざらないようにしながらムラをつくるようにして爪全体に塗り、硬化させる。

3/ 2を繰り返し、硬化させる。

4/ ⓓシアーブラックをところどころに塗り、べっ甲のような深みのあるムラをつくり、硬化させる。

5/ トップジェルを塗り、ⓔシルバーグリッターをところどころに塗り、硬化させる。

6/ 再びⓒシアーブラウンを重ねて塗り、硬化させる。

COLOR

ⓐ ブラック

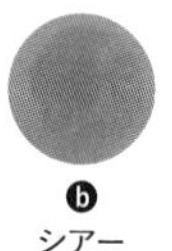
ⓑ シアーオレンジ

ⓒ シアーブラウン

ⓓ シアーブラック

ⓔ シルバーグリッター

黒に浮かぶクリアな花

花を描いてから周囲をブラックで塗りました。透明感が際立ちます。

1/ 爪全体にⓐシアーオレンジを塗る。

2/ ⓑパールレッドを重ねてマーブルを描き、硬化させる。

3/ ⓒブラックで花の輪郭を描き、硬化させる。

4/ 3で描いた花の周囲をブラックで塗りつぶし、硬化させる。

5/ ⓒブラックで花の中に花芯や花脈を描き、硬化させる。

6/ ⓓピンクゴールドで爪の先端に細い線を描く。

COLOR

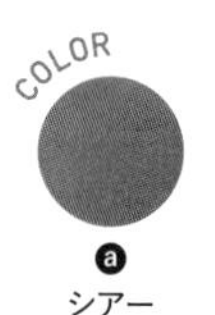
ⓐ シアーオレンジ

ⓑ パールレッド

ⓒ ブラック

ⓓ ピンクゴールド

シックなパイソン柄

POLISH　GEL

ハードなパイソン柄も
ゴールドのパーツで華やかさがアップ。

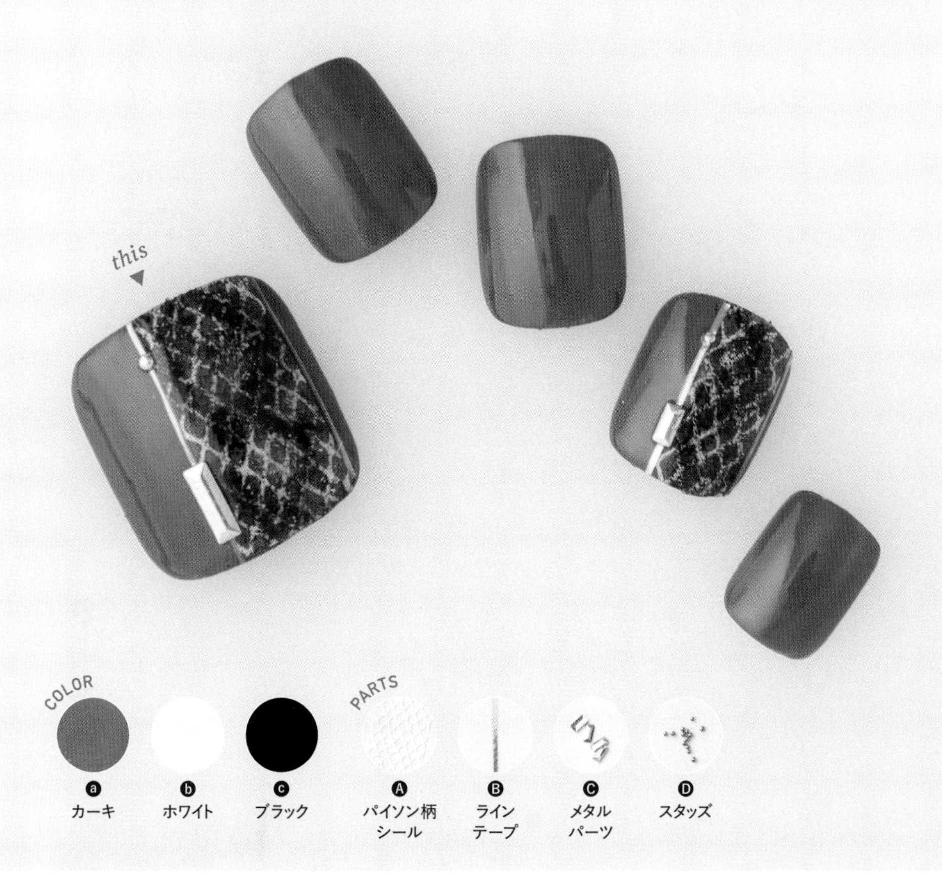

1／ 爪全体にⓐカーキを塗る。
P しっかりと乾かす
G 硬化させる

2／ P サイドに少し隙間をあけて、Ⓐパイソン柄シールを貼る
G トップジェルを塗って硬化させ、ふき取ってからサイドに少し隙間をあけてⒶパイソン柄シールを貼る

3／ スポンジにⓑホワイトを少量含ませ、シールの上を軽く叩く。
P しっかりと乾かす
G 硬化させる

4／ シールの上に大きなパイソン柄を描くつもりで、スポンジに少量含ませたⓒブラックでひし形を描く。
P しっかりと乾かす
G 硬化させる

5／ P シールの両側にⒷラインテープを貼る
G トップジェルを塗って硬化させ、ふき取ってからラインテープを貼る

6／ P トップコートを塗り、Ⓒメタルパーツ、Ⓓスタッズをのせ、乾かす
G トップジェルを塗り、Ⓒメタルパーツ、Ⓓスタッズをのせ、硬化させる

二色で描いた南国風の葉

POLISH GEL

黒と淡い色の葉のコントラストが
ゆったりとした雰囲気をつくります。

▲ this

COLOR

ⓐ ベージュ　ⓑ ホワイト　ⓒ シアーグリーン　ⓓ シアーカーキ　ⓔ ブラック　ⓕ ゴールドグリッター

PARTS

Ⓐ シール

1／爪全体にⓐベージュを塗る。
P しっかりと乾かす
G 硬化させる

2／ⓑホワイトで葉を描く。
P しっかりと乾かす
G 硬化させる

3／2で描いた葉の上に重ねてⓒシアーグリーンで葉を描く。
P しっかりと乾かす
G 硬化させる

4／さらにⓓシアーカーキで重ねて葉を描く。
P しっかりと乾かす
G 硬化させる

5／ⓑホワイトで葉脈を描く。
P しっかりと乾かす
G 硬化させる

6／ⓔブラックで葉を2か所に描く。
P しっかりと乾かす
G 硬化させる

7／葉に重ねてⓕゴールドグリッターを散らすように塗る。
P しっかりと乾かす
G 硬化させる

8／P Ⓐシールを貼る
G トップジェルを塗って硬化させ、ふき取ってからⒶシールを貼る

OTHER *nails*

夏を感じさせるアートなので、ほかの爪はシルバーのラメとシェルを使用。涼しげなイメージをアップさせます。

パーツで輝くネイル

淡い色もトーンを合わせたパーツをのせればこんなに華やか！

1/ 爪全体にⓐベージュを塗る。

2/ P 1が乾く前にⓑパールグレーを塗り、マーブルをつくる
G 1を硬化させる前にⓑパールグレーを塗り、マーブルをつくり硬化させる

3/ P トップコートを塗り、Ⓐゴールドグリッターパウダーをのせ、乾かす
G トップジェルを塗り、Ⓐゴールドグリッターパウダーをのせ、硬化させる

4/ P トップコートを塗り、Ⓑ乱切りホログラムをのせ、乾かす
G トップジェルを塗り、Ⓑ乱切りホログラムをのせ、硬化させる

5/ P トップコートを塗り、Ⓒシェルをのせ、乾かす
G トップジェルを塗り、Ⓒシェルをのせ、硬化させる

COLOR

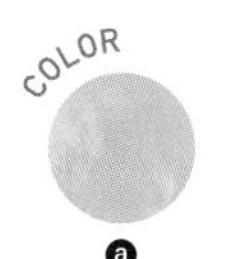

ⓐ ベージュ

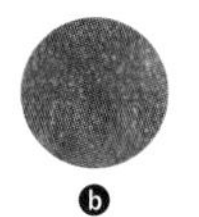

ⓑ パール グレー

PARTS

Ⓐ ゴールド グリッター パウダー

Ⓑ 乱切り ホログラム

Ⓒ シェル

シアーなベースに小さな花

透明感のあるブラックに花々を散らしました。大人可愛いネイルです。

1/ 爪全体にⓐシアーブラックを塗る。
P しっかりと乾かす / G 硬化させる

2/ ⓑホワイトで花、つぼみを描く。
P しっかりと乾かす / G 硬化させる

3/ ⓒイエローを2で描いた花とつぼみに重ねる。
P しっかりと乾かす / G 硬化させる

4/ ⓓブラックで茎、葉を描く
P しっかりと乾かす / G 硬化させる

5/ 爪の先のエッジをⓓブラックで縁取りする。

OTHER *nails*

ピンクを加えて可愛さをプラス。円形のホログラムを貼ってドットにしました。

COLOR

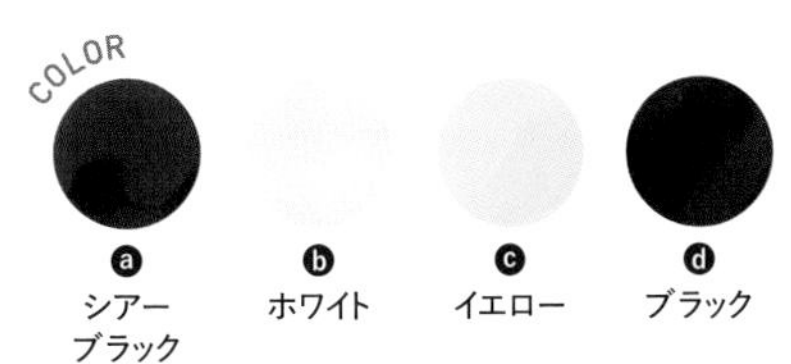

ⓐ シアー ブラック　ⓑ ホワイト　ⓒ イエロー　ⓓ ブラック

小さなハートがいっぱいのアート

ハート型のホログラムは2回に分けてのせることで立体感を出しました。

1/ 爪全体にⓐグレーを塗り、硬化させる。

2/ トップジェルを塗り、その上にⒶハート型ホログラム（シルバー）をのせ、硬化させる。

3/ 2の上にトップジェルを塗り、Ⓑハート型ホログラム（ピンク）をのせ、硬化させる。

4/ 3の上にトップジェルを塗り、Ⓒ丸型ホログラムをのせ、硬化させる。

OTHER *nails*

面積の大きな親指はポイントになるので、ホログラムをハート型にのせ、クリアジェルを使ってぷっくりと仕上げます。

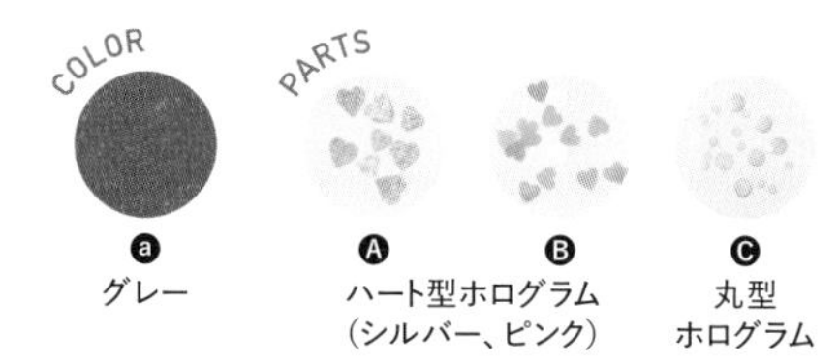

ⓐ グレー

Ⓐ Ⓑ ハート型ホログラム（シルバー、ピンク）

Ⓒ 丸型ホログラム

スポンジでつくるデニムの質感

デニムのような仕上がりに、シルバーのスタッズが映えます。

1/ 爪全体にⓐパールグレーを塗る。
P しっかりと乾かす / G 硬化させる

2/ スポンジに少量のⓑネイビーを含ませ、1で塗ったパールグレーが隠れないようにしながら叩いて色をのせる。
P しっかりと乾かす / G 硬化させる

3/ 2と同様にスポンジに少量のⓒブラックを含ませ、叩いて色をのせる。
P しっかりと乾かす / G 硬化させる

4/ 3と同様にスポンジに少量のⓓホワイトを含ませ、叩いて色をのせる。
P しっかりと乾かす / G 硬化させる

5/ P トップコートを塗り、Ⓐスタッズをのせる
G トップジェルを塗り、Ⓐスタッズをのせ、硬化させる

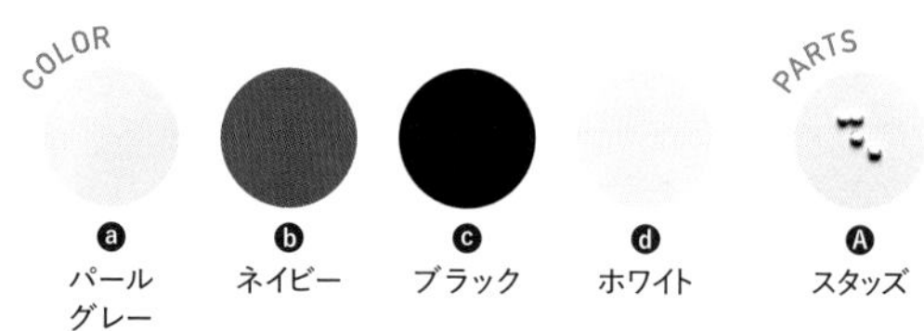

ⓐ パールグレー

ⓑ ネイビー

ⓒ ブラック

ⓓ ホワイト

Ⓐ スタッズ

GEL *only*

繊細に色を重ねた花

2色のジェルで重ねた花びらが押し花のよう。
繊細なタッチで仕上げます。

COLOR

ⓐ ボルドー　ⓑ ホワイト　ⓒ シアーブラウン　ⓓ シアーグリーン　ⓔ ゴールドグリッター　ⓕ ブラック

1／ 爪全体にⓐボルドーを塗り、硬化させる。

2／ ⓑホワイトで花びらを描き、硬化させる。

3／ **2**の花びらにⓒシアーブラウンで色付けし、硬化させる。

4／ ⓑホワイトで**3**の花びらの間に花びらを描き、硬化させる。

5／ 花の中心にⓓシアーグリーンをぼかすように入れ、硬化させる。

6／ 花の中にⓔゴールドグリッターを塗り、硬化させる。

7／ **6**の上にⓕブラックで細かい点を入れ、硬化させる。

8／ 花びらの間と余白にⓑホワイトで細い線を入れ、硬化させる。

OTHER *nails*

サブの爪にはボルドーの単色塗りと、同じくボルドーを使用したべっ甲ネイル（168ページ参照）をポイントにしています。

にじんだ白と輝くパーツ

GEL *only*

白のラインをていねいに重ねて
にじんだような色をつくりました。

1／ 爪全体にⓐワインレッドを塗る。

2／ 斜めにⓑシアーホワイトを塗り、ⓒホワイトを重ねて塗り、硬化させる。

3／ **2**の上にⓒホワイトで細いラインを描き、硬化させる。

4／ トップジェルを塗って硬化させ、ホイルを転写させたい部分にトップジェルを塗り、Ⓐホイルをのせたまま硬化させたあとシートをはがす。

5／ トップジェルを塗り、Ⓑゴールドグリッターパウダーを部分的にのせ、硬化させる。

6／ トップジェルを塗り、Ⓒ～Ⓕのパーツをのせ、硬化させる。

OTHER *nails*

アクセントとしてコーラルピンクの単色塗りをプラス。メインで使用したパーツと似たテイストのシェルを使っています。

ミラーとかすれた黒がアクセント

ランダムに転写させたミラーホイルがポイントです。

1/ 爪全体にⓐビビッドピンクを塗る。
P しっかりと乾かす / G 硬化させる

2/ スポンジにⓑブラックを少量含ませ、叩いてのせる。
P しっかりと乾かす / G 硬化させる

3/ P トップコートを塗り、半乾きのときにⒶミラーホイルを貼り、転写させる
G トップジェルを塗って硬化させ、ふき取ってからⒶミラーホイルを貼り、転写させる

OTHER *nails*

ミリタリー調のダークグリーンの単色塗りを1本だけプラスして、全体の雰囲気を引き締めました。

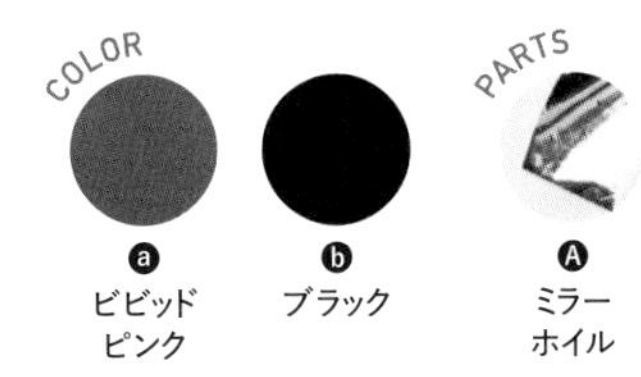

POLISH
GEL

グレーのドットで大人っぽく

グレーを合わせると、ポップな柄も大人っぽさがアップ。

1/ 爪全体にⓐブルーを塗る。
P しっかりと乾かす / G 硬化させる

2/ ⓑグレーで大小のドットを描く。
P しっかりと乾かす / G 硬化させる

3/ ⓒホワイトで2の縁取り、スクエア、ライン、ドットを描く。
P しっかりと乾かす / G 硬化させる

this

OTHER *nails*

パステルブルー、グリーンがかったブルーなど同系色でまとめました。単色塗りやライン入りなどもポイントです。

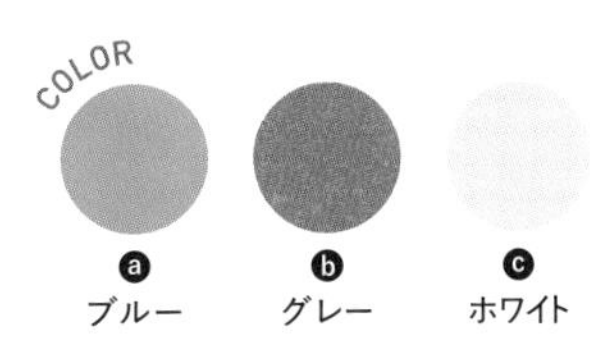

editorial supervisor

監修
小笠原 弥生
Yayoi Ogasawara

NPO法人日本ネイリスト協会理事
NPO法人日本ネイリスト協会教育委員長
NPO法人日本ネイリスト協会常任本部認定講師
有限会社ジーンラポート代表取締役

1984年にネイルに出合い、東京・大阪・ロサンゼルスにおいてネイル技術を習得。エアブラシやジェルをいち早く取り入れ、国内外の雑誌などで幅広く活躍。また国内だけでなく海外のコンテストの審査員や実行委員長なども務める。現在は後進の育成と教育、技術指導を中心に活動中。ジェルネイルに関する著書、監修書多数。

nail art design

ネイルアートデザイン制作・技術
飛岡 佳苗
Kanae Tobioka

NPO法人日本ネイリスト協会常任本部認定講師
nail & cosmetic TOBIOKA主宰
タキガワトータルテクニカルディレクター
アクセンツインターナショナルエデュケーター
VTCマシンマスターエデュケーター
スパルーチェマスターエデュケーター

ネイルイベントのデモンストレーターをはじめ、美容学校ではネイルの授業を担当。
またネイルマシンを使用したワンランク上のネイルケアセミナーの開催など、講師としても活動中。

staff

デザイン・イラストレーション
椙 まさみ（Side）

撮影
前田一樹

撮影協力
野中三佐子

ネイルアートデザイン製作アシスタント
前田匠香

ライティング
堀田康子

校正
中曽根三奈

編集・構成
成田すず江（株式会社テンカウント）

企画・編集
川上裕子（成美堂出版編集部）

参考文献
『よくわかるDVD付き　自分でジェルネイル』（河出書房新社）
『ジェルネイルの新常識　ブラシオン・ジェルネイルを始めよう』（河出書房新社）
『JNAテクニカルシステム ベーシック』（NPO法人日本ネイリスト協会）

ネイル大全

監　修　小笠原弥生（おがさわらやよい）
発行者　深見公子
発行所　成美堂出版
〒162-8445　東京都新宿区新小川町1-7
電話(03)5206-8151　FAX(03)5206-8159
印　刷　凸版印刷株式会社

ISBN978-4-415-32676-4
落丁・乱丁などの不良本はお取り替えします
定価はカバーに表示してあります